EDITION OSHO

Die Texte für diesen Band sind eine Zusammenstellung aus verschiedenen Diskursen, die Osho vor einer internationalen Zuhörerschaft gehalten hat. Alle Osho Diskurse sind als Originale publiziert worden und als Original-Audios erhältlich. Audios und das vollständige Text-Archiv finden Sie unter der online-Bibliothek „Osho Library" bei www.osho.com

MIX
Papier aus verantwortungsvollen Quellen
FSC® C083411

Titel der Originalausgabe:
The ABC of Enlightenmentght

Osho, Wörterbuch der Erleuchtung A-Z
Die Rechte an der deutschen Übersetzung von Annette Marin-Cardenas liegen beim Arkana Verlag, München, in der Verlagsgruppe Random House GmbH

Druck: CPI books, Leck
Printed in Germany
ISBN 978-3-942502-39-9

OSHO
VON A-Z

DAS WÖRTERBUCH
FÜRS HIER UND JETZT

innenwelt verlag

INDEX

Einleitung

WORTE SIND NICHT NUR WORTE. Sie haben ihre eigenen Stimmungen, jedes Wort hat eine eigene Atmosphäre. Wenn ein Wort in dich eindringt, erzeugt es in deinem Geist ein anderes Klima, einen anderen Ausgangspunkt, eine andere Sichtweise. Gib derselben Sache einen anderen Namen, und du merkst, wie sich sofort etwas verändert.

Deshalb gehört es zu den wichtigsten Dingen, darauf zu achten, eine Erfahrung möglichst zu leben ohne sie mit einem Wort zu fixieren, denn dadurch wird sie eingeengt. Du sitzt da. Es ist ein stiller Abend. Die Sonne ist untergegangen und die ersten Sterne erscheinen am Himmel. Sei einfach da. Sage nicht einmal: „Das ist schön." Denn in dem Augenblick, in dem sagst, dass es schön ist, ist es nicht mehr dasselbe. Indem du „schön" sagst, bringst du die Vergangenheit mit hinein, und schon ist das Wort von allen Erfahrungen, die du als schön bezeichnet hast, gefärbt. Dein Wort „schön" enthält viele Erfahrungen von Schönheit. Doch dieser Moment ist völlig neu. So wie jetzt ist es noch nie gewesen. So wie jetzt wird es nie wieder sein.

Warum bringst du die Vergangenheit hinein? Die Gegenwart ist so unendlich groß, und die Vergangenheit ist so eng. Warum schaust du durch ein Loch in der Wand, wenn du hinausgehen und den ganzen Himmel anschauen kannst? Versuche also, keine Worte zu gebrauchen, und wenn es nötig ist, wähle sie sorgsam aus, da jedes Wort eine eigene Nuance hat. Gehe poetisch mit ihnen um. Benutze sie mit Geschmack, mit Liebe und Feingefühl. Es gibt fühlende

Worte, und es gibt intellektuelle Worte. Benutze die intellektuellen Worte immer weniger und dafür immer mehr fühlende Worte. Es gibt politische Worte, und es gibt religiöse Worte. Lass die politischen Worte weg – es sind Worte, die sofort Konflikte auslösen. Sobald du sie gesagt hast, gibt es schon eine Diskussion. Benutze also nicht die Sprache der Logik, der Argumente. Benutze die Sprache, die Zuneigung, Fürsorge und Liebe ausdrückt, sodass keine Diskussionen entstehen.

Wenn man ein Gespür dafür bekommt, merkt man, dass sich unwahrscheinlich viel verändert. Wenn man im Leben nur ein wenig wacher wird, dann kann man viel Leiden vermeiden. Ein einziges unbewusst geäußertes Wort kann eine lange Kette von Leiden hervorrufen. Sagt man es ein wenig anders, nur eine ganz kleine Drehung, und es macht einen großen Unterschied. Man sollte mit Worten sehr, sehr sorgfältig umgehen und sie nur dann benutzen, wenn es absolut notwendig ist. Vermeide Worte, die verschmutzt, vorbelastet sind. Benutze frische Worte, die nicht kontrovers sind, die nicht Argumente sind, sondern einfach ein Ausdruck deines Gefühls. Wenn du zu einem Feinschmecker von Worten werden kannst, wird sich dein Leben völlig verändern. Deine Beziehungen werden ganz anders sein, weil neunundneunzig Prozent einer Beziehung Worte und Gesten sind – und auch die sind Worte. Dasselbe Wort hat dir schon so viele Schwierigkeiten gemacht, und trotzdem sprichst du es immer wieder aus. Wenn ein Wort Unglück, Ärger, Konflikt und Streit hervorruft, dann streiche es. Wozu soll man es mit sich herumschleppen? Ersetze es durch ein besseres. Das Beste ist es, zu schweigen. Das Zweitbeste ist Singen, Poesie, Liebe.

A

Absolut →

Benutze niemals das Wort „absolut". Vermeide es möglichst, denn das Wort „absolut" macht Leute zu Fanatikern. Niemand hat die absolute Wahrheit. Wahrheit ist so unendlich groß! Alle Wahrheiten sind zwangsläufig relativ. Es ist das Wort „absolut", das die Menschheit ins Unglück gestürzt hat. Der Moslem meint, er hätte die absolute Wahrheit im Koran. Er wird blind. Der Christ meint, die absolute Wahrheit stünde in der Bibel. Der Hindu meint, die absolute Wahrheit sei in der Gita, und so weiter ... Wie kann es so viele absolute Wahrheiten geben? Deshalb gibt es Konflikte, Streit, Krieg, *Jihad*, religiöse Kreuzzüge: „Bringt alle um, die behaupten, sie hätten die absolute Wahrheit! Unsere Wahrheit ist absolut!" Über Jahrhunderte ist im Namen der Religion mehr gemordet, vergewaltigt und geplündert worden als im Namen von irgendetwas anderem. Und der Grund? Er steckt in dem Wort „absolut." Deshalb sollte man nie vergessen, dass alles, was wir wissen und was wir jemals wissen können, nur relativ sein kann.

Abstraktion ⇢

Es ist immer einfach, abstrakte Dinge zu lieben. Es ist einfacher, die Menschheit zu lieben als Menschen, denn wenn man die Menschheit liebt, riskiert man nichts. Ein einziger Mensch ist viel gefährlicher als die ganze Menschheit. Menschheit ist nur ein Wort, es gibt keine Realität, die ihm entspricht. Der Mensch ist eine Realität, und wenn man mit einer Realität konfrontiert wird, gibt es gute Zeiten und schlechte Zeiten, Schmerz und Freude, Auf und Ab, Hochs und Tiefs, Agonie und Ekstase. Wer die Menschheit liebt, erlebt weder Ekstase noch Agonie. Die Menschheit zu lieben ist eigentlich nur ein Mittel, um Menschen zu meiden. Weil du Menschen nicht wirklich lieben kannst, beschließt du die Menschheit zu lieben, einfach um dich selbst zu täuschen.

Absurdität ⇢

Alles Schöne ist absurd. Freude ist eine jener Erfahrungen, die nicht zweckmäßig sind. Liebe, Frieden, Erleuchtung sind alle absurd, weil sie keinen Sinn außerhalb ihrer selbst haben. Sie sind reiner Selbstzweck. Schönheit ist absurd. Freude ist absurd. Lachen ist absurd. Man sollte im Leben so viele Absurditäten wie nur möglich sammeln. Andere sammeln so merkwürdige Dinge wie Briefmarken! Sammle lieber Absurditäten! Je mehr du davon hast, desto reicher bist du!

Adamsapfel ⇢

Diese Drüse in der Kehle heißt Adamsapfel, weil Adam

den Apfel aß, ihn aber nicht herunterschlucken konnte. Er blieb ihm im Hals stecken, weil er sich gespalten fühlte. Eine Hälfte von ihm wollte ihn essen und herausfinden, was es damit auf sich hatte, und die andere Hälfte hatte Angst. Er war im Konflikt, als er es tat. Lass keine Adamsäpfel mehr entstehen – niemals! Tu die Dinge, die du machst, so total, dass du sie schlucken und auch verdauen kannst.

Agnostiker →

Das ist ein schönes Wort. Ein Gnostiker ist einer, der weiß. Gnosis heißt Wissen. Und ein Agnostiker ist jemand, der nicht weiß. Ein Agnostiker weiß nur eines: dass er nichts weiß. Sei Agnostiker! Damit fängt die wahre Religion an. Sei weder gläubig noch ungläubig. Sei kein Hindu, kein Jain und kein Christ, sonst wirst du auf immer und ewig im Dunklen tappen. Solange du nicht alle Ideologien, alle Philosophien, alle Religionen und alle Denksysteme aufgibst und innerlich leer wirst ohne etwas in der Hand zu haben, ohne jede Vorstellung. Wie kannst du dir Gott vorstellen? Du kennst ihn doch gar nicht. Geh einfach los – mit einem großen Durst ihn zu erkennen, aber ohne eine Vorstellung von dieser Erkenntnis. Gehe mit der heftigen Sehnsucht ihn zu erkennen, mit leidenschaftlicher Liebe für die Erkenntnis dessen, was da ist, aber bringe keine Vorstellungen mit, die dir andere gegeben haben. Die kannst du draußen lassen. Sie sind das größte Hindernis für den Sucher auf dem Weg zur Wahrheit.

Aktivität / Aktion ⇢

Merke dir den Unterschied zwischen den beiden Worten: Das eine ist Aktion – Handlung. Das andere ist Aktivität. Eine Aktion ist nicht Aktivität, und Aktivität ist keine Aktion. Sie sind von ihrer Art her genau entgegengesetzt. Eine Aktion, eine Handlung wird unternommen, wenn die Situation es erfordert. Du handelst, du antwortest auf die Situation. Aktivität findet statt, wenn die Situation keine Rolle spielt. Es ist keine Antwort darauf, sondern du bist innerlich so unruhig, dass du die Situation als Ausrede benutzt, um aktiv zu werden. Eine Aktion oder Handlung kommt von einem ruhigen Geist, sie ist das Beste, was es auf der Welt gibt. Eine Handlung hat Relevanz. Aktivität ist irrelevant. Eine Handlung erfolgt von einem Moment zum nächsten; Aktivität ist von der Vergangenheit belastet. Sie ist keine Antwort auf den gegenwärtigen Moment, sondern eher ein Ausdruck deiner Ruhelosigkeit, die du aus der Vergangenheit in die Gegenwart mitgebracht hast. Eine Handlung ist kreativ. Aktivität ist sehr destruktiv. Sie zerstört dich und andere.

Akzeptanz ⇢

Versuche einmal vierundzwanzig Stunden lang alles, was passiert, total zu akzeptieren. Jemand beschimpft dich – akzeptiere es. Reagiere nicht darauf und schau was passiert. Plötzlich wirst du spüren, wie eine Kraft in dir fließt, die du vorher noch nie gespürt hast. Jemand beschimpft dich; du fühlst dich schwach, bist empört und fängst an darüber nachzudenken, wie du dich rächen kannst. Dieser Mensch hat dich gekriegt, und schon drehst du dich im Kreis. Tagelang, nächtelang, monatelang – ja manchmal jahrelang! – kannst du nicht richtig schlafen und hast böse Träume. Es gibt Leute, die ihr ganzes Leben wegen einer Kleinigkeit vergeuden – nur weil sie von jemandem beleidigt wurden. Schau zurück in deine Vergangenheit – du wirst dich an ein paar Dinge erinnern. Als du ein Kind warst, nannte dich der Lehrer vor der ganzen Klasse einen Idioten. Wenn du dich daran erinnerst, hast du immer noch Hassgefühle. Dein Vater hat etwas zu dir gesagt. Deine Eltern haben es längst vergessen. Auch wenn du sie daran erinnerst, können sie sich nicht mehr erinnern. Deine Mutter hat dich in einer bestimmten Weise angeschaut, und seitdem ist eine Wunde da, die immer noch offen und frisch ist. Wenn jemand daran rührt, explodierst du. Lasse diese Wunde nicht immer weiter wachsen. Mache diese Wunde nicht zu deiner Seele. Gehe an die Wurzel; lass das Ganze sein, wie es ist. Versuche vierundzwanzig Stunden lang – nur vierundzwanzig Stunden! – nicht zu reagieren, nichts abzulehnen – egal was passiert. Wenn dir jemand einen Stoß versetzt und du fällst hin, falle einfach. Dann stehe wieder auf und geh nach Hause. Ändere nichts daran. Wenn dich jemand schlägt, senke den Kopf und nimm es dankbar an. Gehe nach Hause und tu nichts – nur für vierundzwanzig Stunden, und du wirst erleben, wie eine frische Energie in dir aufsteigt, die du noch nicht kennst, wie eine neue Vitalität von deinen Wurzeln kommt. Und wenn du das einmal erfährst, wenn du einmal davon gekostet hast, wird dein Leben anders sein. Dann wirst du über all die Dummheiten lachen, die du gemacht hast, alle Hassgefühle, Reaktionen, Rachegefühle, mit denen du dich selbst immer zerstört hast. Kein anderer kann dich zerstören – nur du selbst. Kein anderer kann dich retten – nur du selbst. Du bist der Judas und der Jesus.

Alchemie →

Meditiere über etwas Negatives, und nach einer Weile wirst du dich wundern: Traurigkeit verwandelt sich in Freude, Wut in Mitgefühl, Gier verwandelt sich in das Bedürfnis zu teilen, und so weiter und so fort. Das ist die Wissenschaft der inneren Alchemie: Wie man das Negative positiv macht, wie man unedle Metalle zu Gold macht. Merke dir jedoch, dass man niemals mit dem Positiven beginnen sollte, denn du hast keine Ahnung vom Positiven. Und genau das wird von vielen Leuten in der Welt gelehrt – sie nennen es „positives Denken." Sie haben keine Ahnung von der inneren Alchemie. Man beginnt nicht mit Gold. Wenn du schon Gold hast, wozu brauchst du dann überhaupt anfangen? Du brauchst keine Alchemie. Du musst mit dem unedlen Metall anfangen, denn das unedle Metall muss in Gold verwandelt werden. Und das unedle Metall ist das, was du hast, das, was du bist. Was du bist, ist die Hölle, und sie muss in den Himmel verwandelt werden. Gift gibt es zur Genüge. Es muss in Nektar verwandelt werden. Beginne mit dem Negativen. Beginne mit dem Negativen, und du brauchst überhaupt nicht über das Positive nachzudenken. Wenn du über das Negative meditierst, wenn du dich tief hinein begibst, bis an die tiefste Wurzel davon, kommt es plötzlich zur Explosion: Das Negative ist verschwunden, und das Positive ist da.

Du hast das Negative gebraucht, weil du noch nicht reif genug warst. Das Negative war nötig, damit du reif werden konntest, um das Positive zu empfangen.

Alleinsein →

Ein einsamer Mensch befindet sich in einem negativen Zustand. Er fühlt sich einsam, er sehnt sich nach dem anderen. Er ist zutiefst traurig, weil er nichts mit sich anzufangen weiß, weil er es nicht gelernt hat, sein Alleinsein zu genießen, weil er es nicht gelernt hat, sein Alleinsein zu feiern. Er kennt nur Beziehungen. Jedes Mal, wenn er in einer Beziehung ist, fühlt er sich wohl. Jedes Mal, wenn er mit jemandem zusammen ist, kann er sich selbst vergessen. Mit jemandem zusammen zu sein ist wie Alkohol, es ist wie eine Droge. Du ertränkst nur dich selbst, deine Sorgen, deine Ängste, dein ganzes Sein im anderen. Und der andere tut genau dasselbe mit dir. Das nennt man dann Beziehung. Jeder benutzt den anderen dazu, um sich selbst aus dem Weg zu gehen.
Alleinsein ist etwas ganz anderes – es ist keine Einsamkeit, man ist einfach allein. Es ist All-eins-sein. Es ist nichts Negatives, es ist etwas höchst Positives. Es ist nicht die Erfahrung, dass der andere fehlt, sondern die Erfahrung: „Ich bin da." Die Erfahrung der eigenen Präsenz ist so überwältigend, dass alles andere aus dem Denken ausgeblendet wird und man sich ekstatisch fühlt. Die reine Freude am Atmen, die reine Freude am Sein, die reine Freude daran, ein Teil der Existenz zu sein, ist genug. Es ist ein Wunder, dass wir sind – das Wunder aller Wunder. Dann ist Alleinsein wie ein Tempel, und Seligkeit ist

seine Gottheit. Nur darum geht es in der Meditation: um die Kunst, Einsamkeit in Alleinsein zu verwandeln, um die Alchemie der Verwandlung von Einsamkeit in Alleinsein.

Alter ⇢

Jede Jahreszeit, jede Phase des Lebens ist schön, und durch sie wirst du jeden Moment neu – jeder Moment birgt eine neue Stimmung, eine neue Nuance des Seins. Jeder Moment hat neue Augen und ein neues Gesicht. Wer hat eigentlich das Gerücht in die Welt gesetzt, dass ein alter Mensch hässlich sei? Eine alte Frau ist hässlich, wenn sie immer noch versucht, jung auszusehen. Nur dann ist sie hässlich. Dann ist ihr Gesicht angemalt, mit Lippenstift und diesem und jenem – das macht sie hässlich. Wenn aber eine alte Frau ihr Alter als etwas Natürliches akzeptiert, wie es sein sollte, dann kann man kein schöneres Gesicht finden als ein altes Gesicht, ein Gesicht mit Falten, die durch viele Lebensphasen entstanden sind, gereift, mit vielen Erfahrungen und erwachsen.

Amen ⇢

Die Gebete der Moslems und die Gebete der Christen enden mit Amin. Bei den Christen heißt es Amen, bei den Moslems Amin. Die Gebete der Hindus enden mit Aum. Darin steckt sicherlich eine Wahrheit, die von allen dreien teilweise ausgedrückt wird. Wenn der Geist vollkommen still wird, hört man einen bestimmten Klang. Wenn du Hindu bist, interpretierst du ihn als

Aum, wenn du Moslem bist als Amin und wenn du Christ bist als Amen, aber niemand kann genau sagen, was es ist. Tatsächlich kann dieser Klang auf unendlich viele Arten interpretiert werden – du kannst alles hineininterpretieren. Fragst du einen wirklichen Mystiker, einen, der weder Hindu noch Moslem noch Christ ist, wird er sagen: „Setze dich still hin und horche. Man braucht es gar nicht zu interpretieren, denn alles, was wir darüber sagen, ist unsere Interpretation, ist unsere Idee, die wir dem Klang überstülpen. Sitze einfach still und horche. Ich höre zu und du hörst auch zu. Ich weiß es, und du wirst es auch wissen. Man braucht nichts dazu zu sagen."

Anbetung →

Mit „Anbetung" meine ich Staunen, Ehrfurcht, Liebe. Mit Anbetung ist kein formaler Gottesdienst gemeint. In einen Tempel zu gehen und eine Statue anzubeten, ist damit nicht gemeint. Es ist Anbetung, wenn man die Welt mit neuen Augen sieht, eine neue Einsicht in die Wirklichkeit hat. Wenn ein Kind zusieht, wie die Sonne aufgeht, schau ihm in die Augen – das ist Anbetung. Es ist so verzaubert, voller Ehrfurcht. Wenn ein Kind den Sternenhimmel sieht, schau ihm in die Augen – diese Sterne spiegeln sich in seinen Augen wieder; das ist Anbetung. Das Kind weiß, was Anbetung ist. Wir haben es vergessen, weil wir die Sprache des Staunens vergessen haben. Wir haben zu viel Wissen angehäuft. Wenn die Sonne aufgeht, wissen wir, was es ist. Niemand weiß es wirklich, aber wir sind zur Schule gegangen, auf die

Hochschule, auf die Universität und haben uns Wissen angeeignet. Wenn eine Blume blüht, wissen wir, wie diese Blume heißt, welcher Spezies sie angehört und aus welchem Land sie stammt. Doch all das ist bedeutungslos, irrelevant. Hier passiert etwas Wunderschönes: Die Blume hat sich geöffnet und verströmt ihren Duft. Die Blume ist wunderschön, lebendig – und du stempelst sie einfach ab. Du sagst: „Das ist eine Rose." Meinst du, dass du sie nun kennst, nur weil du ihr einen Namen gegeben hast? Dann hast du sie gar nicht bemerkt. Du hast der Blume ihren Zauber genommen und hast so das Wunder dieser Blume nicht mitbekommen. Sonst würde jede Blume dein Herz berühren; jeder Stern würde es schneller schlagen lassen, und jeder Vogel würde in dir singen. Das Leben ist so psychedelisch, es ist eine solche Pracht. Darüber zu staunen, Ehrfurcht zu empfinden ist Anbetung. Und dann, in einem unvorhergesehenen Augenblick, verbeugst du dich vielleicht einmal vor der Existenz. Vielleicht kniest du auf die Erde nieder oder du lässt dich in tiefem Gebet, in tiefer Liebe in den Sand fallen, als wäre die Erde deine Mutter. Sie ist es! Die Existenz ist deine Mutter. Dann wird große Liebe in dir aufkeimen. Diese aufkeimende Liebe ist Anbetung.

Anfänger →

Man sagt, ein wirklicher Zenschüler behält immer den Geist eines Anfängers; er wird niemals zum Experten. Er ist immer bereit zu lernen. Er verschließt sich nie. Er ist immer verletzlich, offen. Was immer die Botschaft ist, die man ihm bringt – er wird niemals sagen: „Das weiß ich schon." Der Begriff „Geist eines Anfängers" ist von großer Wichtigkeit. Der Geist des Anfängers ist unschuldig. Der Geist des Anfängers ist unwissend. Der Geist des Anfängers bedeutet: Du weißt, dass du nichts weißt. Da du weißt, dass du nichts weißt, bist du bereit zu lernen, bist offen und empfänglich.

Angst →

Wenn Angst da ist, dann habe Angst. Warum spaltet man sich davon ab? Wenn ein Augenblick der Angst kommt, dann sei voller Furcht, zittere vor Angst, lass dich von der Angst ergreifen. Wenn die Angst kommt, dann zittere wie ein Blatt im starken Wind. Und es wird schön sein! Wenn sie dann fort ist, dann fühlst du dich heiter und ruhig, so, wie nach einem heftigen Sturm alles wieder ruhig und still ist. Warum soll man immer gegen etwas ankämpfen? Die Angst kommt – sie ist natürlich, absolut natürlich. Sich einen Menschen ohne Angst vorzustellen ist unmöglich, denn er wäre tot. Angst ist ein Teil deiner Intelligenz. Es ist nichts falsch daran. Die Angst zeigt nur, dass es den Tod gibt und dass wir Menschen nur für wenige Augenblicke hier sind. Das Zittern sagt uns, dass wir nicht ständig hier sein werden, dass wir nicht ewig hier sind: Nur noch ein paar Tage, und du wirst fort sein. Lass die Angst zu. Nur eines solltest du verstehen: Wenn du die Angst und das Zittern zulässt, beobachte es, genieße es. Und indem du sie beobachtest, wirst du über sie hinausgehen. Du wirst sehen, wie dein Körper zittert, aber du wirst einen Punkt in dir selbst spüren, ein tiefes Zentrum, das davon nicht betroffen ist. Der Sturm geht vorbei, aber irgendwo tief in deinem Inneren ist ein Zentrum, das unberührt bleibt – das Zentrum des Zyklons.

Anhaftung ⇢

Wir werden zu leicht von etwas abhängig; wir wollen an allem festhalten. Das Leben ist ein Fluss. Nichts bleibt gleich, aber wir hoffen und wünschen uns, dass es gleich bleibt. Es gibt so viel Frustration auf der Welt, weil alle unsere Erwartungen unerfüllt bleiben. Jede Erwartung bringt eine Katastrophe mit sich. Anhaftung heißt, dass wir uns an etwas festklammern – wir wollen, dass es immer so bleibt, wie es ist. Damit fordert man etwas Unmögliches. Der junge Mensch möchte immer jung bleiben, und das ist unmöglich. Früher oder später muss er alt werden. Doch dann bringt ihm das Alter anstatt Freude nur Leid. Dabei sollte das Alter eigentlich das Crescendo des Lebens sein. Es sollte der höchste Gipfel sein, mit Schnee bedeckt; aber stattdessen ist es ein dunkles Loch. Es ist ein dunkles Loch, weil wir am Jungsein festhalten. Wir klammern uns an den Körper, aber der Körper muss eines Tages gehen. Lebe in ihm, liebe ihn, respektiere ihn, sorge gut für ihn, aber halte nicht daran fest. Vergiss nicht: Es ist eine Karawanserei, eine Bleibe für eine Nacht. Am nächsten Morgen müssen wir weiterziehen.

Antichrist ⇢

Wenn wir eine Fiktion erschaffen, müssen wir auch eine Antifiktion erschaffen. Es gibt Christen, die von der drohenden Ankunft des Antichristen reden. Christus war ja eigentlich ein armer Kerl ohne Bildung, ein wenig verschroben. Wie er auf seinem Esel daherritt und für ein paar Dummköpfe predigte, die ständig für ihn da waren. Und er konnte in seinem ganzen Leben nur zwölf Jünger finden. Aber die Christen mussten auf die Idee vom Antichristen kommen, weil erst dann Jesus wirklich zum Christus wird, zum wahren Retter, der die Leute vor dem Antichrist rettet. Zweitausend Jahre sind vergangen. Niemand ist jemals einem Antichristen begegnet. Viele sind vom Christentum als Antichrist verdammt worden, aber mit dieser Verdammung wurde nur versucht, den Wunsch zu erfüllen Christus zur Realität werden zu lassen. Eigentlich ist der Priester der Antichrist, der Papst ist der Antichrist, Tausende von katholischen und protestantischen Missionaren – das sind die wirklichen Antichristen! Der Antichrist ist längst gekommen. Der erste Antichrist war Petrus, der die Kirche gründete. Eigentlich hat Petrus, der erste Papst, viel mehr Schaden angerichtet als Judas. Judas hat die Arbeit Jesu sehr unterstützt. Hätte er Jesus Christus nicht an die Feinde verkauft, hätte man seinen Namen niemals gehört. Nur durch die Kreuzigung ist Jesus ins menschliche Bewusstsein eingegangen. Judas ist nicht wirklich sein Feind.

George Gurdjieff pflegte eine schöne Geschichte zu erzählen – natürlich hat er sie selber erfunden. Aber wenn Leute wie Gurdjieff Geschichten erfinden, haben diese Geschichten eine tiefe Bedeutung. Er behauptete, Judas habe Jesus für dreißig Silberlinge – nur für dreißig Silbermünzen! – verraten, weil Jesus es ihm selbst aufgetragen habe. Es war sein Befehl; er hatte Judas gesagt, dass er es tun solle. Und natürlich konnte Judas als sein ergebener Jünger nicht Nein sagen. Mit Tränen in den Augen und schweren Herzens folgte er dem Gebot. Und es scheint eine gewisse Bedeutung zu haben, da alle Jünger geflohen waren als Jesus gekreuzigt wurde; sie waren alle weggelaufen. Niemand hat so gelitten wie Judas. Judas beging am nächsten Tag Selbstmord, innerhalb von vierundzwanzig Stunden. Er konnte ohne Jesus nicht leben. Es ist nur eine Geschichte, aber man sollte über eines meditieren: Judas hat der Sache Jesu nicht geschadet. Nicht er ist der Antichrist, sondern die angeblichen Jünger, die Leute, die das Christentum etabliert haben – sie sind der Antichrist.

Antworten →

Was ist wirkliches Antworten? Eine wirkliche Antwort ist nicht vorprogrammiert. Sie ist die Erfahrung des Augenblicks. Du betrachtest eine Blume… du betrachtest die Blume wirklich, ohne Ideen, die dir die Augen verschleiern. Du betrachtest diese Blume, ihr Sosein, und lässt alles Wissen beiseite. Dein Herz antwortet, während der Kopf nur reagiert. Antworten ist eine Sache des Herzens. Vielleicht sagst du gar nichts. Im Grunde ist es auch nicht notwendig zu sagen: „Das ist schön." Antworten ist die Sprache des Herzens. Antworten ist ein Gefühl, kein Gedanke. Du bist hingerissen: Beim Anblick einer Rose tanzt etwas in dir, wird etwas in deinem tiefsten Wesen berührt. Etwas in dir öffnet sich. Die äußere Blume lockt die innere Blume hervor, und die innere Blume antwortet darauf. Und wenn du dich nicht allzu sehr in Banalitäten verlierst, wirst du genügend Energie haben, wirst du reichlich Energie haben, um diesen inneren Tanz des Herzens zu vollführen. Wenn du deine Energie mit Gedanken verschwendest, verkümmern deine Gefühle. Gedanken sind Parasiten: Sie leben von der Energie, die eigentlich für die Gefühle gedacht ist – sie beuten sie aus. Gedanken sind wie undichte Stellen in deinem Wesen, sie ziehen deine Energie ab. Dann bist du wie ein Topf mit Löchern – du kannst nichts behalten, du bleibst arm. Wenn keine Gedanken da sind, bleibt dir deine Energie erhalten, ihr Niveau steigt mehr und mehr an. Du bekommst eine gewisse Fülle. Und in dieser Fülle antwortet das Herz.

Arbeit ⇢

Einmal kam ein Mann zu mir; er war Busfahrer. Und wenn man Busfahrer in einer Stadt wie Bombay oder Delhi ist, wo der Verkehr völlig neurotisch ist, kommt man natürlich an den Rand eines Nervenzusammenbruchs. Er war mit den Nerven am Ende, er zitterte. Er sagte zu mir: „Ich will diesen Job hinschmeißen. Ich kann nicht mehr! Ich kann nicht mehr schlafen, ich habe Alpträume. Und den ganzen Tag hinter dem Steuer in diesem chaotischen Verkehr – ich kann mich keine Sekunde mehr entspannen." Ich sagte zu ihm: „Versuche sieben Tage lang eine Meditation zu machen, die ich dir jetzt gebe: Betrachte es als Herausforderung, dass diese Leute quer über die Straße laufen und sich völlig chaotisch verhalten. Verstehe es so, dass sie extra für dich eine

Situation schaffen, um deine Fähigkeiten zu testen. Betrachte es als Spiel. Sieh es als Situation, in der deine Kraft auf die Probe gestellt wird, in der dein ganzes Können bewertet wird." Die Idee gefiel ihm und nach sieben Tagen kam er wieder und sagte: „Es hat funktioniert... unglaublich! Jetzt mache ich mir keine Sorgen mehr wegen des Verkehrs – ich genieße es! Je chaotischer es zugeht, desto mehr Spaß macht es mir. Es ist herrlich, wie ich schaffe, den ganzen Verkehrsproblemen auszuweichen! Wenn ich nach Hause komme, fühle ich mich beinah wie ein Sieger, wie jemand, der in den Olympischen Spielen die Goldmedaille gewonnen hat!" Betrachte deine Arbeit als Spiel und genieße sie. Alles ist eine Herausforderung.

Armut →

In der Vergangenheit der Menschheit ist die Armut immer gepriesen und mit Spiritualität gleichgestellt worden, was absoluter Unsinn ist. Du kannst in völliger Armut leben, aber Armut kann dir nicht zur Erleuchtung verhelfen. Ob arm oder reich, ob in einer armseligen Hütte oder in einem Palast. Es kommt grundsätzlich immer auf deine meditative Haltung, auf deine Bewusstheit an. Wo immer das geschieht – nur dann wirst du erleuchtet. Du musst auf nichts verzichten. Alle Religionen haben seit Jahrtausenden den Armen geholfen, doch die Armut wächst trotzdem weiter. Ist das wirkliche Hilfe? Dann hätte im Laufe der Jahrtausende die Armut längst verschwinden müssen. Doch in Wirklichkeit wird die Armut damit nur unterstützt. Eine bessere Hilfe wäre es, den Armen zu sagen: „Ihr werdet ausgebeutet und müsst euch gegen die Herrschenden auflehnen.“ Der Dienst an den Armen ist nur dem Anschein nach ein schönes Wort, um dahinter die ausbeuterische Gesellschaftsstruktur zu verbergen. Es sieht gut aus, wirkt sehr tugendhaft. Aber warum sind die Armen eigentlich arm? Wer hat sie arm gemacht?

Atem ⇢

Der Atem ist etwas, worauf man gut achten sollte, denn er gehört zu den wesentlichsten Dingen. Wenn du nicht voll atmest, kannst du nicht voll leben. Dann hältst du fast bei allem etwas zurück, auch bei der Liebe. Auch beim Sprechen hältst du etwas zurück. Du kommunizierst nicht vollständig; irgendetwas wird immer unvollständig sein. Wenn du vollständig atmest, dann fällt alles andere an seinen Platz. Atmen ist Leben. Aber normalerweise ignoriert man es, man kümmert sich nicht darum, man achtet nicht darauf. Und jede Veränderung, die geschieht, wird durch eine Veränderung deines Atems geschehen. Wenn du viele Jahre lang falsch geatmet hast, zu flach geatmet hast, dann stellt sich deine Muskulatur darauf ein; dann ist es nicht mehr eine Frage der Willenskraft. Es ist so, als ob sich jemand jahrelang nicht bewegt hätte: Die Beine sind abgestorben, die Muskeln haben sich zurückgebildet; die Durchblutung hat aufgehört. Plötzlich entscheidet sich derjenige eines Tages, einen langen Spaziergang zu machen. Es ist schön draußen, ein schöner Sonnenuntergang. Aber er kann nicht mehr gehen; nur dadurch, dass er daran denkt, wird es nicht passieren. Jetzt wird sehr viel Anstrengung nötig sein, um diese toten Beine wieder zum Leben zu erwekken. Die Atemwege haben eine bestimmte Muskulatur. Wenn du falsch geatmet hast –, und das tut fast jeder – dann ist die Muskulatur darauf eingestellt. Nun wird es viele Jahre dauern, es aus eigener Kraft zu verändern, es ist eine unnötige Zeitverschwendung. Durch tiefe Massage, besonders durch *Rolfing*, entspannen sich diese Muskeln und dann kannst du wieder anfangen zu atmen. Wenn du nach dem *Rolfing* wieder gut durchatmest, solltest du aber nicht wieder in die alte Gewohnheit zurückfallen. Jeder atmet falsch, da die ganze Gesellschaft auf völlig falschen Bedingungen, Vorstellungen und Verhaltensweisen basiert. Wenn zum Beispiel ein Kind weint, sagt ihm die Mutter, es soll nicht weinen. Dann hält es den Atem an, weil es nur so damit aufhören kann. Wenn du den Atem anhältst, hört alles auf – Weinen, Tränen, alles. Dann wird es allmählich zu einer festen Regel: Werde nicht wütend! Weine nicht! Tu dies nicht, tu das nicht! Das Kind lernt, dass es die Kontrolle behalten kann, wenn es flach atmet. Wenn es vollständig und tief atmet, wie es jedes Kind bei der Geburt tut, dann wird es wild. So verkrüppelt es sich selbst.

Atheismus →

Atheisten sind ebenso blind wie Theisten. Beide sind Gläubige. Der einzig wahrhaftige Mensch ist Agnostiker, der weder Theist noch Atheist ist, der einfach nur nach der Wahrheit sucht. Er hat kein Glaubenssystem, kein Vorurteil, keine vorprogrammierte Ideologie. Ich sehe keinen großen Unterschied zwischen dem Atheismus eines Kommunisten und dem Theismus des Vatikans. Der Theismus des Vatikans basiert auf dem Glauben. „Das Kapital“ ist die Bibel der Kommunisten, und da Marx sagt, es gäbe keinen Gott, wird es zum Programm für alle Kinder in den kommunistischen Ländern. Und in Amerika glaubt jedes Kind, dass es einen Gott gibt. Beides ist Glauben: Das eine ist positiver Glauben, das andere negativer Glauben, aber Glauben ist Glauben.

Aufmerksamkeit ⇢

Jeder redet darüber, wie schlecht es ihm geht. Warum betont man das so? Warum gibt man diesem Thema so viel Aufmerksamkeit? Merke dir ein Gesetz: Je mehr Aufmerksamkeit du etwas gibst, desto größer wird es. Aufmerksamkeit ist wie Essen. Wenn du einer Sache Aufmerksamkeit gibst, wächst sie. Heute sagen die Biologen, dass ein Kind mehr wächst, wenn es Liebe bekommt, denn durch Liebe bekommt es mehr Aufmerksamkeit. Selbst eine Pflanze wächst mehr, wenn ihr der Gärtner Aufmerksamkeit gibt. Wenn sie vernachlässigt wird – auch wenn sie alles andere bekommt: die richtige Erde, Dünger, Regen, Sonnenstrahlen; wenn sie alles außer bewusster Aufmerksamkeit bekommt, braucht sie längere Zeit, um zu wachsen. Das ist heute eine wissenschaftliche Tatsache, die beobachtet und als richtig befunden wurde. Wenn du die Pflanze liebst und ihr viel Aufmerksamkeit gibst, wenn du ihr manchmal sagst, dass du sie liebst, dann wächst sie schneller. Aufmerksamkeit ist ein Vitamin. Das lebenswichtigste

Element in der Existenz ist Aufmerksamkeit. Wenn dich niemand liebt, welkst du dahin. Wenn dir niemand Aufmerksamkeit gibt, kommt der Tod zu dir. Du möchtest sterben. Wenn dir jemand Aufmerksamkeit gibt, wirst du wieder lebendig. Aufmerksamkeit ist Leben, der *elan vital.* Wenn dich niemand liebt, willst du Selbstmord begehen, denn du bist nicht in der Lage, dich selber zu lieben. Könntest du dich selbst lieben, könntest du dir selbst Aufmerksamkeit geben, bräuchtest du keine Aufmerksamkeit von anderen. Ein Buddha kann allein auf dieser Erde leben. Du kannst es nicht. Wenn du wirklich allein wärest, würdest du sofort Selbstmord begehen. Du würdest sagen: „Was soll das Ganze? Warum soll ich leben? Wer liebt mich? Wen soll ich lieben?"

Ausgleich →

Man hat mich gefragt, warum in Amerika so viele Menschen auf der religiösen Suche sind, warum sie so im Aufruhr sind, so verzweifelt suchen. Es liegt daran, dass Amerika heute das unnatürlichste Land mit dem größten technischen Fortschritt ist. Es ist eine Technokratie entstanden, die alles unnatürlich gemacht hat. Dein inneres Wesen dürstet nach Freiheit von der Beherrschung durch die Technik, aber die ganze Gesellschaft ist so unnatürlich geworden. Je kultivierter, je zivilisierter eine Gesellschaft ist, desto unnatürlicher ist sie. Wenn eine Gesellschaft zu sehr kultiviert ist, entsteht Religion als Ausgleich dazu. Es ist ein unsichtbarer Ausgleich. Eine natürliche Gesellschaft braucht keine Religion.

Authentischsein →

Authentisch zu sein bedeutet, seinem eigenen Wesen treu zu bleiben. Wie bleibt man sich selbst treu? Achte auf Folgendes: Höre nicht auf andere, die sagen, was du sein sollst. Höre stets auf deine innere Stimme, was *du* gerne sein willst. Sonst ist dein ganzes Leben verpfuscht. Achte darauf, deiner inneren Stimme treu zu bleiben. Selbst wenn es dich in Gefahr bringt, begib dich in die Gefahr, und bleibe deiner inneren Stimme treu. Nur dann besteht die Möglichkeit, dass du eines Tages einen Zustand erreichst, in dem du innerlich erfüllt tanzen kannst. Achte darauf: Dein eigenes Sein geht vor! Lass dich von keinem anderen kontrollieren und manipulieren. Und es gibt so viele! Jeder ist bereit dich zu kontrollieren, jeder ist bereit dich zu ändern, jeder ist bereit dir Anweisungen zu geben, um die du nie gebeten hast. Jeder will dir einen Führer für dein Leben vorsetzen. Der Führer ist jedoch nur in dir; du hast den ganzen Plan in dir. Authentisch zu sein bedeutet, sich selbst treu zu sein. Es ist eine sehr, sehr seltene Erscheinung; nur ganz wenige Menschen können es. Doch alle, die es konnten, sind angekommen. Sie erreichen einen Zustand von solcher Schönheit, Anmut und Zufriedenheit, den man sich nicht vorstellen kann. Dass man so viele frustrierte Gesichter sieht, liegt daran, dass niemand auf seine innere Stimme hört. Höre also immer nur auf deine innere Stimme und auf nichts anderes.

B

Babys →

Bei der Geburt ist jedes Kind in Harmonie. Deshalb sind Kinder so schön. Hast du jemals ein hässliches Baby gesehen? Das gibt es nicht. Alle Babys sind schön, aber alle Erwachsenen sind nicht mehr so schön. Es muss irgendwo etwas schiefgegangen sein, denn alle Babys sind schön. Sie haben einen Liebreiz und eine unglaubliche Anmut, die nicht einstudiert ist, denn sie haben keine Zeit etwas einzustudieren. Sie kommen auf die Welt ohne vorher geprobt zu haben. Sie sind einfach da – so glücklich, so still, so harmonisch. Sie bewegen sich anmutig und unbekümmert, als ob sie von der ganzen Existenz beschützt würden. Dann lernen sie allmählich die Verhaltensweisen der Menschen und werden falsch. Erst dann beginnt man hässlich zu werden. Dann können schöne Augen furchtbar aussehen; dann kann ein schönes Gesicht kriminell aussehen; dann kann ein schöner Körper alle Anmut verlieren. Dann wird die wunderbare Intelligenz – jedes Kind wird intelligent geboren, das ist natürlich –, dann wird das intelligente Kind dumm und mittelmäßig. Das sind die Errungenschaften der Menschheit. Das Falsche ist die Errungenschaft der Menschheit. Das Richtige ist göttlich.

Bardo →

Jeder Mensch, der bald stirbt, hat das Recht, es zu wissen. Die Ärzte wollen es oft verheimlichen, weil sie meinen: „Warum soll man die Person damit belasten?“ Aber gerade die Unsicherheit ist belastend, Sicherheit ist es nicht. Wenn man dazwischen hängt, wenn man unsicher ist und sich fragt, ob man am Leben bleibt oder stirbt – das macht Sorgen. Wenn man aber weiß, dass man stirbt, dass man nichts daran ändern kann, dann akzeptiert man es. Und durch dieses Akzeptieren wird man ruhig und friedlich. Wenn man jemanden also wissen lässt, dass er am Sterben ist, dann wird er im Moment des Todes sehr friedlich. Im Osten haben wir das seit Jahrtausenden praktiziert. Und nicht nur das. In manchen Ländern, wie zum Beispiel in Tibet, hat man bestimmte Techniken entwickelt, um einem Menschen beim Sterben zu helfen. Man nannte es *Bardo Todol*. Wenn jemand im Sterben lag, versammelten sich Freunde und Verwandte um den Sterbenden, um ihm die Sicherheit zu geben, dass er nun sterben wird, und um ihm zu helfen sich dabei zu entspannen. Wenn du nämlich ganz entspannt sterben kannst, ändert sich die Qualität deines Todes, und dadurch wirst du auch auf einem höheren Niveau wiedergeboren.

Die Qualität der Geburt wird durch den vorhergehenden Tod bestimmt. Die Qualität der Geburt wiederum wird die Qualität des nächsten Todes bestimmen. Auf diese Weise entwickelt man sich immer weiter; das ist Evolution. Und wenn jemand weiß, dass er jetzt stirbt, erscheint ein Leuchten auf seinem Gesicht – man kann es sehen. Es geschieht eigentlich ein Wunder: Er wird so lebendig, wie er es nie zuvor gewesen ist.

Beobachten ⇢

Wahre Stille tritt ein, wenn du anfängst den Lärm in deinem Kopf zu beobachten. In deinem Kopf herrscht reger Verkehr: Gedanken, Erinnerungen, Vorstellungen, tausenderlei Wünsche. Es ist ein ständiger Massenauflauf, der in alle Richtungen drängt. Wenn du am Straßenrand stehen und einfach nur zuschauen kannst, ohne zu bewerten, ohne zu urteilen, ohne etwas zu verurteilen oder gutzuheißen, wenn du einfach nur am Flussufer sitzen und dem Lauf des Flusses zusehen kannst, unbeteiligt, distanziert, einfach nur als reiner Beobachter, geschieht das Wunder. Das heißt nicht, dass du irgendetwas tun musst. Meditation ist absolut kein Tun, es ist reine Bewusstheit. Doch ein Wunder geschieht – das größte Wunder im Leben. Wenn du immer weiter beobachtest, geschehen ungeheure, unglaubliche Dinge. Dein Körper wird anmutiger, dein Körper ist nicht mehr so rastlos und angespannt. Dein Körper wird leicht, unbeschwert – du kannst zusehen, wie schwere Gewichte, Berge von Gewicht von deinem Körper abfallen. Dein Körper reinigt sich von allen möglichen Schadstoffen, Giftstoffen. Du wirst sehen, dass dein Verstand nicht mehr so aktiv ist wie bisher; seine Aktivität nimmt immer mehr ab und Lücken treten auf, Lücken, in denen es keinen Gedanken gibt. Diese Lücken sind die schönste Erfahrung, denn durch diese Lücken beginnst du die Dinge so zu sehen, wie sie ohne Einmischung des Verstandes sind. Allmählich lösen sich auch deine Launen auf. Du bist nicht mehr himmelhoch jauchzend oder zu Tode betrübt. Der Unterschied zwischen Freude und Traurigkeit wird kleiner. Bald ist ein Moment des Gleichgewichts erreicht, wo du weder traurig noch froh bist. Und das ist der Moment, in dem Seligkeit empfunden wird – diese Ruhe, diese Stille, dieses Gleichgewicht ist Seligkeit. Es gibt keine Höhepunkte mehr und keine Täler, keine dunklen Nächte und keine Mondscheinnächte, all diese Polaritäten lösen sich auf. Du lässt dich langsam genau in der Mitte nieder. Und all diese Wunder gehen immer tiefer und tiefer. Wenn dein Körper schließlich ganz im Gleichgewicht ist, wenn dein Kopf absolut still ist und dein Herz nicht länger voller Sehnsüchte ist, dann findet plötzlich ein Quantensprung in dir statt, und das Vierte wird dir bewusst – was dir nie zuvor bewusst gewesen war. Und das Vierte, das bist du. Du kannst es Seele nennen, das Selbst, Gott; du kannst es nennen, wie du willst, das ist dir überlassen – jeder Name passt dafür, weil es keinen eigenen Namen hat.

Berliner und Wiener →

Lasst mich eine Geschichte erzählen:
Ein Besucher aus Berlin hatte sich in Wien verlaufen und brauchte Hilfe. Was tut ein Berliner in so einem Fall? Er

packte den nächstbesten Passanten am Revers und bellte ihn an: „He! Wo iss'n die Post?“ Der verblüffte Wiener nahm vorsichtig die Faust des Berliners von seinem Revers, strich es glatt und sagte dann mit sanfter Stimme: „Bittschön, mein Herr, wäre es nicht empfindsamer gewesen, wenn sie mich höflich folgendermaßen angesprochen hätten: „Mein Herr, haben Sie vielleicht einen Moment Zeit und wissen zufällig, wie ich am besten zum Postamt finde?“"

Der Berliner starrte ihn einen Moment überrascht an und knurrte dann: „Ne, da verlauf ick mir lieber!“

Genau jener Wiener besuchte noch im selben Jahr Berlin, und es passierte auch ihm, dass er auf der Suche nach dem Postamt war. Auch er wandte sich an einen Passanten und fragte: „Mein Herr, haben Sie vielleicht einen Moment Zeit und wissen, wie ich am besten zum Postamt finde?“

Wie aus der Pistole geschossen antwortete der Berliner: „Eene Kehrtwende, dann zwee Häuserblöcke geradeaus, scharf rechts, een Häuserblock geradeaus, über de Straße rüber, halbe Drehung rechts, links über de Eisenbahnschienen, am Kiosk vorbei und ab in de Post!“

Der Wiener, noch verwirrter als vorher, murmelte trotzdem: „Tausend Dank, mein Herr!“

Woraufhin der Berliner ihn empört am Revers packte und brüllte: „Wat soll det mit dem Dank? Wiederholen Se!“

Die männliche Psyche ist der Berliner, die weibliche der Wiener. Die weibliche Psyche hat Anmut und Takt, die männliche Effizienz. Und natürlich wird auf längere Sicht, wenn es zum Streit kommt, die weibliche Psyche immer unterlegen sein. Die Effizienz wird gewinnen, denn die Welt versteht nur die Sprache der Mathematik, nicht die der Liebe. Doch wenn deine eigene Effizienz über deine Anmut und deinen Charme siegt, hast du etwas sehr Wertvolles verloren. Du hast den Kontakt mit deinem eigenen Sein verloren. Du magst sehr effizient sein, aber du bist nicht mehr eine wirkliche Person. Du wirst zur Maschine, wie ein Roboter. Aus demselben Grund kommt es ständig zum Konflikt zwischen Mann und Frau. Sie können nicht voneinander lassen, sondern müssen sich immer wieder in Beziehungen begeben, aber zusammenbleiben können sie auch nicht. Der Kampf ist nicht im Außen, er findet eigentlich in deinem Inneren statt.

Beschäftigtsein →

Jeder ist daran interessiert nach außen zu gehen, und keiner interessiert sich dafür nach innen zu gehen. Sobald du nämlich nur daran denkst, nach innen zu gehen, denkst du an die vielen Dinge, die dort verborgen sind. Du selbst hast sie ja verdrängt – niemand anderes. Du weißt also genau, dass da Wut ist, dass da Hass und Sex und Gier sind, dass da Neid ist... Tausenderlei Dinge brodeln und kochen in dir und können jeden Moment explodieren. Deshalb gehst du lieber nach außen als nach innen. Es ist besser, zu fliehen, irgendwo anders hin...; und du hast schon viele Fluchtwege ausprobiert. Der Mensch will beschäftigt bleiben. Wenn man nichts zu tun hat, findet man etwas zu tun, dies oder das. Man beginnt vielleicht damit, noch mal dieselbe Zeitung zu lesen. Es stand sowieso nur dummes Zeug drin – warum liest man es dann noch einmal? Man hat nichts zu tun und möchte irgendetwas tun, denn wenn man wirklich nichts zu tun hat, beginnt die Energie nach innen zu gehen. Nur wenn es etwas gibt, woran sie sich festhalten kann, nur dann kann sie außen bleiben. Wenn du allein da sitzt, wirst du unruhig. Dann willst du in den Club, ins Theater oder du willst einfach in der Stadt herumlaufen, damit du beschäftigt bist – wenigstens ein bisschen die Schaufenster betrachten oder mit irgendjemandem über völlig Unwichtiges reden. Eigentlich braucht man weder zu reden noch will irgendjemand zuhören, trotzdem reden die Leute und reden, nur um sich irgendwie an irgendetwas festzuhalten. Sie sind beschäftigt, ohne ein Geschäft zu haben. Sie sagen vielleicht, sie wollen sich ausruhen, aber niemand will wirklich ruhen, denn wenn du wirklich ausruhst, wird es automatisch zur Meditation, und du fällst nach innen. Du beginnst auf dein inneres Zentrum zuzugehen und wirst von Angst gepackt. Du bekommst Angst. Also gehst du lieber raus oder zu irgendeinem Verein, wirst Mitglied im *Rotary* oder *Lions Club*... Rund um die Uhr stehen dir Tausende von Möglichkeiten zur Verfügung, mit denen du deine Zeit verschwenden kannst.

Bestimmung →

Das Leben, so wie es ist, zu akzeptieren – in seiner ganzen Totalität – bedeutet, dass man sich entspannt und sich vom Leben führen lässt. Wo immer dich das Leben hinführt, du gehst mit. Das ist die Grundlage der taoistischen Lehre des „Soseins", der „Soheit". Ein Mensch, der so lebt, ist immer im Frieden. Was immer geschieht – er hat kein Problem damit; er lässt sich einfach mit totaler Bereitschaft darauf ein. Das heißt, er leistet nicht nur keinen Widerstand, sondern heißt das Leben willkommen, egal in welcher Form es kommt. Er heißt auch den Tod willkommen – selbst der Tod kann ihn nicht beunruhigen. Nichts kann ihn beunruhigen, weil er mit allem mitgeht, alles zulässt. Er ist wie ein Blatt, das vom Baum fällt. Wenn der Wind es nach oben wirbelt, geht es nach oben; wenn der Wind es nach Norden mitnimmt, geht es nach Norden; wenn der Wind gen Süden weht, geht es nach Süden. Wenn der Wind es zu Boden fallen lässt, ruht es am Boden. Es sagt nicht zum Wind: „Das ist jetzt ein Widerspruch. Erst hast du Richtung Norden geweht, und jetzt plötzlich gen Süden... Ich will nicht in den Süden. Meine Bestimmung ist der Norden!" Nein, das Blatt hat keine eigene Bestimmung. Die Existenz hat ihre eigene Bestimmung, und ein meditativer Mensch macht die Bestimmung der Existenz zu seiner eigenen Bestimmung.

Bewunderung

Man möchte bewundert werden, weil man keinen Respekt vor sich selbst hat. Wir werden mit Schuldgefühlen aufgezogen, die tief in uns verwurzelt sind. Von Anfang an werden wir verurteilt – von den Eltern, von Lehrern, Priestern, Politikern, vom ganzen Establishment. Dem Kind wird ständig die Botschaft vermittelt: „Das, was du tust, ist nicht richtig. Du tust, was man nicht tun sollte; und du tust nicht, was man tun sollte." Jedes Kind bekommt direkt oder indirekt den Eindruck, dass es nicht wirklich gewollt ist, dass seine Eltern seiner müde sind und sie es irgendwie nur ertragen, und dass es einfach nur stört. Das erzeugt bei jedem Menschen eine tiefe Wunde und man beginnt, sich selbst abzulehnen. Um diese Wunde zu verdecken, suchen wir Bewunderung.

Bewusstsein →

Du gehst spazieren, machst einen Morgenspaziergang. Auf eine Art bist du in Bewegung, auf eine andere jedoch nicht. Dein Körper ist in Bewegung, dein Geist ist in Bewegung, aber dein Bewusstsein bleibt gleich. Erst bist du Kind gewesen, dann ein junger Mensch, dann wirst du alt. Alles hat sich bewegt, und doch hat sich nichts bewegt. Dein Bewusstsein ist immer noch dasselbe. Aus diesem Grund ist es sehr schwierig... Wenn du keinerlei Aufzeichnungen hättest, wenn du keine Geburtsurkunde hättest, wenn du keinen Kalender hättest, würde es dir sehr schwerfallen, dein eigenes Alter zu schätzen. Wenn du die Augen schließt und versuchst dir vorzustellen, wie alt du bist, bist du nicht in der Lage zu sagen, wie alt du bist. Du wärest überhaupt nicht in der Lage, es herauszufinden. Würde man dir ein Bild zeigen oder eine Reihe von Bildern, könntest du es nicht glauben: „Das soll ich sein?" Glaubst du, du könntest dich am ersten Tag im Bauch deiner Mutter erkennen? Es ist nur ein Punkt, für das bloße Auge kaum sichtbar, du brauchst ein Mikroskop, um dich zu sehen. Und dann... Aber all diese Veränderungen sind nur an der Peripherie. Im Zentrum bist du immer dasselbe. Nichts hat sich geändert; nichts wird sich je verändern. Achte einmal darauf, wenn du deinen Morgenspaziergang machst: Dein Körper bewegt sich, doch etwas in dir bleibt unbewegt.

Beziehungen →

Vergiss Beziehungen! Lerne stattdessen, wie man sich bezieht. Sobald du eine Beziehung hast, beginnst du den anderen als selbstverständlich vorauszusetzen. Das zerstört jede Liebesaffäre. Die Frau denkt, sie kennt den Mann; der Mann denkt, er kennt die Frau. Keiner kennt den anderen. Es ist unmöglich, den anderen zu kennen. Der andere bleibt ein Geheimnis. Und den anderen als Selbstverständlichkeit zu betrachten, ist beleidigend und respektlos. Wenn du glaubst deine Frau zu kennen, bist du sehr undankbar. Wie kannst du die Frau kennen? Wie kannst du den Mann kennen? Sie sind Prozesse und keine Dinge. Die Frau, die du gestern kanntest, ist heute nicht da. So viel Wasser ist den Ganges hinuntergeflossen. Sie ist eine andere, völlig anders. Beziehe dich wieder auf sie; beginne von neuem. Setze nichts als selbstverständlich voraus. Das ist die Freude in der Liebe: die Erforschung des Bewusstseins. Und wenn du dich beziehst, reduzierst du den anderen nicht zur Beziehung; dann wird der andere zum Spiegel für dich. Indem du die andere Person erforschst, erforschst du ohne es zu merken auch dich selbst. Je tiefer du dich auf die andere Person einlässt, ihre Gefühle, ihre Gedanken und das, was sie zutiefst bewegt, kennenlernst, erfährst du auch, was dich selbst zutiefst bewegt. Liebende werden sich gegenseitig zum Spiegel, so wird Liebe zur Meditation. Eine Beziehung ist etwas Hässliches; sich zu beziehen ist schön. In der Beziehung werden beide Partner blind füreinander. Überlege einmal, wie lange ist es her, dass du deiner Frau in die Augen geschaut hast? Wie lange ist es her, dass du deinen Mann wirklich angeschaut hast? Vielleicht Jahre! Wer schaut schon die eigene Frau an? Du kennst sie ja schon! Was gibt es da noch zu sehen? Man interessiert sich eher für Fremde als für Leute, die man kennt. Du kennst schon die ganze Topografie des Körpers der anderen Person. Du weißt, wie sie reagiert. Du weißt alles, was passiert ist und was immer wieder passieren wird. Es ist doch immer wieder dasselbe... Aber es ist nicht so, nicht wirklich. Nichts wiederholt sich jemals. Alles ist jeden Tag neu. Nur deine Augen werden alt, deine Annahmen werden alt. Auf deinem Spiegel sammelt sich Staub, und du bist nicht mehr in der Lage, den anderen widerzuspiegeln.

Deshalb sage ich: Bezieht euch! Und wenn ich sage, ihr sollt euch beziehen, meine ich, dass ihr ständig in den Flitterwochen bleiben sollt. Sucht und erforscht euch gegenseitig, findet neue Wege euch zu lieben, findet neue Wege miteinander zu sein. Jeder Mensch ist so ein unendliches Mysterium, so unerschöpflich, so unergründlich, dass es nicht möglich ist, jemals zu sagen: „Ich kenne sie“ oder „Ich kenne ihn.“ Man kann höchstens sagen: „Ich habe mein Bestes versucht, aber ein Geheimnis bleibt ein Geheimnis.“ Im Grunde wird der andere immer geheimnisvoller, je besser du ihn kennst. Dann ist Liebe ein ständiges Abenteuer.

Böse →

Im Vaterunser heißt es: „Führe uns nicht in Versuchung, sondern erlöse uns von dem Bösen." Es gibt nichts Böses, deshalb braucht man auch nicht davon erlöst zu werden. Es gibt nur eines, und zwar den Zustand der Unbewusstheit, des Unwissens, in dem man nicht bewusst ist. Ich würde ihn nicht „böse" nennen – er ist eine Situation, eine Herausforderung, ein Abenteuer; das ist nicht böse. Die Existenz ist nicht böse. Die Existenz ist eine Gelegenheit zu wachsen. Und natürlich ist die Gelegenheit zu wachsen nur möglich, wenn du tausendfach in Versuchung geführt wirst, wenn du dem Ruf ins Unbekannte folgst, wenn in dir ein unbändiges Verlangen entsteht Dinge zu erforschen. Und das Einzige, was dich daran hindern kann, ist Unbewusstheit. Diese Unbewusstheit, diese Unklarheit zu überwinden, ist deine Herausforderung. Werde bewusster, werde wacher, werde lebendiger. Lass deinen ganzen Lebenssaft fließen. Nimm dich nicht zurück! Respektiere deine eigene Natur, liebe dich selbst und sorge dich nicht um Unnötiges. Bewege dich durch das Dickicht des Lebens, erforsche es. Ja, du wirst viele Fehler begehen. Na und? Man lernt, indem man Fehler begeht. Ja, du wirst dich viele Male irren. Na und? Nur wer sich auf Irrtümer einlässt, kommt schließlich zur richtigen Tür. Bevor man an die richtige klopft, muss man an tausend falsche Türen klopfen. Das ist ein Teil des Spiels; es gehört zum Spiel.

Buddha →

In der buddhistischen Terminologie ist „Buddha" gleichbedeutend mit „Wahrheit". Man spricht nicht viel von der Wahrheit; man spricht viel mehr über Buddha. Auch das ist bezeichnend, denn wenn du ein Buddha wirst – und „Buddha" bedeutet, dass du ein Erwachter bist – dann ist Wahrheit da. Warum soll man dann noch über die Wahrheit reden? Frage lieber, was Erwachen ist; frage lieber, was Bewusstheit ist. Denn wenn du bewusst bist, ist die Wahrheit da. Wenn du nicht bewusst bist, ist die Wahrheit nicht da. Ein Buddha ist jemand, der von Augenblick zu Augenblick lebt, der nicht in der Vergangenheit lebt, der nicht in der Zukunft lebt, der hier und jetzt lebt. Die Buddhanatur ist die Eigenschaft, hier und jetzt gegenwärtig zu sein. Und die Buddhanatur ist kein Ziel. Du brauchst nicht darauf zu warten. Du kannst nur hier und jetzt ein Buddha sein.

C

Chakra →

Was die Yogis „Chakra" nennen, sind Energiestrudel, die „Energieräder", die sieben Chakren. Bei den *Bauls* sind es die sieben Lotusblüten. Wir haben sieben Chakren. In jedem Chakra bist du ein anderer Mensch. Im ersten Chakra, dem Sexzentrum, bist du einfach nur Tier. Etwas über dem Tier, aber nicht weit davon entfernt – knapp an der Grenze. Unter dir ist die Tierwelt; über dir steht die Welt des Menschen, und du bist genau an der Grenze. Deswegen sind alle Religionen immer gegen Sex gewesen, da der höchste Punkt bei den Tieren der niedrigste beim Menschen ist. Wenn das Sexzentrum dein Mittelpunkt bleibt, dann bist du das höchste aller Tiere, nichts anderes. Wenn die Energie ins zweite Zentrum steigt, wirst du ein anderer Mensch! Du entwickelst neue Eigenschaften. Und wenn die Energie ins dritte Zentrum steigt, öffnen sich dir wieder neue Dimensionen. So geht es weiter, bis die Energie beim letzten Zentrum ankommt, dem *Sahasrar*. Dann transzendierst du das Menschsein. Du bist kein Mensch mehr.

Solange der Mensch nicht das Menschsein überwindet, kann er die höchste Wahrheit nicht finden. Der Mensch muss sich selbst transzendieren. Erst dann ist er erfüllt.

Chaos →

Chaos ist immer gut. Ordnung ist immer tot. Aus dem Chaos werden Sterne geboren; aus der Ordnung nur Leute wie Adolf Hitler. Ich habe also überhaupt kein Problem mit dem Chaos. Wenn aber alles in Ordnung ist, dann wird es zum Konzentrationslager. Das Chaos ist schön. Freiheit ist nur ein anderes Wort für Chaos.

Charisma →

Hast du es schon einmal beobachtet? Wenn ein Politiker da steht, umringt von Tausenden, die ihn anschauen, dann hat er eine Art Orgasmus. Er ist sehr glücklich. Er bekommt von so vielen Menschen Aufmerksamkeit; so viel überfließende Vitalität kommt zu ihm, so viele Schwingungen gehen zu ihm hin, treffen auf seine Schwingung – das ist ein großartiger Orgasmus. Er beginnt zu strahlen, er explodiert förmlich. Verliert er dann die Wahlen und hat keinen Erfolg mehr, dann verschwindet seine Ausstrahlung – sein ganzes Charisma ist auf einmal verschwunden. Wenn man einen Politiker, der seine Macht verloren hat, dann sieht, staunt man, wie jemand, der so mächtig war, plötzlich so machtlos wirken kann. Sein ganzes Charisma ist verschwunden.

D

Denken →

Vielleicht hast du es noch nicht beobachtet, aber was passiert eigentlich, wenn du denkst? Wenn du denkst, bist du verschlossen. Alles Gegenwärtige ist ausgeblendet. Du bewegst dich auf einem Traumpfad in deinem Kopf. Ein Wort führt zum nächsten, ein Gedanke erzeugt den nächsten, und du gehst immer weiter. Je weiter du dich in Gedanken verfängst, desto weiter bist du von der Existenz entfernt. Denken ist ein Mittel, um sich zu entfernen. Es ist ein Traumpfad. Es ist Träumen in Konzepten. Komm wieder auf die Erde zurück! Sei ganz erdverbunden – nicht in dem Sinne von weltlich, sondern bodenständig, wirklichkeitsnah. Komm wieder zur Existenz zurück. Die Probleme des Lebens kann man nur dann lösen, wenn man tief in der Existenz verwurzelt ist. Wenn du in Gedanken wegfliegst, entfernst du dich von deinen Wurzeln, und je weiter du weg bist, desto geringer ist die Möglichkeit, irgendetwas zu lösen. Im Gegenteil: Du wirst alles durcheinanderbringen, und alles wird noch verstrickter. Und je verstrickter du bist, desto mehr wirst du denken und desto weiter wirst du dich entfernen. Hüte dich vorm Denken!

Depression →

Immer wenn du deprimiert bist, warte einfach, bis die Depression wieder geht. Nichts dauert ewig. Auch die Depression wird vorbeigehen. Und wenn sie dann geht, warte. Sei bewusst und wach, denn nach der Depression, nach der Nacht kommt das Morgengrauen und die Sonne wird aufgehen. Wenn du in diesem Moment wach sein kannst, wirst du sogar glücklich darüber sein, dass du deprimiert warst. Du wirst dankbar für deine Depression sein, weil du nur durch sie diesen Moment des Glücks erleben konntest.

Aber was tun wir? Wir begeben uns in eine unendliche Schleife: Wir sind deprimiert. Und dann sind wir deprimiert, weil wir deprimiert sind – es folgt eine zweite Depression. Es ist in Ordnung, wenn du deprimiert bist! Nichts ist falsch daran. Es ist gut so, denn du wirst davon etwas lernen und reifer werden. Aber dann fühlst du dich schlecht: „Warum bin ich bloß so deprimiert? Ich sollte nicht deprimiert sein!" Dann beginnst du gegen die Depression anzukämpfen. Die erste De-pression ist gut, aber die zweite Depression ist irreal. Und diese irreale Depression trübt deinen Geist. Du verpasst den Moment, der auf die wirkliche Depression gefolgt wäre. Wenn du also deprimiert bist, dann sei deprimiert! Sei einfach deprimiert, lass dich wegen deiner Depression nicht deprimieren. Kämpfe nicht dagegen an, versuche nicht dich davon abzulenken, zwinge sie nicht dazu zu gehen. Lass sie geschehen. Sie wird von selbst wieder gehen. Das Leben ist ein Fluss – nichts bleibt gleich. Du brauchst nichts zu tun; der Fluss bewegt sich von selbst, du brauchst ihn nicht anzutreiben. Wenn du versuchst einen Fluss anzutreiben, machst du dich nur lächerlich. Der Fluss fließt von selbst. Lass ihn fließen.

Destruktivität ⇢

Wenn man seine Energie nicht auf kreative Weise nutzt, wenn sich nicht zu einem Tanz voller Lachen und Freude wird, dann wird dieselbe Energie zerstörerisch und giftig. Sie wird destruktiv. Angeblich wollte Adolf Hitler Maler werden, aber wurde nicht zum Kunststudium zugelassen. Man stelle sich vor: Die ganze Welt sähe heute anders aus, wenn ihn die Kunstakademie angenommen hätte. Es wäre nicht zum zweiten Weltkrieg gekommen. Die ganze Menschheit hätte sich vollkommen anders entwickelt. Aber dieser Mann konnte nicht kreativ sein, er wollte kreativ sein. Er hatte die Energie – auf jeden Fall hatte er ungeheure Energie: Er zog die ganze Welt in eine Zerstörung hinein, wie es kein anderer Mensch jemals tun konnte. Aber es war dieselbe Energie. Sie hätte kreativ werden können, wurde aber destruktiv.

Deutsche ⇢

Man hat sich immer gewundert, wie Adolf Hitler ein so intelligentes Volk wie die Deutschen beherrschen konnte. Warum? Es scheint paradox, dass ein Mann wie Martin Heidegger, einer der größten Denker unserer

Zeit, Hitler unterstützt hat. Bekannte Professoren der großen deutschen Universitäten unterstützten Hitler. Warum? Wie war das möglich? Hitler war einfach ein Dummkopf, ungebildet und unkultiviert. Aber er hatte etwas, das den Professoren fehlte, das den intelligenten Menschen fehlte – er hatte etwas, was Martin Heidegger nicht hatte. Er hatte etwas, das kein intelligenter Mensch haben kann: eine absolute Überzeugung. Er war idiotisch, aber er sprach immer ohne Wenn und Aber. Er machte Aussagen, als wäre er sich vollkommen sicher. Er war ein Wahnsinniger; und sein Wahnsinn hatte eine ungeheure Wirkung. Er veränderte den Lauf der Menschheitsgeschichte. Es ist nicht überraschend, dass die Deutschen von ihm so beeindruckt und begeistert waren. Sie waren ein intelligentes Volk, eines der intelligentesten Völker der Erde; aber Intelligenz bringt immer auch Verwirrung mit sich. Das ist das Geheimnis des Erfolgs von Adolf Hitler. Intelligenz bringt Verwirrung mit sich, und Verwirrung lässt einen zaudern. Man weiß nicht, wohin man gehen soll, was man tun soll, und dann beginnt man nach einem Führer Ausschau zu halten. Und so sucht man nach jemandem, der mit Absolutheit spricht, der ein starkes Durchsetzungsvermögen hat.

Disziplin →

Disziplin bedeutet, dass du eine Methode benutzt, um zentrierter zu werden, um wacher zu werden, um dein Dasein meditativer zu gestalten, damit du nicht durch den Kopf funktionierst, nicht einmal durch das Herz, sondern aus deinem Wesenskern heraus, aus deinem innersten Kern, aus dem Zentrum deines Seins, aus deiner Totalität heraus. Dann ist dein Handeln keine Reaktion, denn Reaktionen beziehen sich auf die Vergangenheit, sondern es ist eine Antwort auf die jeweilige Situation. Eine Antwort ist immer in der Gegenwart, auf die Gegenwart. Im Zen wird Disziplin benutzt, damit man wie ein Spiegel das widerspiegelt, was *ist.* Alles, was man braucht, ist Bewusstheit ohne Gedanken.

Dreieinigkeit, Dreifaltigkeit →

Die indischen Upanishaden sprechen von zwei Dreieinigkeiten: Eine heißt *Satyam, Shivam, Sunderam. Satyam* bedeutet Wahrheit; *Shivam* bedeutet das Gute, Tugend, Gutsein; *Sunderam* bedeutet Schönheit…

Und sie sprechen auch von einer anderen Dreieinigkeit: *Satchitanand – Sat, Chit, Anand. Sat* bedeutet Sein, *Chit* bedeutet Bewusstsein, *Anand* bedeutet Glückseligkeit. Diese beiden Dreieinigkeiten sind viel schöner, viel bedeutender als die christliche Dreieinigkeit von Gott dem Vater, Christus, dem Sohn und dem Heiligen Geist. Im Vergleich zu diesen zwei Dreieinigkeiten wirkt die christliche Dreieinigkeit ziemlich unreif und kindisch. Sigmund Freud sagte, dass Gott der Vater nichts als der tiefe Wunsch eines unreifen Menschen ist, sich an seinen Vater, an die Idee eines Vaters zu klammern, dass es eine Vaterfixierung ist, und damit hatte er recht. Allerdings hatte Freud nie etwas von *Satyam, Shivam, Sunderam* oder *Satchitanand* gehört. Über diese höchsten Einsichten hätte er nichts Abfälliges zu sagen gewusst.

Durchbruch →

Im Englischen sind die beiden Wörter *breakdown* – Zusammenbruch – und *breakthrough* – Durchbruch – sehr bedeutungsvoll. Einen Zusammenbruch hast du, wenn du Meditation nicht kennst und deine Logik nicht zur Sache passt. Du weißt nicht, wie du in dein Herz gelangen kannst, und dein Kopf ist völlig nichtssagend geworden – dann hast du einen Zusammenbruch; du wirst verrückt. Wenn du aber eine meditative Einstellung hast – und eine meditative Einstellung ist die Kunst, Gegensätze in eine sich ergänzende Einheit zu verwandeln, dann kommt es zu einem Durchbruch. Du betrittst eine neue Welt, bekommst eine neue Sichtweise, eine neue Perspektive.

In einem gewissen Sinn bist du wieder *ver*rückt. Deshalb hat man Jesus für einen Narren gehalten. Der Heilige Franziskus hat sich selbst einen Narren genannt, denn in praktischer Hinsicht war er *ver*rückt. Buddha, Mahavir – in gewisser Weise sind sie alle verrückt. Sie sind nicht normal so wie du normal bist. Entweder stehen die Verrückten unter dir oder über dir. Wenn sie unter dir stehen, ist es ein Zusammenbruch. Wenn sie über dir stehen, ist es ein Durchbruch. Meditation ist die Kunst, Irrsinn in Buddhaschaft zu verwandeln. Meditation ist die Kunst, über die Logik hinaus zu gehen und doch deine geistige Gesundheit zu bewahren. Meditation ist die größte Entdeckung, die jemals gemacht worden ist. Und ich glaube nicht, dass es jemals eine Entdeckung geben wird, die Meditation übertreffen könnte.

E

Ego →

Jeder wird ohne Ego geboren. Bei der Geburt ist ein Kind einfach nur Bewusstsein – schwebend, fließend, strahlend, unschuldig, rein. Da ist kein Ego. Erst ganz allmählich wird das Ego ausgebildet – von anderen. Das Ego ist die Auswirkung der angesammelten Meinungen, die andere von dir haben. Jemand kommt vorbei, ein Nachbar, und sagt: „Was für ein hübsches Kind!" Er schaut das Kind mit einem sehr anerkennenden Blick an. Jetzt fängt das Ego an zu arbeiten. Jemand lächelt, jemand anderes lächelt nicht. Manchmal ist die Mutter liebevoll, manchmal ist sie böse. Und das Kind lernt, dass man es nicht so akzeptiert, wie es ist. Sein Wesen wird nicht bedingungslos akzeptiert; es werden ihm Bedingungen gestellt. Wenn es heult und schreit und gerade Besuch im Haus ist, dann wird die Mutter sehr ärgerlich. Wenn es schreit und heult und kein Besuch da ist, dann kümmert sich die Mutter nicht darum. Wenn es nicht schreit und nicht heult, belohnt es die Mutter mit einem liebevollen Kuss und streichelt es. Wenn Besuch kommt und es bleibt ruhig und still, dann ist die Mutter sehr glücklich und belohnt es. Es eignet sich die Meinung an, die andere von ihm haben. Es schaut in den Spiegel der Beziehungen. Du kannst dein Gesicht nicht direkt sehen. Du musst in einen Spiegel schauen, um im Spiegel dein Gesicht zu erkennen. Diese Reflexion wird zu deiner Vorstellung von deinem Gesicht, und es gibt Tausende von Spiegeln um dich herum – sie alle spiegeln dich wider. Jemand liebt dich, jemand hasst dich, jemand ist gleichgültig. Dann wächst das Kind allmählich heran und sammelt immer mehr Meinungen von anderen. Die gesamte Essenz der Meinungen anderer ist das Ego. Dann beginnt es sich selbst so zu sehen, wie es von anderen gesehen wird. Es beginnt, sich selbst von außen zu sehen. Das ist das Ego. Wenn die Leute es anerkennen und applaudieren, dann denkt es, dass es in Ordnung und akzeptiert ist. Wenn die Leute nicht applaudieren und es nicht anerkennen, sondern ablehnen, dann fühlt es sich verurteilt. Dann sucht es ständig nach Mitteln und Wegen, um anerkannt zu werden, um immer wieder bestätigt zu bekommen, dass es würdig ist, dass sein Dasein einen Wert hat, einen Sinn, eine Bedeutung. Dann bekommt man Angst davor, man selbst zu sein. Man muss sich ja der Meinung der anderen anpassen. Wenn du dein Ego loslässt, wirst du plötzlich wieder zum Kind. Dann machst du dir keine Gedanken darüber, was die anderen von dir denken. Du kümmerst dich nicht darum, was andere über dich sagen. Es kümmert dich kein bisschen! Du hast den Spiegel weggestellt. Er ist nutzlos. Du hast dein Gesicht, wozu musst du ihn noch fragen?

Ehe →

Die Ehe ist eine große Lektion. Sie ist eine Chance zu lernen, dass Abhängigkeit nicht Liebe ist, dass Abhängigkeit zu Konflikten, Wut, Zorn, Hass, Eifersucht, Besitzgier und gegenseitigem Beherrschen führt. Man muss lernen, nicht abhängig zu werden. Doch dazu bedarf es einer sehr meditativen Einstellung, sodass man für sich allein so glücklich ist, dass man den anderen nicht braucht. Wenn du den anderen nicht brauchst, hört die Abhängigkeit auf. Wenn du den anderen nicht brauchst, kannst du deine Freude mit anderen teilen – und Teilen ist etwas sehr Schönes. Ich wünsche mir eine andere Art von Beziehung auf der Welt. Ich nenne es „sich beziehen" – nur um es von eurer alten Art von Beziehung zu unterscheiden. Ich wünsche mir eine andere Art von Ehe auf der Welt. Ich möchte es nicht Ehe nennen, weil dieses Wort vergiftet ist. Ich möchte es einfach Freundschaft nennen – keine gesetzliche Verbindung, sondern ein liebevolles Zusammensein. Keine Versprechungen für morgen – dieser Augenblick ist genug. Und wenn ihr euch in diesem Augenblick liebt, wenn ihr einander in diesem Augenblick genießt, wenn ihr diesen Augenblick miteinander teilen könnt, wird der nächste Augenblick daraus entstehen. Und er wird noch reicher sein. Mit der Zeit wird eure Liebe tiefer, sie wird neue Dimensionen bekommen, aber sie wird keine Fessel sein.

Ehefrau →

Ich weiß nicht viel über Ehefrauen. Ich bin ein unverheirateter Mann. Aber ich habe viele Ehefrauen und viele

Ehemänner beobachtet. Das ist also nicht meine Erfahrung, sondern meine Meinung. Zwei Dinge sind nötig, um seine Frau bei Laune zu halten. Erstens: Lass sie denken, dass sie recht hat. Und zweitens: Gib ihr recht.

Ehemann →

Ehemänner behaupten, dass sie ihre Frau lieben, aber sie wollen sie nur beherrschen. Sie sind so eifersüchtig, so besitzergreifend – wie können sie lieben? Ehefrauen behaupten, sie würden ihren Mann lieben, aber sie machen ihm das Leben Tag und Nacht zur Hölle. Auf jede mögliche Weise bringen sie den Ehemann unter ihren Pantoffel – das ist hässlich. Der Pantoffelheld ist etwas Hässliches. Das Problem ist, dass die Frau den Mann zuerst zum Pantoffelhelden macht und dann das Interesse an ihm verliert. Denn wer kann an einem Pantoffelhelden interessiert bleiben? Er ist nichts mehr wert, scheint nicht mehr genug Mann zu sein.

Und der Mann versucht als Erstes, die Frau zu seinem Besitz zu machen. Wenn er sie einmal besitzt, verliert auch er das Interesse. Dahinter steckt eine bestimmte Logik: Sein ganzes Interesse bestand darin zu besitzen, und wenn das erreicht ist, möchte er es mit einer anderen Frau versuchen, damit er wieder Besitz erobern kann. Hütet euch vor diesen Egonummern – sonst fühlt ihr euch verletzt. Denn die Person, die man besitzen will, wird irgendwann alle Tricks und Strategien sabotieren, denn jeder liebt seine Freiheit. Selbst die Liebe kommt erst an zweiter Stelle, nach der Freiheit. Freiheit ist der höchste Wert. Man kann seine Liebe für die

Freiheit opfern, aber man kann seine Freiheit nicht für die Liebe opfern. Aber genau das haben wir seit Jahrhunderten getan: Wir haben die Freiheit für die Liebe geopfert. Daraus entstehen alle Widersprüche und Konflikte, und man nutzt jede Gelegenheit, um den anderen zu verletzen.

Ehrfurcht vor dem Leben ➝

Ich vertrete keine Philosophie der Gewaltlosigkeit, aber meinen Lebensstil könnte man als Ehrfurcht vor dem Leben bezeichnen – das ist eine ganz andere Perspektive. Gewaltlosigkeit sagt einfach nur: Töte niemanden. Glaubt ihr denn, das ist genug? Es ist eine negative Aussage: Tötet niemanden, schadet niemandem. Ist das genug? Ehrfurcht vor dem Leben sagt: Teilt, schenkt eure Freude, eure Liebe, euren Frieden, euer Glück. Was immer ihr teilen könnt, teilt. Wenn ihr dem Leben mit Ehrfurcht begegnet, wird es zum Gottesdienst. Dann wird einen Baum anzuschauen, ein Gottesdienst. Dann wird das Bewirten eines Gastes zum Gottesdienst. Wenn wir eine Situation schaffen können, in der wir die Menschen dazu erziehen, ihr inneres Wesen zu verstehen, werden sie voller Mitgefühl, voller Liebe für jedes Lebewesen sein. Sie werden eine ungeheure Ehrfurcht vor dem Leben haben.

Ehrgeiz ➝

Ehrgeiz ist ansteckend. Meide ehrgeizige Menschen, sonst wirst du mit Sicherheit von ihrem Fieber angesteckt. Es kann sein, dass du plötzlich in eine Richtung gehst, die gar nicht deine ist. Vielleicht tust du plötzlich Dinge, die dir eigentlich niemals in den Sinn gekommen wären, aber du tust sie, weil du in die Gesellschaft von jemandem geraten bist… Schau dir dein Leben an: Fast alles darin ist Zufall. Es ist nicht wirklich bedeutungsvoll, sondern zufällig. Dein Vater wollte, dass du Arzt wirst; also bist du Arzt geworden. Es war sein Ehrgeiz, dass sein Sohn ein berühmter Arzt werden soll. Er hat seinen Ehrgeiz befriedigt. Er hat dich als Mittel benutzt, um seinen Ehrgeiz zu befriedigen. Das ist nicht Liebe, das ist Ausbeutung!

Ehrgeiz ist die Wurzel des Wahnsinns. Versuche, deine ehrgeizigen Gefühle zu verstehen. Deine Anstrengungen, jemand in der Welt zu sein, machen dich wahnsinnig. Sei einfach niemand; dann hast du kein Problem. Hör auf, ehrgeizig zu sein, und beginne zu leben, denn ein ehrgeiziger Mensch kann nicht leben. Er schiebt immer alles auf. Sein wahres Leben wird immer morgen stattfinden – und das Morgen wird niemals kommen. Ein ehrgeiziger Mensch ist zwangsläufig aggressiv und gewalttätig. Und wer aggressiv und gewalttätig ist, wird irgendwann verrückt.

Ein Mensch, der nicht ehrgeizig ist, ist friedlich, liebevoll und mitfühlend. Der Ehrgeizige ist immer in Eile, rennt und hetzt hinter etwas her, von dessen Existenz er nur ein vages Gefühl hat, aber er wird es nie finden. Es ist wie der Horizont – er existiert nicht. Es gibt ihn nur scheinbar. Wer nicht ehrgeizig ist, lebt hier und jetzt. Und jetzt hier zu sein ist geistige Gesundheit. Diesen Moment total zu leben – das ist geistige Gesundheit.

Einfachheit ⇢

Einfachheit bedeutet, ohne Ideale zu leben. Ideale machen alles kompliziert. Ideale erzeugen eine Spaltung in dir, daher die Komplikationen. Sobald du gerne anders wärst als du bist, wirst du kompliziert. Mit dir selbst zufrieden zu sein, so wie du bist – das ist Einfachheit. Die Zukunft macht die Dinge kompliziert. Wenn du total in der Gegenwart bist, bist du einfach. Einfach zu sein heißt nicht, ein Leben in Armut zu führen. Das wäre völlig idiotisch, denn jemand, der sich zwingt in Armut zu leben, ist überhaupt nicht einfach. Er ist scheinheilig. Sein Bedürfnis, sich Armut aufzuerlegen, bedeutet nur, dass er innerlich eigentlich genau nach dem Gegenteil lechzt. Wieso hätte er es sonst nötig, es sich aufzuerlegen? Man zwingt sich nur deshalb einen bestimmten Charakter auf, weil man genau das Gegenteil davon ist. Einfachheitt bedeutet, einfach du selbst zu sein, so wie du bist, dich ganz und gar anzunehmen, ohne Ziel, ohne Ideal.

Alle Ideale sind Schrott. Wirf sie weg! Man braucht Mut, um einfach zu sein. Du brauchst Mut, weil du niemals in die sogenannte Gesellschaft passen wirst, die dich umgibt und die so verdorben ist. Du wirst immer ein Außenseiter sein. Aber du wirst einfach sein, und Einfachheit ist etwas Schönes. Du wirst in völliger Harmonie mit dir selbst sein. Es gibt keinen Konflikt in dir, keine Spaltung. Nur das Ideal spaltet einen. Je größer das Ideal, desto gespaltener ist man. Einfachheit ist kein Ideal. Man kann sich Einfachheit nicht aufzwingen. Deshalb habe ich nie behauptet, dass Leute wie Mahatma Gandhi einfach seien. Sie sind es nicht; sie können es gar nicht sein. Sie haben Einfachheit zum Ideal gemacht, sie versuchen es zu erreichen. Einfachheit ist für sie ein Ziel, das weit in der Zukunft liegt, weit entfernt, und sie streben danach und mühen sich ab; sie strengen sich sehr an. Wie kann man durch Anstrengung einfach werden? Ihr versucht, durch eigene Anstrengung etwas an der Existenz zu verbessern. Die Existenz ist perfekt so wie sie ist, sie muss nicht verbessert werden. Einfachheit ist einfach das, *was ist.*

Einsamkeit →

Begreifst du einmal, wie schön deine Einsamkeit ist, wird sie zum Alleinsein. Dann ist sie nicht mehr leer, nicht mehr ein Nichts. Dann ist sie rein, so rein, dass sie keine Form mehr hat. Vergiss niemals den Unterschied zwischen Einsamkeit und Alleinsein. Einsamkeit ist wie eine Wunde. Einsamkeit bedeutet, dass du den anderen vermisst. Einsamkeit bedeutet, dass du ständig an jemand oder etwas anderes denkst, dass du dich ständig nach jemandem sehnst. Der andere ist in deiner Fantasie, in deinem Kopf, in deinen Träumen. Der andere ist zwar nicht real, sondern nur eingebildet, aber der andere ist da, und da er nicht real ist, fühlst du dich einsam. Wenn du anfängst dein Alleinsein zu spüren, ist alles und jeder andere vollkommen aus deinem Kopf verschwunden. Deine Träume werden nicht mehr davon überschattet; deine Reinheit wird davon nicht mehr berührt. Du bist glücklich mit dir selbst, bist froh mit dir selbst und genießt dich selbst. Jetzt bist du zum ersten Mal im Einklang mit deinem Sein und mit deinem Nicht-Sein. Du bist ganz und heil. Nun kannst du Liebe zulassen; nun kann die Liebe fließen. Doch nun liebst du um zu teilen; nicht um vor der Einsamkeit zu fliehen. Nun kannst du auf jemanden zugehen und dein Sein teilen – und auch dein Nicht-Sein. Jetzt kannst du andere an deinem Ganz-Sein teilhaben lassen, kannst jedem, der offen ist, an deiner Offenheit teilhaben lassen – jetzt könnt ihr Partner auf der ewigen Reise werden. Diese Liebe will nicht besitzen, denn du bist jederzeit bereit auch allein zu sein. Du bist sogar glücklich allein zu sein, und du bist auch glücklich zusammen zu sein – du wählst nicht. Beides ist gut. Du bist glücklich – egal, was gerade ist. Dein Glück kann nun nicht mehr zerstört werden. Der andere kann es genießen und daran teilhaben, aber er kann es nicht mehr zerstören.

Einsicht →

Alle großen Wissenschaftler sagen, dass sie, wann immer sie etwas entdeckt haben, es nicht durch das Denken entdeckten, sondern dann, wenn das Denken aufgehört hatte und ein Intervall da war, ein leerer Raum. In diesem Raum kam die Einsicht – der intuitive Lichtblick, wie ein Blitz. Wenn die Gedanken aufhören, ist dein Denken rein. Es scheint paradox, aber lasst es mich wiederholen: Wenn die Gedanken aufhören, ist das Denken rein, dann ist deine Fähigkeit die Realität widerzuspiegeln rein.

Einzigartigkeit →

Ich glaube nicht an Gleichheit, aus dem einfach Grund, weil es psychologisch gesehen unmöglich ist. Sokrates ist

Sokrates, und man kann nicht fünf Milliarden Sokraten erschaffen, damit alle auf der Welt gleich sind. Jeder Mensch ist einzigartig. Keine zwei Menschen können gleich sein, und das sollten sie auch nicht, sonst würde auf der Welt nur Langeweile herrschen. Auf der ganzen Welt nichts als Rosen – von derselben Farbe, derselben Größe? Nein. Die Welt braucht alle möglichen Blumen, alle Farben – das macht sie reich. Ich glaube an die Einzigartigkeit des Individuums, ich glaube nicht an die Gleichheit der Individuen. Aber ich glaube an gleiche Chancen für alle.

Das ist etwas ganz anderes: die gleiche Chance für die Rose, wachsen zu können, die gleiche Chance für die Lotusblume, wachsen zu können, die gleiche Chance für die Ringelblume, wachsen zu können. Und um ein Prinzip aufzustellen: Gleiche Chancen für alle, ungleich zu sein, einzigartig zu sein. Ich glaube also nicht an die Gleichheit des Individuums, aber ich glaube zweifellos daran, allen die gleiche Chance zu geben. Wenn einer Maler werden will und ein anderer Arzt, und noch ein anderer Bildhauer, dann sollten sie die gleichen Chancen haben. Aber sie sollten nicht dazu gezwungen werden, gleich zu sein – damit würde der ganze Reichtum der Menschheit vernichtet.

Ekstase ⇢

Ekstase ist eine Sprache, die der Mensch vollkommen vergessen hat. Man hat ihn gezwungen, sie zu vergessen. Er ist dazu getrieben worden, sie zu vergessen. Die Gesellschaft ist dagegen; die Zivilisation ist dagegen. Die

Gesellschaft hat sehr viel in das Leiden der Menschen investiert. Sie ist vom Leiden abhängig, ernährt sich vom Leiden, überlebt nur wegen des Leidens. Die Gesellschaft ist nicht für die Menschen. Die Gesellschaft benutzt Menschen nur als Selbstzweck. Die Gesellschaft ist wichtiger geworden als der Mensch selbst. Kultur, Zivilisation, Kirche – sie alle sind wichtiger geworden als der Mensch. Sie waren einmal für den Menschen bestimmt, aber nun sind sie nicht mehr für den Menschen. Sie haben den ganzen Prozess eigentlich umgekehrt: Jetzt muss der Mensch für sie existieren. Jedes Kind wird ekstatisch geboren. Ekstase ist etwas Natürliches. Sie ist nicht etwas, was nur den großen Weisen vorbehalten ist. Sie ist etwas, was jeder auf diese Welt mitbringt, mit dem jeder kommt. Sie ist der innerste Kern des Lebens. Ekstatisch zu sein ist ein Teil des Lebendigseins. Das Leben ist Ekstase!

Emotionen →

In einem Brief an mich heißt es: „*Jemand ging an mir vorbei und ich hatte ein Gefühl im Bauch, dass er auf mich wütend ist.*" Jemand ging an dir vorbei, und du hattest ein Gefühl im Bauch, dass er auf dich wütend war? Du hättest ihn wenigstens fragen können: „Bist du wütend auf mich? Ich habe nämlich so ein Gefühl im Bauch." So viel Anstand schuldest du ihm, bevor du beschließt, dass er wütend auf dich ist. Vielleicht ist er gar nicht an dir interessiert, sondern ist auf jemand anders wütend. Vielleicht würdest du ihn zum Lachen bringen. Aber es ist möglich, dass er auf jemand anderes wütend ist oder auf sich selbst, und du ein Gefühl von Wut im Bauch spürst. Seine Wut kann deine Gefühle berühren, auch wenn sie gar nicht auf dich gerichtet ist, denn Emotionen sind nicht linear. Sie gehen nicht von A nach B, sie bewegen sich in Kreisen, in konzentrischen Kreisen. So wie sich konzentrische Kreise bilden und ausbreiten, wenn man einen Stein in einen See wirft, bilden sich auch konzentrische Kreise von Wut um jemanden, der wütend ist. Jeder sensible Mensch, der an ihm vorbeigeht, kann spüren, dass er wütend ist. Und natürlich interpretierst du dieses Gefühl so, dass er auf dich wütend ist. Es ist besser, denjenigen auf der Stelle anzuhalten und zu fragen: „Was ist los? Ich habe ein komisches Gefühl im Bauch. Ich spüre Wellen von Wut um dich herum. Ich weiß nicht, warum oder auf wen sie gerichtet ist, aber ich möchte zumindest Klarheit haben: Wenn es mit mir zu tun hat sag es mir, damit ich etwas daran ändern kann. Wenn ich nicht gemeint bin, danke ich dir. Dann kannst du deinen Weg gehen und ich meinen."

Wenn du manchmal spürst, dass du wütend wirst, dann sei wütend. Nichts ist falsch daran. Ein Problem ist es, wenn du nicht wütend sein kannst. Dann kannst du auch nicht lieben. Alle Emotionen sind miteinander verbunden: Wenn du deine Wut unterdrückst, unterdrückst du auch deine Liebe. Wenn du die Wut verdrängst, verdrängst du auch dein Mitgefühl für andere. Und wenn du dann mit jemandem Gefühle hast, bekommst du plötzlich Angst, dass auch die Wut herauskommt. Deshalb musst du auf einem ganzen Berg von Emotionen sitzen, und das ist sehr unangenehm.

Empfängnisverhütung →

Die Verhütungsmittel haben die Qualität der Sexualität völlig verwandelt. Sex wird zum reinen Spaß. Sex ist nicht mehr so etwas Ernstes wie früher. Er ist einfach spielerisch geworden: zwei Körper, die miteinander spielen – das ist alles. Es ist nichts Falsches daran. Du spielst Fußball – was ist daran falsch? Du spielst Volleyball – was ist daran falsch? Die Energien von zwei Körpern sind beteiligt. Sex ist ein Spiel, aber früher war es kein Spiel. Bevor es Verhütungsmittel gab, war es eine ernste Angelegenheit. Die Verhütungsmittel haben dem Sex den ganzen Ernst genommen. Das muss den Religionen Angst machen, weil die Verhütung ihr ganzes moralisches Gebäude zum Einsturz bringen kann. Was die Atheisten in Jahrhunderten nicht geschafft haben, konnten die Verhütungsmittel in wenigen Jahrzehnten tun. Sie haben es bereits geschafft. Sie haben den Menschen von den Priestern befreit.

Energie →

Beobachte dich, und du wirst kein einzelnes Selbst in dir finden, sondern viele. Du bist multi-psychisch, hast viele Psychen, und jede Psyche kämpft mit der anderen. In dir herrscht ein großer Konkurrenzkampf, ein ununterbrochener Streit. Und in diesem Streit, in diesem Konflikt verschwendest du deine Energie. Und wenn du im ständigen Bürgerkrieg deine Energie vergeudest, verlierst du deine Lebensfreude. Du verspielst die Möglichkeit begeistert zu sein, du verlierst deine Freude. William Blake hat recht, wenn er sagt: „Energie ist Freude."

Es ist eine sehr tiefgründige Aussage. Ja, Energie ist Freude. Und je mehr Energie du hast, desto größer ist deine Freude. Freude entsteht durch Energie. Überfließende Energie wird zu Freude; überfließende Energie wird zu einem Fest. Wenn die Energie in dir tanzt, wenn sie im Einklang, in tiefer Harmonie, im Rhythmus, im Fluss ist, wirst du ein Segen für die ganze Welt sein.

Engel →

Niemand glaubt an die Sonne oder an den Mond, denn sie sind da. Die Leute glauben an Gott und an Engel und Teufel und dies und das, weil es sie nicht gibt. Man schafft sich einfach einen Glauben, an dem man sich festhalten kann.

Enthaltsamkeit →

Es wundert mich, dass Leute wie Gautam Buddha, Mahavira und andere darauf bestanden, dass die äußere Welt nur wie ein Regenbogen, wie ein Traum sein, und trotzdem haben sie der Welt entsagt! Nur eins kann richtig sein. Entweder wissen sie genau, dass die Welt nichts als ein Traum ist... Dann macht es aber keinen Sinn, sich von ihr loszusagen. Musst du dich jeden Morgen von deinen Träumen lossagen? Du weißt, dass es nur ein Traum war und dass er vorbei ist!

Doch einerseits behaupten sie, die ganze Welt sei nichts als ein Traum, und andererseits entsagen sie ihr und nehmen dafür alle möglichen Formen der Askese auf sich.

Irgendetwas stimmt da nicht! Entweder verstehen sie nicht, was sie sagen: dass die Welt nur wie ein Regenbogen sei... Na und? Freue dich an dem Regenbogen! Vor einem Regenbogen muss man nicht davonlaufen. Er ist schön – für einen Moment. Warum soll man sich wünschen, sich danach sehnen, dass er für immer da bleiben soll? Was ist falsch daran, dass er vergänglich ist? Freue dich darüber! Und wenn es regnet, tanze im Regen.

Entsagung ⇢

Es wundert mich, dass Leute wie Gautam Buddha, Mahavira und andere darauf bestanden, dass die äußere Welt nur wie ein Regenbogen, wie ein Traum sei, und trotzdem haben sie der Welt entsagt! Nur eins kann richtig sein. Entweder wissen sie genau, dass die Welt nichts als ein Traum ist... Dann macht es aber keinen Sinn, sich von ihr loszusagen. Musst du dich jeden Morgen von deinen Träumen lossagen? Du weißt, dass es nur ein Traum war und dass er vorbei ist!

Also, einerseits behaupten sie, die ganze Welt sei nichts als ein Traum, und andererseits entsagen sie ihr und nehmen dafür alle möglichen Formen der Askese auf sich. Irgendetwas stimmt da nicht! Entweder verstehen sie nicht, was sie da sagen, dass die Welt nur wie ein Regenbogen sei... Na und? Erfreut euch am Regenbogen! Vor einem Regenbogen muss man nicht davonlaufen. Er ist schön – für diesen Moment. Warum soll man sich wünschen, sich danach sehnen, dass er für immer dableiben soll? Was ist falsch daran, dass er vergänglich ist? Freue dich darüber! Und wenn es regnet, tanze im Regen.

Entschuldigung →

Selbst wenn wir manchmal zugeben, dass wir etwas falsch gemacht haben, versuchen wir normalerweise nicht, uns zu bessern. Wir versuchen nur, unser Image zu verbessern. Wir möchten allen das Gefühl geben, dass sie uns verziehen haben. Alle sollen anerkennen, dass wir zwar etwas falsch gemacht haben, aber dass wir sie um Verzeihung gebeten haben und alles wieder in Ordnung ist. Wir stehen wieder auf unserem Podest. Das lädierte Image ist wieder auf den Thron zurückgekehrt. Uns selbst verbessern wir aber nicht. Du hast schon viele Male um Entschuldigung gebeten, aber du machst immer wieder dasselbe. Das zeigt einfach, dass es nur ein politischer Schachzug war, ein Trick, um andere zu manipulieren. Du bist derselbe geblieben, hast dich überhaupt nicht geändert. Wenn du wirklich um Vergebung gebeten hast – dafür, dass du wütend warst oder weil du irgendjemanden verletzt hast –, dann sollte es nicht wieder vorkommen. Nur das kann der Beweis sein, dass du wirklich auf dem Weg bist, dich selbst zu verändern.

Entspannung →

Viele Menschen würden sich gerne entspannen, können es aber nicht. Entspannung ist wie das Blühen einer Blume – man kann es nicht erzwingen. Man muss den gesamten Hintergrund davon verstehen: Warum ist man immer so aktiv? Warum nehmen euch eure Aktivitäten so sehr in Anspruch, warum seid ihr davon besessen? Entspannung bedeutet, dass dieser Augenblick mehr als genug ist, mehr als du verlangen und erwarten kannst. Es gibt nichts, was man verlangen könnte, es ist mehr als genug, mehr als man sich je wünschen kann. Dann geht die Energie niemals anderswo hin. Sie wird zu einem stillen Teich, und du löst dich in deiner eigenen Energie auf. Dieser Augenblick ist Entspannung. Entspannung ist weder ein Entspannen des Körpers noch des Geistes – es ist ein Entspannen des Ganzen. Deshalb sagen die Buddhas auch immer: „Werde wunschlos." Denn sie wissen, dass du dich nicht entspannen kannst, solange du noch Wünsche hast. Sie sagen immer: „Begrabt die Toten." Denn wenn du so sehr mit der Vergangenheit beschäftigt bist, kannst du dich nicht entspannen. Sie sagen immer: „Genieße genau diesen Augenblick!"

Jesus sagt: „Seht euch die Lilien an. Seht die Lilien auf dem Felde – sie mühen sich nicht, und doch sind sie viel schöner, ist ihr Glanz größer als der des Königs Salomon. Sie sind von viel herrlicheren Düften umgeben, als es der König Salomon jemals war. Seht euch nur die Lilien an!" Was will er damit sagen? Er sagt: „Entspanne dich! Du musst dich nicht abmühen, denn es ist für alles gesorgt." Jesus sagt: „Wenn er sich um die Vögel in den Lüften, um die Tiere, die wilden Tiere, die Bäume und die Pflanzen kümmert, warum sorgst du dich dann? Wird er sich denn nicht auch um dich kümmern?" Das ist Entspannung. Warum machst du dir so viele Sorgen um die Zukunft? Betrachte die Lilien, beobachte die Lilien und werde wie die Lilien – und dann entspanne dich.

Entspannung ist keine Körperhaltung. Entspannung ist eine totale Transformation deiner Energie.

Erbsünde →

Sex wurde als Erbsünde bezeichnet: Er wird weder vererbt, noch ist er eine Sünde. Selbst bevor Adam und Eva die Frucht vom Baum der Erkenntnis aßen, hatten sie Sex und alle anderen Tiere im Garten Eden hatten Sex. Das Einzige, was passierte, nachdem sie die Frucht des Wissens gegessen hatten, war, dass sie bewusst wurden. Es wurde ihnen bewusst, und aufgrund des Bewusstseins begannen sie sich zu schämen.

Die Christen behaupten, Adam und Eva hätten die Erbsünde begangen und die ganze Menschheit müsste jetzt dafür büßen. Das ist ein so offensichtlicher Blödsinn! Wissenschafter sagen, dass es die Menschheit seit vielen Millionen Jahren gibt. Und vor vielen Millionen Jahren hat ein Paar – Adam und Eva – eine Sünde begangen, und wir müssen jetzt dafür büßen. Kann man sich etwas noch Lächerlicheres vorstellen? Dass man jetzt gefangen ist, weil vor Millionen Jahren einmal jemand ein Verbrechen begangen hat? Du hast es nicht begangen, wieso sollst du dann dafür büßen?

Erfahrung →

Ein mittelmäßiger Geist will keine Erfahrungen machen, will nicht einmal mit intelligenten Argumenten überzeugt werden. Er will einfach nur glauben – die billigste Sache auf der Welt.

Ich möchte dir sagen: Auch wenn man dir die Wahrheit sagt, glaube nicht daran! Forsche danach, hinterfrage sie, suche danach, experimentiere und mache deine Erfahrungen damit, aber glaube nicht daran. Selbst wenn dir die Wahrheit vermittelt wird, machst du sie zur Lüge, wenn du daran glaubst. Eine geglaubte Wahrheit ist eine Lüge. Glauben macht die Wahrheit zur Lüge. Glaube an Buddha – und du glaubst an eine Lüge. Glaube an Christus – und du glaubst an eine Lüge. Glaube weder an Buddha noch an Christus noch an mich. Wenn ich etwas sage, höre aufmerksam und intelligent zu, probiere es aus und mache deine eigenen Erfahrungen. Und wenn du es erfahren hast, brauchst du es dann noch glauben? Es gibt ja keinen Zweifel mehr – wozu braucht man noch glauben? Mit dem Glauben unterdrückt man nur seine Zweifel. Man zweifelt etwas an; deshalb muss man daran glauben. Der Fels des Glaubens verdrängt die Quelle des Zweifels.
Wenn du etwas erfahren hast, weißt du es. Du weißt: Es ist so, und daran besteht kein Zweifel mehr. Deine Erfahrung hat alle Dunkelheit und allen Zweifel vertrieben. Die Wahrheit ist. Du bist davon erfüllt. Die Wahrheit lässt niemals Glauben entstehen.
Ich bin weder ein Politiker noch ein religiöser Führer. Ich lehre euch nur ganz zu leben, total zu leben. Ein Atheist kann zu mir kommen, ein Christ kann zu mir kommen, ein Jude kann zu mir kommen. Ich mache keine Unterschiede – keine Nationen, keine Religionen, keine Unterschiede. Und ich stelle keinerlei Bedingungen, dass du etwas als Glauben akzeptieren sollst, um hier bei mir zu sein. Ich sage nur: Experimentiere damit,

und wenn es sich als richtig herausstellt, liegt es an dir, es zu glauben oder nicht. Aber ich bin nicht derjenige, der dir einen Glauben gibt. Ich kann dir nur eine Methode geben, mit der du selbst nachforschen kannst. Die Wahrheit wird deine eigene Erfahrung sein.

Erfolg →

Merkt euch: Wenn ihr zu sehr an Erfolg denkt, werdet ihr auch ständig ans Versagen denken. Sie gehören zusammen, sie werden im selben Paket geliefert. Erfolg und Versagen lassen sich nicht voneinander trennen. Wenn du an den Erfolg denkst, hast du innerlich irgendwo eigentlich Angst. Wer weiß, ob du es schaffen wirst oder nicht? Du könntest versagen.

Erfolg versetzt dich in die Zukunft, er spielt mit deiner Gier, mit deinem Ehrgeiz, er gibt deinem Ego eine Projektionsfläche. Und die Angst lässt dich zittern, schaudern – du könntest versagen. Die Möglichkeit des Versagens lässt dich schwanken. Und mit diesem Schwanken, mit dieser Gier, mit diesem Ehrgeiz kommt deine Arbeit durcheinander. Du arbeitest hier, schaust aber woanders hin. Du gehst eine Straße entlang und schaust dabei weit weg in den Himmel.

Erforschen →

Leben heißt zu forschen; das Leben ist ein Abenteuer. Jeder Einzelne muss es auf seine Weise erforschen. Es gibt keine goldenen Regeln – das ist die einzige goldene Regel, die es gibt. Es gibt keine Autobahn mit Kilo-

meterangaben, die dir sagen, wie weit du noch vom Ziel entfernt bist.
Bei der spirituellen Suche musst du deinen Weg selbst gehen und ihn dir bahnen, während du gehst. Es gibt keinen vorgefertigten Weg, auf dem du einfach entlanggehen kannst. Und ich meine, dass gerade das so beglückend und begeisternd ist. Du bist nicht wie ein Zug. Wenn du nur auf eingefahrenen Gleisen fährst, kannst du nicht in den Wald oder in die Berge laufen – oder wo immer du hin willst. Ein Zug ist gefangen. Aber ein Fluss ist nicht gefangen. Auch er macht eine lange Reise. Vielleicht ist er schon Tausende von Meilen gereist, aus dem Himalaja, bis er endlich das Meer erreicht, ohne Landkarte, ohne Anleitung, ohne Führer. Und unterwegs trifft der Fluss niemanden, den er fragen kann: „Wo soll ich jetzt hingehen?" Denn bei jedem Schritt gibt es eine Kreuzung. Aber seltsamerweise erreicht jeder Fluss in vollkommener Freiheit das Meer und findet seinen eigenen Weg.

Erinnern →

Denkt über das Wort „Erinnern" (engl. *remembering*) nach. In Wirklichkeit bedeutet es, wieder Teil des Ganzen zu werden, wieder ein Mitglied jener Familie zu werden, die die Existenz ist. Es bedeutet, dass wir plötzlich die Sprache wieder lernen, die wir vergessen hatten. Es ist wie ein Name, den wir vergessen hatten: Du siehst jemanden auf der Straße, du erkennst ihn, du hast das Gefühl, dass du weißt, wer es ist, aber dir fällt sein Name nicht ein. Du hast ihn vergessen, obwohl du dich daran erinnerst, dass du ihn einmal gewusst hast. Du sagst: „Sein Name liegt mir auf der Zunge." Aber wenn er dir auf der Zunge liegt, warum fällt er dir dann nicht ein? Du bist dir absolut sicher, er liegt dir auf der Zunge, du gibst dir alle Mühe – und je mehr du dich bemühst, desto schwieriger wird es. Denn immer wenn man sich zu sehr bemüht, wird man angespannt, man verschließt sich. Dein Bewusstsein wird immer enger. Und es wird immer schwieriger, sich mit dieser Spannung und Ängstlichkeit zu erinnern. Dann lässt man die ganze Sache fallen, weil man denkt, es sei ohnehin unmöglich. Du vergisst das Ganze. Du hörst Musik oder gehst in den Garten und setzt dich unter einen Baum, oder du tust etwas anderes – du trinkst Tee oder unterhältst dich mit jemandem – und plötzlich taucht der Name aus dem Nichts auf.

Das ist das ganze Geheimnis der Erleuchtung: Sie geschieht in der Entspannung, sie geschieht in einem Zustand tiefer Ruhe.

Erleuchtung →

Erleuchtung ist einfach der Prozess der Bewusstwerdung der bis dahin unbewussten Schichten deiner Persönlichkeit und des Loslassens dieser Schichten. Sie sind nicht du; sie sind falsche Gesichter. Und wegen dieser falschen Gesichter kannst du dein ursprüngliches Gesicht nicht erkennen. Erleuchtung ist nichts anderes als die Entdeckung des ursprünglichen Gesichts – der essenziellen Wirklichkeit, die du mitgebracht hast, der essenziellen Wirklichkeit, die du wieder mitnehmen wirst, wenn du stirbst. All diese Schichten, die du zwischen Geburt und Tod angesammelt hast, werden hier hinter dir zurückgelassen. Wenn du erleuchtet wirst, bist du nicht plötzlich ein neuer Mensch. Eigentlich gewinnst du dabei gar nichts, sondern du verlierst nur etwas. Du verlierst deine Ketten, du verlierst deine Fesseln, du verlierst dein Leiden – du verlierst nur! Erleuchtung ist der Prozess des Verlierens; man gewinnt dabei überhaupt nichts. Wenn es nichts mehr zu verlieren gibt – das ist der Zustand des Nirwana. Diesen Zustand totaler Stille kann man auch Erleuchtung nennen.

Ich verspreche euch gar nichts. Ich verspreche euch nicht das Reich Gottes, ich verspreche euch nicht die Erleuchtung – ich verspreche prinzipiell nichts. Mir geht es nur darum, dass ihr von Augenblick zu Augenblick lebt. Ob erleuchtet oder unerleuchtet – wen kümmert es? Lebt von einem Moment zum nächsten, fröhlich und ekstatisch, lebt total, intensiv und leidenschaftlich von einem Augenblick zum nächsten Augenblick.

Wenn man leidenschaftlich lebt, löst sich das Ego auf. Wenn man in seinen Handlungen total ist, muss sich das Ego einfach auflösen. Es ist wie mit einem Tänzer, der einfach nicht aufhört zu tanzen. Es kommt ein Moment, in dem nur noch der Tanz da ist und der Tänzer verschwindet. Das ist der Moment der Erleuchtung. Wenn keiner da ist, der immer nur tut, wenn keiner da ist, der manipuliert, wenn nur noch Leere da ist, Nichts – das ist Erleuchtung. Und was immer aus diesem wunderbaren Raum heraus entsteht, ist Gnade, ist die höchste Pracht.

Erlösung ⇢

Wenn Jesus meditiert hätte, wäre alles ganz anders gewesen. Er hätte nicht verkündet, der eingeborene Sohn Gottes zu sein. Er hätte nicht verkündet, dass er der Messias ist, auf den die Juden seit Jahrhunderten gewartet hatten. Er hätte nicht verkündet, dass er gekommen ist, um für die Sünden der Menschheit zu büßen, dass er ein Erlöser ist. Ein Mensch, der meditiert, kann unmöglich solche Behauptungen aufstellen. Ein Mensch, der meditiert, weiß, dass es keinen Gott gibt. Er weiß, dass es das Göttliche gibt: eine Qualität, aber keine Person; nicht wie eine Blume, sondern wie ein Duft. Und das Göttliche ist überall: Du musst nur im Zentrum deines Seins wach und aufmerksam sein. Dort taucht die Frage des eingeborenen Sohns nicht auf. Und ein Meditierender weiß, dass ihn kein anderer erlösen kann als er selbst, weil niemand Zutritt zu seiner Mitte hat. Das ist dein Privileg und deine Privatsphäre. Du kannst umgebracht werden, aber niemand kann dein innerstes Wesen anrühren – ob im Guten oder im Schlechten. Jemand, der meditiert, kann nicht sagen: „Ich kann dich erlösen" oder „Ich kann die ganze Menschheit retten" oder „Ich bin der Erlöser." Jemand, der meditiert, kann nicht sagen: „Ich bin der Messias, der Künder der Botschaft Gottes", denn es gibt keinen Gott, der Messiasse oder Botschaften schickt.

Ein Meditierender kann nur eines tun: Er kann mit seiner ganzen Freude, seiner Anmut, seinem Tanz, seiner Schönheit für dich da sein. Er kann dich auf gewisse Weise daran erinnern, dass dieselbe Wirklichkeit auch in dir schlummert. Er kann nur wie ein Finger sein, der zum Mond zeigt – er kann dich nicht zum Mond mitnehmen. Ein Meditierender kann nicht einmal versuchen, dich überzeugen zu wollen. Er kann sich dir nur mitteilen. Er kann sich dir nur in tiefer Freundschaft und Liebe mitteilen: „Ich habe etwas gefunden. Vielleicht kannst du es auch finden. Schau einfach nach innen." Er kann dir davon erzählen, wie er selbst in sich hineinschaute und wie er den Ursprung des Lebens fand. Aber er ist kein Prophet. Er behauptet nicht, etwas Besonderes zu sein; er behauptet nicht, dass er dir überlegen ist. Er sagt nur, dass er ebenso gewöhnlich ist wie du, mit einem kleinen Unterschied: Er hat seine Augen geöffnet, während du immer noch schnarchst.

Ernst ⇢

Wer das Leben ernst nimmt, wird krank. Denn das Leben ist keine ernste Angelegenheit, es ist etwas Spielerisches. Es ist ein Lied, das gesungen werden will, ein Tanz, der getanzt werden will, eine Liebe, die gelebt werden will – aber auf ganz spielerische Weise. Sobald du ernst wirst, wirst du innerlich blockiert, wird der Fluss unterbrochen, bist du von der universellen Energie abgeschnitten. Du kannst nicht tanzen, wenn du ernst bist, denn ernst zu sein bedeutet im Grunde, traurig zu sein. Ernst ist auch berechnend, geschäftsmäßig. Man sucht immer nach einem Motiv: Wozu? Man fragt sich immer: „Wozu tue ich etwas? Was bekomme ich dabei heraus? Was gewinne ich dabei?" Das ist eine geschäftsmäßige Einstellung. Sie ist gut für den Marktplatz zu gebrauchen, aber absolut unangebracht, wenn man sich nach innen wendet. Je weiter du nach innen gehst, desto mehr erscheint dir das Leben als Spaß. Es macht unglaublich Spaß! Man braucht Sinn für Humor und einen Sinn für das Spielerische. In der Vergangenheit war das Gegenteil der Fall: Die Heiligen waren sehr traurig und sehr ernst, als ob das Leben eine Last, eine schwere Last wäre. Sie trugen Berge auf dem Kopf! Sie waren nicht frei wie Kinder, die ohne Grund spielen, einfach nur um des Spielens willen, einfach nur um zu spielen… ohne den Gedanken, etwas dabei gewinnen zu wollen.

Erwachen ⇢

Es ist nur eine Frage des Erinnerns, damit man erwachen kann. Nichts sonst ist nötig: keine andere Bemühung, keine Methode, keine Technik, kein Weg. Nur ein Erinnern daran: „Dies ist mein Traum." Ein Erinnern daran: „Ich habe beschlossen zu träumen, und sobald ich beschließe, es nicht zu träumen, werde ich wach sein." Sobald du deine Mitwirkung verweigerst, ist der Traum zunichte gemacht. Wenn du ein unglückliches Leben führst, hast du es dir selbst geschaffen. Und kein anderer kann es von dir wegnehmen, solange du nicht beschließt, es nicht mehr zu erschaffen. Deine Hölle ist dein eigenes Werk. Alles, was du bist, ist deine eigene Schöpfung. In einem einzigen Augenblick kannst du daraus erwachen.

Erziehung ⇢

Was wir Erziehung nennen, ist überhaupt keine Erziehung. Das Wort Erziehung bedeutet, dass man etwas herauszieht, was im Inneren eines Menschen ist, dass man sein Zentrum an die Oberfläche bringt, an die Peripherie bringt, dass man sein Wesen dazu bringt sich als Form zu manifestieren. Was nur latent da, was noch nicht manifest ist und im Verborgenen schlummert, wird aktiviert, wird dynamisch gemacht. Das bedeutet Erziehung eigentlich. Aber das geschieht nicht im Namen der Erziehung. Im Namen der Erziehung geschieht genau das Gegenteil: Jeder wird mit Ideen vollgestopft. Nichts wird aus dem Brunnen herausgezogen; es wird kein Wasser aus dem Brunnen gezogen, sondern es werden stattdessen noch Steine hineingeworfen. Und so jemand nennt sich Gelehrter, *Pandit*, Professor. Sie sind nichts anderes als gefüllte Tomaten, gefüllte Kartoffeln – nichts anderes, einfach vollgestopfte Menschen, die mit allem möglichen Mist gefüllt sind.

Esoterik →

Esoterische Lehren sind nur für Dummköpfe. Dummköpfe interessieren sich besonders für all das, was sie nicht verstehen können. Ein törichter Geist denkt, dass alles, was er nicht verstehen kann, sehr mysteriös sein muss, etwas Höheres sein muss, sich auf höheren Ebenen abspielen muss. Wer wirklich religiös ist, hat nichts mit dem esoterischem Unsinn zu tun – mit Theosophie, mit Anthroposophie, mit all den Lobsang Rampas und allem möglichen Unsinn, der ständig geschrieben wird. Es scheint die Bedürfnisse irgendwelcher Menschen zu erfüllen. So wie manche Leute gerne Kriminalromane lesen, interessieren sich ein paar andere für esoterisches Wissen. Es gibt nichts Esoterisches an der Existenz. Die Existenz ist nackt und bloß – nichts ist verborgen. Echte Spiritualität ist eine Erfahrung, kein Wissen. Man kann sie nicht auf Wissen reduzieren. Sie ist immer wissend, aber niemals Wissen. Sie ist eine Einsicht, die sich nicht auf Worte reduzieren lässt. Man kann sie nicht in Theorien oder Denksysteme zwängen – das ist unmöglich. Und diejenigen, die es versuchen, wissen gar nichts. Nur dann können sie es tun. Es ist komisch: Wer wirklich weiß, versucht niemals, seine Erfahrung auf „Wissen" zu reduzieren. Und wer nichts weiß, hat Narrenfreiheit. Dann kann man irgendein Wissen produzieren – es ist nur Erfindung. Das ganze „spirituelle Wissen" ist eine Erfindung des Kopfes. Wirkliche spirituelle Erfahrung geschieht nur dann, wenn man den Kopf weglässt, wenn man im Zustand von *No-Mind* – nicht im Kopf ist.

Evolution →

Die Evolution wurde nicht von Charles Darwin entdeckt. Die Evolution ist ein asiatisches Konzept, das von den Mystikern entdeckt wurde. Und in Asien hat man es sehr viel tiefer erforscht. Charles Darwin bleibt nur an der Oberfläche. Er dachte, der Mensch stamme vom Affen ab, und wurde auf der ganzen Welt dafür ausgelacht. Die Idee kommt einem komisch vor; der Standpunkt des Mystikers ist jedoch nicht so komisch. Er sagt nicht, dass der Mensch vom Affen abstammt, sondern dass die Essenz des Bewusstseins viele Formen durchschritten hat und natürlich auch durch die Form der

Affen gegangen ist. Die Regierung von Ronald Reagan hat mich wirklich schockiert: Sie wollte den Universitäten, Hochschulen und Schulen verbieten, die Evolutionstheorie von Charles Darwin zu lehren. Man hat Bücher über die Evolutionstheorie verbrannt oder aus Bibliotheken entfernt, weil die Evolutionstheorie der christlichen Vorstellung von der Schöpfung widerspricht. Man versteht nicht sofort, wo der Unterschied sein soll, aber es gibt einen Unterschied. Wenn alles von Gott erschaffen wurde, kommt eine Evolution nicht infrage. Er hat die Affen als Affen erschaffen und die Menschen als Menschen. Es gibt keine Evolution. Gott hat die Welt vollkommen gemacht. Evolution ist nur möglich, wenn es Unvollkommenheiten gibt.

In der amerikanischen Verfassung steht klar geschrieben, dass sich die Religion nicht in das Leben der Menschen einmischen darf, insbesondere nicht durch staatliche Gewalt. Der Staat soll neutral bleiben. Aber das ist keine Neutralität. Und ganz Amerika daran zu hindern, etwas von Charles Darwin und seiner Evolutionstheorie zu erfahren, ist gefährlich, denn es bedeutet, dass man sich nicht weiterentwickeln kann. Du bist, was du bist. Das ist gefährlich. Ich rede nicht davon, ob Charles Darwin recht hat oder nicht; das ist nicht meine Sache. Ich sage nur, dass man die Evolutionstheorie nicht aus dem Denken der Menschen verbannen darf. Im Gegenteil: Man sollte ihnen bewusst machen, dass wir uns seit Jahrtausenden nicht weiterentwickelt haben, und dass wir uns unbedingt weiterentwickeln sollten.

Ewigkeit →

Das Sanskrit-Wort *Kal* ist sehr bedeutungsvoll: Es bedeutet einerseits „Zeit“ und andererseits bedeutet es „Tod.“ Dasselbe Wort bedeutet Zeit und Tod. Das ist schön, denn Zeit ist Tod. Wenn du dich in die Dimension der Zeit begibst, bist du bereit zu sterben. Mit der Geburt ist der Tod bereits in dir. Wenn das Kind geboren wird, hat es das Reich des Todes betreten. Der Geburtstag ist auch der Todestag. Alles andere ist nicht sicher – es mag geschehen oder auch nicht geschehen. Aber in dem Augenblick, in dem ein Kind geboren wird, in dem es seinen ersten Atemzug tut, ist nur eine Sache absolut sicher: nämlich, dass es sterben wird. Ins Leben einzutreten heißt in den Tod einzutreten. In die Zeit einzutreten heißt in den Tod einzutreten. Die Ewigkeit ist ein Zustand ohne den Tod. Wie findet man die Ewigkeit? Auf welche Weise kommt man dorthin? Man muss den Vorgang der Zeit verstehen. Die Zeit verläuft horizontal: Ein Augenblick verstreicht, und dann kommt der nächste Augenblick. Eine Reihenfolge von Augenblicken, eine Reihe von Augenblicken – einer geht vorbei, es kommt der nächste. Der nächste geht vorbei, dann kommt wieder der nächste. Die Ewigkeit ist vertikal. Du begibst dich tief in den gegenwärtigen Augenblick und bewegst dich nicht in einer Linie, sondern in die Tiefe. Du versenkst dich in diesen Moment. Wenn du am Ufer stehst, fließt der Fluss vorbei. Normalerweise stehen wir am Ufer der Zeit. Der Fluss geht immer weiter – ein Moment, noch ein Moment und noch einer… Und die Folge der Momente geht immer weiter. So leben wir normalerweise; so bewegen wir uns in der Zeit.

Dann gibt es aber auch einen anderen Weg: Springe in den Fluss! Ertrinke in diesem Augenblick, im Hier-Jetzt! Dann hält die Zeit plötzlich an. Dann bewegst du dich in einer völlig anderen Dimension. Die vertikale Dimension ist die Ewigkeit. Das ist die Bedeutung des christlichen Kreuzes. Das Kreuz ist ein Zeitsymbol. In der horizontalen Linie sind die Hände Christi, und in der vertikalen Linie ist sein ganzes Sein. Die Hände symbolisieren Handlung, Tun, Haben. Haben ist in der Zeit. Sein ist in der Ewigkeit. Was immer du tust, ist in der Zeit, und was immer du bist, ist in der Ewigkeit. Was immer du erreichst, ist in der Zeit. Was immer deine Natur ist, ist in der Ewigkeit. Wende dich vom Haben und Tun zum Sein hin. In diesem Moment kann diese Kehrtwendung geschehen – genau in diesem Moment! Wenn du Vergangenheit und Zukunft vergisst, dann hält die Zeit an. Dann bewegt sich nichts, dann ist alles absolut still, und du versinkst plötzlich im Hier-Jetzt. Dieses Jetzt ist die Ewigkeit.

Existenz →

Die Existenz ist paradox. Sie ist in ihrem tiefsten Kern paradox. Sie existiert durch Gegensätze. Sie ist ein Gleichgewicht in den Gegensätzen. Und wer lernt, das Gleichgewicht zu finden, ist in der Lage zu verstehen, was Leben ist, was die Existenz ist, was Göttlichkeit ist. Der geheime Schlüssel ist das Gleichgewicht.

Die Existenz ist geheimnisvoll, weil du zwar immer mehr Antworten finden kannst, aber die letztendliche Frage nie beantworten kannst. Und sie ist nicht weit fort;

sie stellt sich sehr bald. Du kannst alle möglichen oberflächlichen Dinge beantworten, aber wenn du tiefer gehst, kommt die letztendliche Frage immer näher. Und in dem Augenblick, in dem die letztendliche Frage kommt, ist mir in der ganzen Geschichte der Menschheit noch nie ein einziger Mensch begegnet, der den Mut gehabt hätte zu sagen: „Ich weiß es nicht."

Existenzialismus →

Warum wurde auf dem europäischen Kontinent der Existenzialismus zur wichtigsten philosophischen Bewegung? Ganz einfach weil Europa wohlhabend und reich war. Wenn man reich ist und im Überfluss lebt, wenn man alles hat, was man will, bedeutet einem das Paradies nichts mehr. Was kann dir das Paradies schon geben, was dir Paris nicht geben kann?

Und als sie alles hatten, was ein Mensch sich wünschen kann, merkten sie plötzlich: Selbst wenn einem alles gegeben ist, fehlt immer noch etwas, und zwar der Sinn. Sie haben alles, aber innen drin ist das schwarze Loch der Angst nicht kleiner geworden; es ist eigentlich nur klarer geworden im Kontrast zu dem ganzen Reichtum, dem ganzen Komfort und dem ganzen Luxus. Nun können sie sehen, dass nichts davon helfen kann.

Eine furchtbare Hilflosigkeit – das ist die Angst. Eine furchtbare Hoffnungslosigkeit – das ist die Verzweiflung. Aber ich glaube nicht, dass diese Leute wirklich Existenzialisten sind, so wie ich das Wort verstehe. Sie reagieren einfach gegen die ganze Vergangenheit, die sich so große Hoffnungen auf großartige Dinge machte.

Nun hatten sie es dank der Wissenschaft geschafft, alles Großartige zu erreichen, was sich der Mensch seit Jahrhunderten gewünscht hatte, und es hat ihnen keinerlei Zufriedenheit beschert. Es hat sie nicht erfüllt. Sie sind ärmer als die Ärmsten. Die Armen haben wenigstens noch Hoffnungen; sie haben nicht einmal mehr Hoffnungen. Laut meiner Definition ist Existenzialismus kein „ismus." Leider muss ich die Sprache benutzen, die es gibt – sonst würde ich keinen „ismus" daran hängen. Diese Endung stinkt. Der einzige Weg zur Existenz ist Meditation. Jean Paul Sartre hatte nie von Meditation gehört. Kierkegaard hatte keine Ahnung, was Meditation ist. Meditation bedeutet, einfach total in der Gegenwart zu sein, im Gleichklang mit der Existenz zu sein, die dich umgibt.

Experimentieren →

Ich schlage immer vor, dass man sich keine Gelegenheit entgehen lassen sollte, die einem etwas Unbekanntes bietet. Klammere dich nie an die Vergangenheit, sondern bleibe immer offen dafür zu experimentieren – immer bereit, einen Weg zu gehen, den man noch nie gegangen ist. Wer weiß? Selbst wenn er sich als nutzlos erweist, macht man wenigstens die Erfahrung.

F

Fanatismus →

Nur ein Mensch, der innerlich zweifelt, wird zum Fanatiker. Ein fanatischer Hindu ist jemand, der nicht wirklich Vertrauen hat, dass der Hinduismus richtig ist. Ein fanatischer Christ ist jemand, der am Christentum zweifelt. Er wird fanatisch und aggressiv, nicht um anderen etwas zu beweisen, sondern um sich selbst zu beweisen, dass er das, was er glaubt, auch wirklich glaubt. Er muss es sich beweisen. Wenn man wirklich etwas weiß, ist man überhaupt nicht fanatisch.

Fantastisch →

Zwei Frauen unterhalten sich um vier Uhr nachmittags in einem Café, während sie riesige Eisbecher und kleine Törtchen verzehren. Sie haben sich seit ihrer Schulzeit nicht mehr gesehen, und die eine prahlt damit, wie glücklich sie verheiratet ist: „Mein Mann kauft mir stets neue Diamanten, wenn die alten schmutzig werden", sagt sie. „Ich brauche sie nicht mal sauber zu machen."

„Fantastisch!“, sagt die andere.
„Ja“, sagt die erste. „Und alle zwei Monate kauft er ein neues Auto. Kein Leasing – er kauft direkt. Und die alten schenken wir dem Gärtner und dem Personal.“
„Fantastisch!“, sagt die andere.
„Und unser Haus!“, fährt die erste fort. „Was soll ich dazu sagen? Es ist einfach… “
„Fantastisch!“, sagt die zweite.
„Genau! – Sag mal, was machst du denn eigentlich?“
„Ich gehe in die Charme-Schule“, sagt die andere.
„Ach!“, meint die erste. „Was lernt man denn da?“
„Naja, wir lernen z. B. immer „fantastisch“ zu sagen statt: „Blödsinn!“

Faschismus →

Der eigentliche Begründer des Faschismus war Dr. Daniel Gottlieb Schreber. Er starb bereits 1861, aber er schuf die Bedingungen dafür, dass Adolf Hitler kommen konnte – natürlich ohne es zu wissen. Dieser Mann hatte ganz bestimmte Vorstellungen von der Kindererziehung. Er schrieb viele Bücher darüber, die in viele Sprachen übersetzt wurden. Manche davon hatten bis zu fünfzig Auflagen. Seine Bücher waren so ungemein beliebt und er war so hoch angesehen, weil seine Ansichten nicht außergewöhnlich waren – sie waren ganz gewöhnlich.
Er sagte einfach, was alle seit Jahrhunderten glaubten. Er sprach für die gewöhnlichen Leute, für den mittelmäßigen Geist. Er glaubte, man müsse Kinder ab dem Alter von sechs Monaten disziplinieren, weil man, so sagte er, es sonst versäume, ein Kind an Disziplin zu gewöhnen,

wenn man es nicht schon mit einem halben Jahr diszipliniert. Auf diese Weise wird das Kind verdorben. Aber sämtliche Religionen der Welt und alle Demagogen und diktatorischen Menschen der Welt und alle sogenannten Gurus und Priester – sie alle haben geglaubt, dass es man es so machen müsse. Dies ist offenbar der Hauptgrund dafür, dass der Mensch unglücklich ist, denn kein Mensch bewegt sich frei, kein Mensch spürt und tastet nach seinem Weg mit seinem eigenen Bewusstsein. Er wird von Grund auf verdorben. Aber Schreber nannte es „Disziplin", wie es von allen Eltern genannt wird. Er glaubte, man müsse Kinder von sechs Monaten an disziplinieren, und zwar so, dass sie danach nie wieder ihre Eltern infrage stellen und trotzdem glauben, sie würden aus ihrem eigenen freien Willen heraus handeln.

Er schrieb, man müsse schon beim ersten Auftauchen eines eigenen Willens diesen sofort unterbinden und ihn abtöten. Sobald man sieht, dass das Kind eine Person wird, ein Individuum, muss man gleich den ersten Strahl der Individualität zerstören – sofort, kein einziger Moment darf versäumt werden.

Was geschah mit seinen eigenen Kindern? Niemand kümmerte sich darum. Allen gefielen diese Ideen. Eltern auf der ganzen Welt waren davon begeistert und begannen ihre Kinder zu disziplinieren. So wurde ganz Deutschland nach Schreber diszipliniert. Das hat den Weg für Adolf Hitler geebnet. Ein so schönes Land, das so intelligent war, wurde zum Opfer eines Idioten, der fast völlig verrückt war. Und er beherrschte das ganze Land. Wie war das möglich? Es ist immer noch eine Frage, die nicht ganz beantwortet ist. Wie konnte er so viele intelligente Menschen so einfach beherrschen, mit solch idiotischen Ideen?

Faulheit →

Wenn die ganze Welt faul wäre, hätten wir eine so wunderbare Welt! Keine Kriege, keine Atomwaffen, keine nuklearen Sprengköpfe, kein Verbrechen, keine Gefängnisse, keine Richter, keine Polizisten, keine Präsidenten, keine Ministerpräsidenten. Die Menschen wären so faul, dass sie all diesen Unsinn nicht bräuchten. Überlege dir doch einmal: Hat irgendein fauler Mensch auf der Welt jemals etwas Böses getan? Und trotzdem werden die armen Faulen immer verurteilt! Faule Menschen haben noch nie jemandem etwas zu Leide getan. Sie können es gar nicht. Es würde ihnen zu viel Mühe machen. Es sind nur die aktiven Menschen, die wirklich Probleme verursachen.

Fehler →

Fehler sind vollkommen in Ordnung, an Fehlern ist nichts falsch. Jeder macht sie, und jeder muss sie machen. Verlange keine Perfektion. Fehler sind gut; sie lassen dich menschlich bleiben. Sonst wirst du entweder zum Unmenschen oder zum Übermenschen, und beides ist nicht gut. Menschlich zu sein ist wunderbar, aber um menschlich zu bleiben, muss man sich irren. Und nichts ist verkehrt daran Fehler zu machen! Warum soll man sich darüber aufregen? Aber du hast die Idee im Kopf, dass man keine Fehler machen sollte. Und dann quälst du dich und fühlst dich schuldig und verurteilst dich. Das ist nicht nötig – jeder macht Fehler. Achte nur darauf, dass du dieselben Fehler nicht noch einmal machst. Ich sage nicht, dass du dich deshalb schuldig fühlen sollst! Aber mache doch neue Fehler! Nur so wächst man. Hab die alten satt und such dir eine neue Strategie, um neue Fehler zu machen. Mache jeden Tag mindestens einen neuen Fehler.

Feiern ⇢

Habt ihr euch jemals überlegt, warum es auf der ganzen Welt, in jeder Kultur, in jeder Gesellschaft bestimmte Tage im Jahr gibt, an denen gefeiert wird? Diese wenigen Feiertage dienen nur zur Kompensation, weil die Gesellschaft alle Festlichkeit aus deinem Leben genommen hat, und wenn man den Leuten nichts gibt, um das auszugleichen, können sie zu einer Gefahr für die Kultur werden. Jede Kultur muss einen Ausgleich schaffen, damit man nicht völlig in Unglück und Trübsal versinkt. Doch diese Kompensationen sind künstlich. Knallfrösche und Lichterketten machen einen noch nicht fröhlich. Sie sind gut für Kinder; für dich sind sie nur störend. In deiner inneren Welt kann jedoch ununterbrochen Licht, Freude und Gesang sein. Man sollte nie vergessen, dass die Gesellschaft einen Ausgleich schafft, wenn das, was man verdrängt hat, zu explodieren droht, wenn man es nicht kompensiert. Die Gesellschaft findet einen Weg, damit man das Verdrängte rauslassen kann. Doch das ist nicht wirklich Feiern. Wirkliches Feiern sollte aus deinem Leben kommen, immer in deinem Leben sein. Es ist etwas Natürliches im Leben. Das Leben sollte ein ständiges Fest sein, ein Fest des Lichtes – das ganze Jahr über.

Fragen →

Einmal wurde ein Rabbi von einem christlichen Priester gefragt: „Rabbi, kannst du mir mal eine einfache Antwort auf eine einfache Frage geben: ‚Warum beantworten Juden eine Frage immer mit einer Gegenfrage?'"
Der Rabbi dachte einen Augenblick nach, dann sagte er: „Tun sie das?"

Freiheit →

Die Leute reden immer von der Freiheit, aber sie wollen nicht wirklich Freiheit, sie wollen Verantwortung los sein. Sie fordern Freiheit, aber im Grunde – unbewusst – fordern sie Verantwortungslosigkeit, Hemmungslosigkeit. Freiheit ist Reife, während Hemmungslosigkeit sehr kindisch ist. Freiheit ist erst dann möglich, wenn du so gereift bist, dass du die Verantwortung dafür übernehmen kannst frei zu sein. Die Welt ist nicht frei, weil die Menschen noch nicht reif dafür sind. Revolutionäre haben über die Jahrhunderte vieles versucht, aber alles ist gescheitert. Utopisten haben immer darüber nachgedacht, wie man den Mensch befreien kann, aber niemand bemüht sich wirklich darum. Denn ein Mensch kann nicht frei sein, wenn er nicht vollkommen ist. Nur ein Buddha kann frei sein, ein Mahavir kann frei sein; ein Christus, ein Mohammed – sie können frei sein, ein Zarathustra kann frei sein, denn Freiheit bedeutet, dass der Mensch bewusst geworden ist. Solange der Mensch unbewusst ist, braucht man den Staat, braucht man die Regierung, braucht man die Polizei und das Gericht. Dann muss die Freiheit von allen Seiten beschnitten werden. Dann gibt es Freiheit nur dem Namen nach; in Wirklichkeit existiert sie nicht. Wie kann es Freiheit geben, solange es Regierungen gibt? Es ist unmöglich.

Freude →

Freude ist etwas viel Höheres als Vergnügen, als Glück. Sie ist viel zarter und sanfter, eher wie eine Blume. Wenn man sich von diesen drei Qualitäten eine aussuchen müsste, sollte man die Freude wählen. Sie ist eine feine Harmonie. Wenn dein Körper, dein Geist und dein Herz in tiefem Einklang zusammenwirken, entsteht Freude. Bei der Freude wirkt der Körper mit, der Geist wirkt mit, aber zum größten Teil wirkt das Herz mit. In der Freude ist Vergnügen enthalten und auch Glück – und es kommt noch etwas dazu.

Freundlichkeit →

Freundlichkeit ist eine Eigenschaft und hat nichts mit einer Beziehung zu tun. Sie hat nichts mit einer anderen Person zu tun, sondern ist eine grundsätzliche innere Einstellung. Du kannst auch freundlich sein, wenn du allein bist. Freundschaft kannst du nicht pflegen, wenn du allein bist, dafür brauchst du den anderen. Aber Freundlichkeit ist wie ein Duft. Eine Blume öffnet sich. Auch wenn keiner vorbei kommt, strömt sie ihren Duft aus. Es spielt keine Rolle, ob jemand davon erfährt oder nicht. Es ist ihre Eigenschaft. Es mag niemals jemand davon erfahren, doch das ist ihr egal. Sie freut sich einfach. Freundschaft kann es nur zwischen einer Person und einer anderen Person geben oder höchstens zwischen einer Person und einem Tier – einem Pferd, einem Hund. Aber Freundlichkeit kann auch mit einem Felsen da sein, mit einem Berg, mit einer Wolken, mit einem fernen Stern. Freundlichkeit ist unbegrenzt, weil sie nicht vom anderen abhängig ist. Sie ist ganz und gar dein eigenes Aroma.

Frieden ⇢

Ich habe ein Buch von Joshua Liebman mit dem Titel *Peace of Mind* (Frieden des Geistes) gelesen. Ich bin das ganze Buch durchgegangen: Der Mann hat weder eine Ahnung von Frieden, noch weiß er etwas über den Geist. Er ist allerdings ein Geschäftsmann. Sein Buch ist ein Weltbestseller, denn jeder, der sich einen friedlichen Geist wünscht, stößt früher oder später auf sein Buch. Und er hat es sehr schön geschrieben. Er ist ein guter Schriftsteller – sehr ausdrucksstark, beeindruckend. Aber der geistige Frieden wird einem genauso fern sein wie vorher, oder sich sogar noch weiter von einem entfernen, wenn man dieses Buch liest. Eigentlich kann jemand, der weiß, was Frieden ist und was *Mind* ist, kein Buch mit dem Titel *Peace of Mind* schreiben, denn der *Mind* ist ja die Ursache alles Unfriedens, aller Unruhe. Friede ist da, wenn kein *Mind* da ist! Einen „friedlichen *Mind*" – so ein Fabrikat gibt es nicht. Wenn der *Mind* da ist, herrscht kein Friede. Wenn Frieden da ist, dann ist der *Mind* nicht da. Doch wenn man ein Buch mit dem Titel *Peace of No Mind* (Friede des *No-Mind*) schriebe, würde es niemand kaufen. Ich habe mir das schon lange überlegt, aber ich bin zu dem Schluss gekommen, dass niemand den *Peace of No Mind* kaufen würde. Man würde keinen Sinn darin sehen. Doch genau das ist die Wahrheit.

Frustration →

Frustration kommt als Schatten des Erfolgs. In den armen Ländern Asiens gibt es keine Frustration, weil es keinen Erfolg gibt. Also fehlt auch der Schatten davon. In den reichen westlichen Ländern ist die Frustration groß, weil sich der Erfolg eingestellt hat. Alles, was die Menschen jemals brauchten, ist da, und trotzdem gibt es keine Zufriedenheit. Der Erfolg ist erfolglos geblieben – daher die Frustration. Aufgrund der Frustration interessieren sich die Menschen im Westen immer mehr für Meditation, für Gebet und religiöse Besinnung. Das ist ein Teil derselben Frustration. Ich habe beobachtet, dass ein Mensch erst dann zu meditieren beginnt, wenn er nur noch zwei Möglichkeiten hat: Selbstmord zu begehen oder sich zu ändern. Wenn einem in der äußeren Welt nur noch der Selbstmord und nichts anderes sinnvoll erscheint, dann wendet man sich nach innen. Erst an diesem Punkt, am Höhepunkt der Frustration, wendet man sich nach innen. Diese Wendung nach innen kann mit jemandem, der nur lauwarm ist, nicht geschehen. Sie geschieht nur, wenn es wirklich heiß wird und im Äußeren nichts mehr möglich ist; wenn sich alles andere als falsch erwiesen hat. Wenn du von der äußeren Welt und allen äußeren Reisen total frustriert bist, wenn einem jedes Extravertiertsein sinnlos erscheint, erst dann öffnet sich wirklich der Wunsch, die Sehnsucht nach einer inneren Pilgerreise.

Führung →

Alle Lehrer der Welt drängen ihre eigenen Ideen und ihre Bilder Menschen auf, die Anleitung suchen. Es ist eines der gefährlichsten Spiele, die gespielt werden, da die Angeleiteten dabei immer Verlierer sind. Wenn es dem Lehrer gelingt, jemandem bestimmte Richtlinien, bestimmte Muster und Disziplinen vorzugeben, dann ist es meiner Meinung nach nicht Führung sondern Irreführung. Denn niemand kennt dein einzigartiges Selbst – nur du kannst es kennen. Und du musst gemäß deiner eigenen Natur wachsen, nicht nach irgendjemandes Führung oder Anleitung. Natürlich zu sein, spontan zu sein ist genug. Alle Führer haben Leute in die Irre geführt. Und man kann es sehen: Die Menschen der ganzen Welt leben in totaler Irreführung. Warum sonst sollte es so viel Wahnsinn geben? Warum sollte es so viel Unglück geben, so viel Agonie und geistiges Leiden? Der Grund dafür ist, dass niemandem erlaubt worden ist, einfach nur er selbst zu sein, sein natürliches Wesen zu leben. Alles „sollte man“ oder „sollte man nicht“ muss abgeschafft werden. Höre einfach nur auf deine eigene innere Stimme. Und wo immer sie dich hinführt, dort gehe hin, ohne dich darum zu kümmern, ob andere es für richtig oder falsch halten.

Wenn du einfach du selbst werden kannst, wenn du zu deiner ureigenen Natur erblühen kannst, nur dann wirst du wirklich Seligkeit erfahren – einen Frieden, der mit Worten nicht beschrieben werden kann. Und es kommt etwas Poetisches in dein Dasein, etwas Tänzerisches, weil du im Einklang mit der Existenz bist. Im Einklang mit dir selbst zu sein ist die einzige Möglichkeit im Einklang mit der Existenz zu sein. Niemand braucht persönliche Führung, denn jede persönliche Führung ist nur ein schöner Name für Abhängigkeit von jemandem, der einen nur verformt.

Ich gebe euch keine Disziplin. Ich sage euch nicht, ihr sollt so oder so sein. Ich sage nur, werdet still, damit ihr eure kleine, stille Stimme hört. Das ist euer wahrer Führer. Der Führer ist in euch.

G

Ganzheit →

Achte dich, liebe dich, denn es hat niemals einen Menschen wie dich gegeben, und es wird ihn auch nie wieder geben. Die Existenz wiederholt sich nicht. Du bist absolut einzigartig, unvergleichlich einzigartig. Du brauchst nicht wie jemand anderes zu sein, du brauchst niemanden zu imitieren; du brauchst nur ganz authentisch du selbst zu sein, dein eigenes Sein. Du musst dein eigenes Ding machen. In dem Moment, in dem du dich selbst annimmst und achtest, wirst du ganz. Dann kann dich nichts mehr spalten, dann gibt es nichts mehr, das eine Spaltung herbeiführen könnte.

Ich lehre einen neuen Menschen, eine neue Menschheit, die nicht an die Zukunft denkt und die ohne Sollen und Müssen lebt, die keinen natürlichen Instinkt ignoriert, die den Körper akzeptiert, die all das in tiefer Dankbarkeit akzeptiert, was die Existenz ihr schenkt. Dein Körper ist dein Tempel, er ist heilig. Dein Körper ist nicht ein Feind. Es ist nicht areligiös, deinen Körper zu lieben, deinen Körper zu pflegen – es ist religiös. Es ist areligiös, deinen Körper zu quälen und ihn zu zerstören. Ein religiöser Mensch liebt seinen Körper, denn er ist der Tempel, in dem das Göttliche wohnt. Du und dein Körper seid nicht wirklich zwei, sondern die Manifestation von einem. Deine Seele ist dein unsichtbarer Körper, und dein Körper ist deine unsichtbare Seele. Ich lehre dieses Einssein, und mit diesem Einssein wird der Mensch ganz. Ich lehre Freude, nicht Traurigkeit. Ich lehre dich, spielerisch zu sein, nicht ernst zu sein. Ich lehre Liebe und Lachen, denn für mich gibt es nichts Heiligeres als Liebe und Lachen, und es gibt nichts Andächtigeres als spielerisch zu sein. Ja, meine Einstellung zum Leben ist ganzheitlich, denn für mich bedeutet ganz zu sein, heilig zu sein.

Gebet →

Ich kenne nur ein einziges Gebet, und das ist absolute Stille. In dem Moment, wo du etwas sagst, hast du es zerstört. Deshalb sind die Gebete, die ständig in den Kirchen und Tempeln und Moscheen und Synagogen hergesagt werden, keine echten Gebete, denn es wird etwas gesagt. Was soll man dem Ganzen denn sagen? Das Ganze weiß es schon. Lange bevor wir es wissen, weiß es das Ganze schon. Es ist einfach dumm, Gott etwas zu erzählen. Es ist bedeutungslos. Man kann einfach nur still dasitzen. Gegenüber dem Ganzen ist Sprache bedeutungslos – die Sprache muss beiseitegelegt werden. Und die Sprache wegzulassen, bedeutet, dass du alles weglässt: deinen Verstand, dein Wissen, deine Schriften, deine Religion, deine Kirche, denn sie gehören zur Welt der Sprache.

Gebote →

Moses stieg auf den Berg. Nach einer langen Zeit erschien Gott. „Hallo Moses! Schön dich zu sehen! Tut mir leid, dass du warten musstest, aber du wirst bestimmt gleich sehen, dass es sich gelohnt hat. Ich habe heute nämlich etwas ganz Besonderes für dich."

Moses dachte eine Sekunde nach und sagte dann: „Nein danke, Herr, das ist wirklich nicht nötig. Ich brauche heute nichts. Vielleicht ein andermal."

„Aber du kriegst es umsonst, Moses", sagte Gott.

„Dann gib mir gleich zehn Stück", sagte Moses.

Und so erhielten die Juden die zehn Gebote. Die Zehn Gebote basieren nur auf Angst: Tu dies nicht und tu das nicht! Alle Gebote sind gescheitert. Und wenn mich jetzt jemand nach Geboten in meiner philosophischen Sichtweise fragt – es wird nicht so leicht sein, weil ich den Menschen als multidimensionales Wesen sehe.

Mein Vorschlag wären zehn Nicht-Gebote:

Das erste: Freiheit

Das zweite: Einzigartigkeit des Individuums

Das dritte: Liebe

Das vierte: Meditation

Das fünfte: Unernst

Das sechste: Verspieltheit

Das siebte: Kreativität

Das achte: Sensibilität

Das neunte: Dankbarkeit

Das zehnte: Spürt das Geheimnisvolle.

Diese zehn Nicht-Gebote stellen meine Grundeinstellung gegenüber der Realität dar: der Freiheit des Menschen von geistiger Sklaverei jeder Art.

Geburtstag →

Man wird niemals geboren und stirbt niemals. Beides ist eine Illusion. Es scheint natürlich so zu sein, aber es erscheint dir genau so wie die Schlange, die eigentlich ein Stück Seil ist, wenn du nicht klar sehen kannst. Vielleicht wird es dunkel, die Sonne ist untergegangen, und plötzlich bekommst du Angst vor der Schlange. Dabei liegt nur ein Stück Seil da. Bringe ein Licht, eine Kerze reicht aus, und du findest die Schlange nicht mehr. Sie ist eigentlich nie da gewesen. Die Geburt ist ebenso illusorisch wie die Schlange, die du in dem Seil siehst. Und wenn die Geburt illusorisch ist, dann ist der Tod natürlich auch illusorisch. Du wirst nie geboren und stirbst nie. Natürlich gehst du in einen Körper – das ist eine Geburt. Und eines Tages verlässt du den Körper wieder –, das nennst du Tod. Aber was dich betrifft, warst du schon vor deiner Geburt und wirst auch nach deinem Tod sein.

Gefahr →

In gefährlichen Situationen hört das Denken automatisch auf. Warum? Weil der denkende Verstand wie ein Mechanismus ist, der nur in der alltäglichen Routine funktioniert; dafür ist er ausgebildet. Du kannst deinen Verstand nicht für Unfälle oder Zufälle trainieren, sonst wären es keine. Wenn du darauf vorbereitet bist, wenn du für etwas geprobt hast, dann ist es kein Unfall mehr. Ein Unfall oder Zufall tritt dann ein, wenn der Verstand nicht darauf vorbereitet ist irgendetwas zu tun. Etwas passiert so plötzlich, springt aus dem Unbekannten heraus, dass der Verstand nichts tun kann. Er ist nicht bereit, nicht dafür trainiert. Er muss einfach aussetzen, bis du mit etwas anderem anfängst, etwas, wofür du trainiert bist. Deswegen haben gefährliche Situationen eine geheimnisvolle Anziehungskraft; sie sind als solche anziehend – sie sind meditative Momente. Wenn du einen Wagen beschleunigst und er über neunzig Meilen pro Stunde fährt, dann über hundert und dann über hundertzwanzig, entsteht eine Situation, in der alles passieren kann und du nichts mehr tun kannst. Jetzt ist das Auto wirklich außer Kontrolle, geht in den Bereich außerhalb deiner Kontrolle. Plötzlich kann der Verstand nicht mehr funktionieren – darauf ist er nicht vorbereitet. Daher kommt der Rausch der Geschwindigkeit: Es schleicht sich Stille ein, und du wirst in dein Zentrum geworfen.

Gefühle →

Denke weniger und fühle mehr. Benutze weniger den Intellekt und mehr deine Intuition. Denken ist ein sehr trügerischer Vorgang – es gibt dir das Gefühl, du würdest großartige Dinge vollbringen. Dabei baust du nur Luftschlösser. Gedanken sind nichts anderes als Luftschlösser. Gefühle bewirken mehr, haben mehr Substanz. Sie verwandeln dich. Über Liebe nachzudenken bringt gar nichts, aber Liebe zu fühlen verändert dich zwangsläufig. Denken ist etwas, was das Ego sehr liebt, da sich das Ego von Fiktionen ernährt. Das Ego kann keine Realität vertragen, und Denken ist ein rein fiktiver Vorgang. Steige um – vom Kopf zum Herzen, vom Denken zum Fühlen, von der Logik zur Liebe.

Geheimnis →

Alles, was schön ist, ist innerlich, und das Innere bedeutet etwas Geheimnisvolles. Hast du Frauen beim Liebesakt beobachtet? Sie schließen immer die Augen. Sie wissen etwas. Ein Mann macht Liebe immer mit offenen Augen, er bleibt dabei Beobachter. Er ist nicht völlig im Liebesakt versunken, er ist nicht total dabei. Er bleibt ein Voyeur, als ob jemand anderes Liebe machte und er Zuschauer wäre; als würde der Liebesakt irgendwo im Fernsehen oder im Kino laufen. Eine Frau weiß es besser, weil sie feiner auf das Innere eingestellt ist. Sie schließt immer die Augen. Dann hat die Liebe einen ganz anderen Duft. Geheimnisse haben ihre eigene Daseinsberechtigung. Vergiss das nicht, und vergiss auch nie, dass es ziemlich töricht wäre, alles in deinem Leben öffentlich zu machen. Das wäre, als hätte man seine Hosentaschen ständig nach außen gekrempelt. So würdest du aussehen: mit umgekrempelten Hosentaschen. Es ist nichts verkehrt daran, nach außen zu gehen, aber vergiss nicht, dass das nur ein Teil des Lebens ist. Es sollte nicht alles sein.

Gehirnwäsche →

Was ist falsch an einer Gehirnwäsche? Wascht es jeden Tag! Haltet es sauber! Mögt ihr Küchenschaben? Wenn ich die Gehirne der Leute wasche, finde ich immer Küchenschaben. Küchenschaben sind ganz besondere Tiere. Man hat wissenschaftlich erwiesen, dass überall, wo man Küchenschaben findet, auch Menschen sind. Sie sind immer zusammen; sie sind die ältesten Lebensgefährten. Was habt ihr in eurem Gehirn? Es ist ganz richtig, es zu waschen. Aber die Leute haben eine falsche Assoziation mit dem Wort – sie sind die falschen Leute. Die Christen haben Angst vor jemandem, der Christen das Gehirn wäscht, weil sie dann keine Christen mehr sein werden. Hindus haben Angst, dass sie dann keine Hindus mehr sind. Die Moslems haben Angst, die Kommunisten haben Angst. Alle haben Angst vor der Gehirnwäsche. Nur ich bin ganz und gar dafür. Ich habe keine Angst vor Gehirnwäsche, weil ich euch keine neuen Küchenschaben in den Kopf setze. Ich gebe euch die Gelegenheit, die Erfahrung eines reinen Geistes zu machen, und wenn du einmal einen reinen Geist erfahren hast, wirst du nie mehr jemandem erlauben, irgendwelchen Müll oder Unrat ins Gehirn zu werfen.

Gehorsam →

Das ganze Leiden der Welt lässt sich sehr einfach erklären: Jeder Mensch wird von seiner Umwelt zurechtgeschnitten, geformt und bearbeitet, ohne dass man sich jemals Gedanken darüber gemacht hätte, wozu er von Natur aus bestimmt ist. Man lässt der Existenz keine Chance. Vom Augenblick seiner Geburt an wird das Kind verdorben – natürlich mit den besten Absichten. Eltern tun es niemals absichtlich, sondern sie sind genauso konditioniert worden. Sie wiederholen dasselbe mit ihren Kindern – sie kennen nichts anderes. Ein ungehorsames Kind wird ständig getadelt. Im Gegensatz dazu wird ein gehorsames Kind immer gelobt. Doch hat man schon je von einem gehorsamen Kind gehört, das auf irgendeinem Gebiet der Kreativität berühmt geworden wäre? Hat man schon je von einem gehorsamen Kind gehört, das für irgendetwas – Literatur, Frieden, Wissenschaft – den Nobelpreis bekommen hätte? Das gehorsame Kind verschwindet einfach in der gewöhnlichen Masse. Alle wirklich guten Beiträge zur Existenz kommen von den Ungehorsamen.

Geister →

Es gibt keine Geister auf der Welt, aber alle Religionen reden von Geistern, da ihre Basis der Glaube an Gott ist. Wenn man anfängt Fragen über die Existenz Gottes zu stellen, werden sie sofort abgewehrt. Auch nur einen Moment zu zweifeln oder nicht zu glauben, dass es Gott gibt, bringt einen in Schwierigkeiten. Die Geister fallen unter dieselbe Kategorie, nur dass Gott weit weg ist, während die Geister in der Nachbarschaft leben. Sie können sogar im eigenen Haus leben. Wenn man Kinder mit einem Gott, der weit weg wohnt, keine Angst machen kann. Kein Kind ist so unintelligent, um sich davon einschüchtern zu lassen. Sobald es die Botschaft erhält, denkt es: „Mal sehen. Aber zuerst will ich das Eis aus dem Kühlschrank haben." Aber hungrige Geister? Die könnten ja im Kühlschrank sitzen und das ganze Eis selber aufessen!

Geld →

Ich bin nicht gegen Geld, ich bin nur gegen Geldgier! Ich bin nicht gegen Besitz, ich bin nur gegen Besitzgier. Und das sind zwei völlig unterschiedliche Dimensionen, völlig konträr. Gegen Geld zu sein ist dumm. Geld ist ein wunderbares Tauschmittel. Ohne Geld kann es keine entwickelte Kultur, Gesellschaft oder Zivilisation geben. Stell dir nur vor, es gäbe kein Geld mehr auf der Welt. Dann würde mit ihm auch aller Komfort, alles, was dir Annehmlichkeiten beschert, verschwinden. Die Menschen wären auf völlige Armut reduziert. Geld hat eine ungeheure Leistung vollbracht – das muss man anerkennen.

Deshalb bin ich nicht gegen Geld, aber ich bin sicherlich gegen Geldgier – und das wird oft verwechselt. Das hat in der Vergangenheit immer viel Verwirrung unter den Menschen gestiftet. Geld braucht man nicht aufgeben, aber gebt eure Geldgier auf! Geld muss geschaffen werden, Wohlstand muss geschaffen werden. Ohne Wohlstand würde alle Wissenschaft, alle Technologie verschwinden, all die großen Errungenschaften der Menschheit würden verschwinden. Der Mensch wäre nicht in der Lage, auf dem Mond zu landen, er könnte nicht fliegen. Ohne Geld wäre das Leben stumpfsinnig, genauso wie ohne Sprache alle Kunst, alle Literatur, alle Poesie, alle Musik verschwinden würde. Genauso wie Sprache dazu beiträgt, Gedanken auszutauschen, zu kommunizieren, trägt Geld dazu bei, Dinge auszutauschen – es ist auch eine Form von Kommunikation. Doch geldgierige Menschen klammern sich ans Geld; sie zerstören seinen ganzen Zweck.

Gelübde ⇢

Gelübde können das Leben nicht verändern, Bewusstheit kann das Leben verändern. Lege niemals ein Gelübde ab. Ein Gelübde bedeutet nur, dass du dir etwas aufzwingt. Versuche mehr Verständnis zu bekommen. Wenn du Verständnis hast, ist es nicht nötig, ein Gelübde abzulegen – Verstehen genügt. Du erkennst, dass etwas falsch ist, und damit hört es von selbst auf. Es genügt, es zu sehen, es genügt, es zu verstehen – keine andere Disziplin ist jemals erforderlich. Wenn du eine andere Disziplin brauchst, bedeutet es, dass es dir an Verständnis mangelt, dass in deinem Verständnis etwas fehlt.

Gepäck ⇢

Je höher du dich entwickelst, desto mehr Gepäck musst du abwerfen. Auf ebenen Wegen kann man viel Gepäck mit sich herumtragen, aber wenn es bergauf geht, muss man sich entscheiden, was unnötig ist, und es loslassen. Wenn man noch höher kommt, muss man noch ein paar mehr Dinge loslassen.

Als Edmund Hillary auf dem Gipfel des Everest stand, hatte er gar kein Gepäck dabei. Er stand einfach da – mit nichts, weil alles nach und nach liegen gelassen werden musste. Als er losging, hatte er so viele Dinge und Ausrüstung – dieses Gerät und jenes Gerät und Sauerstoffflaschen. Er ging es wissenschaftlich an, deshalb hatte er so viel Gepäck, das mit vielen Trägern befördert wurde. Aber nach und nach musste bei jedem Lager etwas zurückgelassen werden, da es unmöglich wurde. Oben auf dem Gipfel hatte er überhaupt kein Gepäck mehr.

Auch auf den höchsten Gipfeln des Bewusstseins darf man kein Gewicht haben.

Gerechtigkeit →

Mulla Nasruddin wird zum ehrenamtlichen Richter berufen. Der erste Fall wird ihm vorgetragen. Nachdem er eine Seite angehört hat, erklärt er dem Gericht: „Ich bin in fünf Minuten zurück und werde das Urteil verkünden."

Der Gerichtsdiener flüstert ihm zu: „Was machen Sie da? Können Sie denn nicht sehen, dass Sie erst eine Partei, nur eine Seite angehört haben? Die andere Seite wartet, und sie können doch kein Urteil verkünden, ohne sie anzuhören!"

Mulla Nasruddin sagt: „Versuchen Sie nicht mich zu verwirren! Jetzt ist mir alles absolut klar. Wenn ich die andere Seite auch noch anhöre, dann wird es bestimmt sehr verwirrend!"

Gesellschaft →

Es ist ausgeschlossen, die Gesellschaft oder die Welt zu verändern, weil es überhaupt keine Gesellschaft gibt. Es gibt nur Individuen – die Gesellschaft ist eine Illusion. Und weil wir an die Existenz der Gesellschaft glauben, sind sämtliche Revolutionen gescheitert. Der Glaube, dass die Gesellschaft existiert, hat alle Bemühungen untergraben die Menschheit zu ändern, weil dieser Glaube in einer Illusion wurzelt. Fragt einen Wissenschaftler: Er wird sagen, dass es keine Materie gibt, nur

Elektronen. Materie ist eine Illusion. Genauso sagen jene, die das menschliche Bewusstsein verstanden haben, dass die Gesellschaft ebenso eine Illusion ist wie Materie. Elektronen sind echt, und Individuen auch.
Das Individuum braucht eine Veränderung. Wenn dem Individuum geholfen werden kann, wenn das Individuum erleuchtet werden kann, wenn das Individuum dazu überredet werden kann, das Leben zu feiern, das Leben zu genießen, nur dann werden wir die Atmosphäre auf der Erde ändern können. Doch das ist nicht der Zweck, das ist nicht das Ziel – das wird nur eine Folgeerscheinung sein. Wer intelligent ist, ist sich dessen bewusst, dass sämtliche Revolutionen gescheitert sind, dass alle gesellschaftlichen Revolutionen gescheitert sind. Wir haben immer noch nicht auf die Buddhas gehört, die von einer ganz anderen Revolution sprechen: von der Revolution im Herzen des Individuums. Denn das Individuum ist etwas Wirkliches, etwas Reales. Gesellschaft ist nur ein Wort, und ein sehr gefährliches Wort. Und der Mensch ist sehr gut im Erfinden gefährlicher Worte.

Gesundheit →

Immer wenn man gesund ist, weiß man nichts von seinem Körper. Man vergisst den Körper. Erst wenn eine Krankheit da ist, kann man seinen Körper nicht mehr vergessen. Wenn du Kopfweh hast, kannst du den Kopf nicht vergessen. Wenn du kein Kopfweh hast, wo ist dann dein Kopf? Du vergisst ihn völlig. Alles, was gesund ist, vergisst man, aber sobald etwas krank ist, erinnert man sich daran – man hat es ständig im Kopf, es wird zu einer ständigen Anspannung im Kopf. Das Ego ist eine Krankheit, eine wirkliche Krankheit, weil man sich ständig daran erinnern muss, jemand zu sein. Das zeigt, dass man sich zutiefst „unwohl" fühlt. Durch Unwohlsein entsteht das Ego.

Mit einem völlig gesunden, natürlichen Wesen vergisst man es vollkommen. Ein solcher Mensch ist wie eine Wolke, wie eine Brise, wie ein Fels, wie ein Baum, wie ein Vogel – aber niemals wie ein Mensch. Er ist nicht – denn nur an eine Krankheit muss man sich ständig erinnern, wie an eine Wunde. Sich zu erinnern ist wie ein Sicherheitsmechanismus: Wenn du einen Dorn im Fuß hast, musst du dich daran erinnern. Dein Denken wird ständig um diesen Punkt kreisen, weil der Dorn entfernt werden muss. Wenn du ihn vergisst, bleibt der Dorn drin, und das wird gefährlich. Er kann deinen ganzen Körper vergiften. Wenn du Kopfweh hast, sagt dir der Körper, dass du es zur Kenntnis nehmen sollst, dass etwas dagegen unternommen werden muss. Wenn du es vergisst, kann das Kopfweh gefährlich werden. Der Körper sagt dir immer Bescheid, wenn eine Krankheit da ist, wenn etwas nicht in Ordnung ist. Er richtet deine Aufmerksamkeit darauf.

Aber wenn der Körper gesund ist, vergisst du ihn. Du wirst körperlos, wenn der Körper gesund ist. Und das ist die einzige Definition von Gesundheit: Gesundheit ist, sich seines Körpers nicht bewusst zu sein. Wenn irgendeine Art von Bewusstsein im Körper ist, dann ist dieser Teil nicht gesund. Dasselbe gilt für den Geist. Wenn dein Bewusstsein gesund ist, dann ist kein Ego da. Du weißt nichts von dir selbst. Du erinnerst dich nicht ständig daran: „Ich bin dies oder das." Du bist einfach entspannt. Du bist, aber es gibt kein „Ich" – sondern einfach nur „Bin-heit" oder „Ist-heit", aber kein „Ich", kein kristallisiertes Ego. Das Selbst ist nicht da.

Gewalt →

Jahrtausendelang haben wir daran gearbeitet, die Welt in ein großes Irrenhaus zu verwandeln, und leider ist es uns gelungen. Überall ist es dasselbe: Die Menschen bringen sich gegenseitig um. Überall herrscht Gewalt, und zwar aus dem einfachen Grund, weil wir auf subtile Art den Menschen nicht erlaubt haben, ihre Energie kreativ zu nutzen. Und immer, wenn kreative Energie verhindert wird, wird sie destruktiv. Gewalt ist nicht das eigentliche Problem. Das eigentliche Problem besteht darin, wie man den Menschen helfen kann, kreativ zu sein. Ein kreativer Mensch kann nicht gewalttätig sein, weil sich seine Energie zur Göttlichkeit hin bewegt. Wir nennen Gott den Schöpfer. Immer wenn du etwas Schöpferisches tust, nimmst du am Göttlichen teil. Dann kannst du nicht gewalttätig sein, dann kannst du nicht destruktiv sein, es ist ausgeschlossen. Doch Jahrtausendelang haben wir jedes erdenkliche Tor zur Kreativität zerstört. Anstatt den Menschen zu Kreativität zu verhelfen, bilden wir sie dazu aus destruktiv zu sein. Wir haben den Kämpfer, den Soldaten viel zu sehr geehrt.

Wir brauchen Liebende, keine Kämpfer. Doch Liebe wird verurteilt, und Gewalt wird verherrlicht. Es ist leichter, gegen jemanden zu kämpfen, und so zu entscheiden, wer recht hat. „Gewalt geht vor Recht" – dieses

Gesetz gilt noch immer – das Gesetz des Dschungels. Und wir bezeichnen den Menschen als zivilisiert? Er muss erst zivilisiert werden. Zivilisation ist nur eine Idee, die noch nicht verwirklicht ist.

Der Mensch ist nur oberflächlich zivilisiert, nur seine äußerste Schicht. Man braucht nur ein bisschen daran kratzen, und schon kommt ein Tier hervor – ein wildes Tier, viel ungebändigter als jedes Tier in freier Wildbahn, denn wilde Tiere – gleich wie wild sie sind – tragen keine Bomben mit sich herum, keine Atombomben, keine Wasserstoffbomben. Im Vergleich zum Menschen und seiner Gewalttätigkeit sind Tiere harmlos.

Gewissen →

Die Gesellschaft hat dir ihre eigenen Vorstellungen aufgedrängt, und diese Vorstellungen fungieren als dein Gewissen. Sie verhindern, dass dein wirkliches Gewissen an die Oberfläche kommt; sie verhindern, dass dein eigenes Bewusstsein kommt und die Verantwortung für dein Leben übernimmt. Die Gesellschaft ist sehr politisch. Draußen hat sie den Polizisten und den Richter hingestellt, und innen hat sie das Gewissen hingestellt. Das ist der innere Polizist, der innere Richter. Und selbst mit dieser Einrichtung ist sie noch nicht zufrieden: Darüber hat sie noch einen Gott gestellt, den Überpolizisten, den Polizeichef. Von dort sieht er alles, selbst in deinem Badezimmer beobachtet er dich. Irgendjemand verfolgt dich ständig. Man lässt dir nie die Ruhe, einfach nur du selbst zu sein.

Glauben ⇢

Glauben ist von Angst bestimmt. Du möchtest gerne glauben, dass du unsterblich bist, aber Glauben ist eben nur Glauben, etwas Aufgesetztes, von außen aufgemalt. Der Gläubige ist kein Sucher. Der Gläubige will nicht suchen, deshalb glaubt er. Der Gläubige will erlöst werden, gerettet werden. Er braucht einen Retter. Er ist immer auf der Suche nach einem Messias, jemandem, der für ihn isst, kaut und verdaut. Aber wenn ich esse, ist dein Hunger nicht gestillt. Keiner kann dich retten außer dir selbst. Gläubige sind mittelmäßige Menschen, die am wenigsten intelligenten Menschen der Welt.

Gleichheit ⇢

Jedes Individuum wird mit einem ganz bestimmten Talent geboren, einer bestimmten Genialität, die nur diese eine Person hat. Sie ist vielleicht kein Dichter wie Shelley oder Rabindranath Tagore, sie ist vielleicht kein Maler wie Picasso oder Rembrandt, sie ist vielleicht kein Musiker wie Beethoven oder Mozart, aber auf jeden Fall hat jeder etwas. Dieses Etwas gilt es zu entdecken. Es sollte jedem dabei geholfen werden, das zu entdecken, was er als Gabe auf die Welt mitgebracht hat. Niemand kommt ohne eine Gabe. Jeder bringt ein bestimmtes Potenzial mit. Die Idee von der Gleichheit ist jedoch gefährlich, denn die Rose muss Rose sein; die Ringelblume muss Ringelblume sein, und der Lotus muss Lotus sein. Wenn du versuchst, sie alle gleichzumachen, werden sie alle zerstört. Es mag dir gelingen, Plastikblumen zu machen, die alle gleich sind, aber sie werden tot sein.

Glück →

Betrachte die Dinge immer so, dass du etwas Gutes finden kannst, was dich glücklich macht. Das Leben ist so kurz, und Glück ist etwas sehr Schwieriges. Deshalb sollte man keine einzige Gelegenheit versäumen glücklich zu sein. Normalerweise tun wir genau das Gegenteil: Wir versäumen keine Gelegenheit unglücklich zu sein. Glücklich zu sein ist ein großes Talent. Man muss hochintelligent und sehr bewusst sein; man muss fast ein Genie sein, um glücklich zu sein. Unglücklich zu sein ist nichts dagegen. Auch dumme Menschen sind unglücklich – das ist nichts. Und unglücklich zu sein ist so einfach, weil der Verstand nur dadurch lebt, dass man unglücklich ist. Wenn du für längere Zeit einfach glücklich bist, beginnt der Verstand zu verschwinden, weil es keinerlei Verbindung zwischen Glück und dem Verstand gibt. Glück ist etwas, das vom Jenseits kommt.

Gott →

Diese Existenz ist nie erschaffen worden. Das ist eine völlig falsche Annahme. Die Religionen sind der Meinung, dass alles erschaffen worden sein muss – wo käme es sonst her? Aber sie denken nicht: Woher kommt Gott? Wenn Gott die Welt erschaffen hat, wo ist er hergekommen? Wer hat ihn erschaffen? Und wenn Gott erschaffen sein kann, wozu stellt man dann überhaupt eine unnötige Hypothese auf? Das ist ein Grundprinzip aller wissenschaftlichen Forschung: Stelle keine unnötigen Hypothesen auf. Arbeite mit einem Minimum an Hypothesen. Wenn Gott von einem anderen, größeren Gott erschaffen worden ist, wird es absurd – die Logiker nennen es *regressum infinitum.* Man kann bis ins Unendliche zurückgehen und findet keine Antwort. Die Frage bleibt genau da stehen, wo sie war: Wer hat den letzten Gott erschaffen? Die Existenz ist genug. Deshalb lehre ich Göttlichkeit, aber nicht Gott. Gott ist die Erfindung der Priester. Gott ist eine Fiktion, um euch zu trösten, um euch Angst zu machen, um euch Schuldgefühle zu machen. Alle Religionen sind von euren Schuldgefühlen und Ängsten abhängig. Aber das hat überhaupt nichts mit echter Religiosität zu tun. Echte Religiosität macht einen frei, furchtlos. Sie macht einen nicht zum Sklaven, nicht zur Marionette eines unbekannten Gottes, einer Fiktion.

Göttlichkeit →

Gott gibt es nicht, aber Göttlichkeit gibt es. Sie ist eine Qualität, sie ist wie ein Duft. Man erfährt sie, aber man sieht sie nicht. Und wenn du sie erfährst, ist sie nicht etwas, was dort draußen ist. Sie ist etwas hier drinnen, im Herzen deines Herzens. Sie ist deine Subjektivität, dein Bewusstsein. Es geht also weder darum, etwas zu glauben, noch darum, etwas zu sehen. Es gibt Göttlickeit, aber keinen Gott. Immer wenn ich das Wort „Gott" benutze, meine ich Göttlichkeit – wohlgemerkt. Übersetze es immer in Göttlichkeit. Es gibt in der Existenz eine Qualität von Göttlichkeit, aber es gibt keinen Gott. Aber die Leute wollen einen Gott, keine Göttlichkeit. Sie interessieren sich nicht für Göttlichkeit. Deshalb konnten Menschen wie Buddha keinen großen Einfluss haben. Buddha und seine Religion sind aus Indien verschwunden, wo Buddha geboren wurde. Einer der Hauptgründe dafür ist, dass der die Bedeutung von Göttlichkeit betonte und nicht von Gott. Wenn es nur Göttlichkeit gibt, ist die Aufgabe schwieriger. Sie ist nichts Fertiges, das man in Besitz nehmen kann. Sie ist nicht etwas, das man anbeten kann, sie ist nichts, wovon man sich etwas wünschen kann. Sie ist nicht bereits da, sondern muss im innersten Kern deines Seins erst geschaffen werden. Sie ist wie die Liebe: Sie muss in dir blühen; du musst ihren Duft zur Entfaltung bringen. Du musst göttlich werden. Erst dann gibt es Gott; sonst gibt es keinen Gott.

Gurus ⇢

Gurus und ihre Schüler sind nur im Kopf vorhanden. Weil der Kopf Gurus braucht, gibt es Gurus. Man erschafft sie. Weil du etwas lernen willst, gibt es Lehrer. Du brauchst sie. Solange du dieses Spiel genießt, spiele es total mit. Wenn es dir nicht gefällt, vergiss es... Das Wort „Guru" hat fast etwas Verächtliches bekommen. Dabei ist es in seiner ursprünglichen Bedeutung ein schönes Wort. Ursprünglich bezeichnet es jemanden, der mehr gefestigt und kristallisiert ist, jemanden, der mehr Gewicht hat. Auf Hindi heißt Schwerkraft *guruthwa karshan.* So wie die Erde die Dinge durch ihre Schwerkraft anzieht, werden Menschen von einem Guru angezogen, ohne dass er etwas dafür tut. Die Erde tut auch nichts, wenn sie dich zu sich zieht. Es ist einfach die Natur der Erde, dass alles, was sich ihn ihrem Umfeld von zweihundert Meilen befindet, von ihr angezogen wird. Guru heißt jemand, der Gewicht hat, der zentriert ist, verwurzelt ist und Anziehungskraft hat. Diese ursprüngliche Bedeutung ist jedoch verloren gegangen. Und besonders seitdem indische Gurus im Westen aufgetaucht sind, ist es fast zu einem schmutzigen Wort geworden. Und es muss so sein, da die meisten, die in den Westen kamen, gar keine Gurus waren. Sie kamen in den Westen, um die Menschen auszubeuten. Sie wussten viele Dinge, von denen man im Westen noch nie gehört hatte. Sie verstanden mehr von Philosophie und Theologie, hatten die besseren Argumente. Das hatte sich in Indien seit Jahrhunderten zu einer professionellen Angelegenheit entwickelt. Als sie in den Westen kamen, war man sehr beeindruckt. Die christlichen Pfarrer wirkten im Vergleich dazu armselig; selbst der gelehrteste Rabbi konnte damit nicht konkurrieren. Diese Leute, die gekommen waren, waren aber nicht wirklich großartig. Sie waren in den Westen gekommen, um Anhänger zu finden, Geld zu sammeln und dieses Geld schließlich nach Indien mitzunehmen, um dort Tempel und Plätze für sich und ihre Anhänger zu bauen. Es war eher ein materialistisches Interesse; es stand nichts Geistiges dahinter. Natürlich wurde das Wort Guru auf diese Weise verdorben.

H

Harmonie →

Gott ist die Harmonie von allem, was ist. Und du kannst es beobachten: Alles ist harmonisch. Die Bäume wiegen sich im Wind – das ist Harmonie. Sie kämpfen nicht gegen den Wind an, sondern sie tanzen mit ihm. Die Sterne bewegen sich in einer enormen Harmonie. Diese unendlich große Existenz ist ein riesiges Orchester – alles ist mit allem abgestimmt. Es gibt keinen Konflikt, keine Trennung, keine Disharmonie. Nur der Mensch kann glauben, dass er davon getrennt sei, weil er Bewusstsein hat. Bewusstsein gibt einem die Alternative. Du kannst glauben, du seist getrennt, dann fällst du ins Elend. Oder du kannst versuchen zu verstehen, dass alles eins ist, und es herrscht Seligkeit. Mit dem Ganzen eins zu sein ist Seligkeit; vom Ganzen getrennt zu sein ist Leiden.

Heilen →

Das Wort „heilen" kommt von derselben Wurzel wie (englisch) *„whole"* – ganz, heil. *Whole* (ganz), *health* (Gesundheit), „heilen" und „heilig" stammen alle von derselben Wurzel ab. Geheilt zu sein bedeutet, mit dem Ganzen verbunden zu sein. Krank zu sein bedeutet, mit dem Ganzen nicht mehr verbunden zu sein. Ein kranker Mensch ist jemand, der Blockaden zwischen sich und dem Ganzen entwickelt hat. Deshalb ist die Verbindung unterbrochen. Ein Heiler hat die Funktion, die Verbindung wieder herzustellen. Aber wenn ich sage, er hat die Funktion, die Verbindung wiederherzustellen, meine ich nicht, dass der Heiler etwas tun muss. Der Heiler ist nur eine Funktion. Heilen ist so wie Atmen; es ist natürlich. Jemand ist krank. Das bedeutet, er hat die Fähigkeit verloren sich selbst zu heilen. Ihm ist die Quelle seiner eigenen Heilung nicht mehr bewusst. Der Heiler soll ihm helfen, wieder damit in Verbindung zu kommen. Diese Quelle ist dieselbe, aus der auch der Heiler seine Kraft zieht, aber der Kranke hat vergessen, ihre Sprache zu verstehen. Der Heiler steht in Beziehung zum Ganzen und wird deshalb zum vermittelnden Weg. Der Heiler berührt den Körper des Kranken und wird zum Verbindungsglied zwischen ihm und der Quelle. Da der Patient nicht mehr direkt mit der Quelle verbunden ist, wird er indirekt damit verbunden. Wenn die Energie wieder fließt, ist er geheilt.

Heilige ⇢

Die Heiligen, die ich kritisiere, sind nicht heilig. Sie sind gegen die Liebe, gegen das Leben eingestellt, sie bejahen das Leben nicht. Ich verurteile sie nicht, weil sie heilig sind. Ich verurteile sie, weil sie gegen das Leben eingestellt sind. Wenn jemand voller Lebensfreude, voller

Liebe für das Leben ist, dann ist das wahre Frömmigkeit. Wahre Frömmigkeit kann nicht gegen die Liebe und gegen das Leben sein. Sie kann nicht gegen dieses immer währende Fest sein. Echte Frömmigkeit kann nur bedeuten an der Existenz teilzunehmen, so wie sie ist. Ein echter Heiliger wählt nicht, er akzeptiert alles, was ihm gegeben wird. Der Körper wird ihm gegeben – er nimmt ihn an. Die Welt wird ihm gegeben – er nimmt sie an. Und er nimmt sie mit unendlicher Dankbarkeit an, weil sie ein Geschenk Gottes ist. Ich bin also gegen die sogenannten Heiligen. Ich versuche hier, wirklich heilige Menschen hervorzubringen. Und solange wir keine wahrhaftigen Menschen hervorbringen können, ist die Welt verloren. Wahre Heilige sind nicht als Heilige zu erkennen – keine Kirche wird sie heilig sprechen. Die Heiligen, die von der Kirche heilig gesprochen werden, sind nichts als Scheinheilige, fauler Zauber, sie sind falsche, künstliche, synthetische Plastikheilige. Ja, sie lachen nicht, das stimmt. Doch Jesus gehört nicht zu dieser Sorte Heiliger: Er lacht, er trinkt, er isst gern, er liebt. Er war wirklich ein Menschensohn, sehr irdisch, in der Erde verwurzelt.

Heilige Schriften →

Wer liest denn die Bibel oder die *Veden*? Alte Leute, die dem Tod näher kommen und Angst haben, dass es vielleicht doch einen Gott gibt. Vielleicht werden sie Gott begegnen, und wenn er Fragen stellt... Er wird Fragen stellen und dann sollte man lieber seine Hausaufgaben gemacht haben. Um ganz sicher zu gehen, schaut man in die heiligen Schriften und liest mal hier und da etwas. Denn wenn du Gott triffst und er dir Fragen stellt, die du nicht beantworten kannst, gibt es vielleicht Ärger!

Heim →

Jeder Mensch hat eine tiefe Sehnsucht, daheim zu sein, sie hat jedoch nichts damit zu tun, wo man wohnt. Das Zuhause, in dem man wohnt, ist nur ein Objekt, das für die tiefe Sehnsucht nach dem wirklichen Zuhause steht – es ist nur ein Vorwand. Weil wir unser wirkliches Zuhause nicht kennen, schaffen wir uns ein kleines Heim und klammern uns daran fest. Es ist irgendwie tröstlich, gibt einem das Gefühl, dass man ein Zuhause hat. Tatsächlich haben wir kein Zuhause auf dieser Erde. Daheim bist du irgendwo innen, ganz tief im innersten Kern deines Seins, aber es ist eine lange Reise, und es ist anstrengend und gefährlich, dorthin zu gehen. Es ist einfach, sich ein Heim zu schaffen und das Gefühl zu haben daheim zu sein. Dabei ist man auf dieser Welt niemals daheim! Ein Haus zum Heim zu machen ist ein psychologischer Trick, es ist wie ein Beruhigungsmittel, es ist wie die Schmusedecke für ein Kleinkind. Es hilft einem sich sicher zu fühlen, gibt einem das Gefühl, dass man Wurzeln hat, dass man einen Platz hat, wo man hingehen kann, dass man irgendwohin gehört.

Deshalb schaffen wir Länder, Nationen, Mutterländer, Vaterländer, Kirchen, Tempel und Tausende von Dingen. Aber eigentlich sucht man nach seinem wirklichen Zuhause, und das kannst du nirgendwo im Außen finden.

Herausforderung →

Das Einfachste ist am allerschwierigsten – das Schwierige ist nicht so schwierig. Das Ego ist immer bereit, etwas Schwieriges zu tun, denn wenn es schwierig ist, wird das Ego gestärkt. Es fühlt sich wohl. Das Ego ist bereit, es mit allem aufzunehmen, was nach einer Herausforderung aussieht. Durch die Herausforderung wird es aus seiner Lethargie geweckt. Es wehrt sich, es strebt nach Eroberungen, es wird aggressiv. Je größer die Schwierigkeit, desto aggressiver wird das Ego. Aggression ist Futter fürs Ego. Deshalb ist das Einfache am allerschwierigsten. Das Ego interessiert sich nicht dafür. Es spürt, dass ihm dadurch in gewisser Weise der Tod droht. Das Ego kann die Kontrolle nicht verlieren, denn ohne Kontrolle ist es verloren. Das Ego kann die ständige Anspannung nicht verlieren, denn es existiert nur aus der Anspannung heraus. Wenn du nicht angespannt bist, wenn du ganz entspannt bist, dann verpufft das Ego einfach. Es kann in einem entspannten Bewusstseinszustand nicht existieren. Es wird nicht mehr gebraucht.

Herz →

Befreie die Energie aus deinem Kopf – sie ist dort eingesperrt – und lass sie in dein Herz fallen – und dann ins Sein, welches dein wirkliches Zentrum ist. Das Herz liegt in der Mitte zwischen dem Kopf und dem Sein. Denken ist der Kopf. Er stellt Fragen und gibt nie eine Antwort. Es ist die Welt der Philosophie, die Welt der Narren. Darunter liegt die Welt der Gefühle – das Herz. Das ist die Welt der Dichter. Hast du schon einmal bemerkt, dass Philosophen immer fragen und Dichter immer antworten? Poesie ist immer eine Antwort, Poesie ist nie eine Frage. Keine Dichtung hat ein Fragezeichen – sie ist eine Antwort. Das Herz antwortet. Deshalb ist es viel besser, in die Welt der Gefühle zu kommen – dort ist mehr Weisheit. Aber trotzdem bist du von einer absolut klaren Einsicht immer noch weit entfernt, denn wenn die Einsicht klar ist, dann ist nicht einmal eine Antwort da, geschweige denn eine Frage. Nicht einmal eine Antwort! Der Philosoph fragt, der Dichter antwortet, und der Mystiker interessiert sich weder für Fragen noch für Antworten. Wenn du zu einem Mystiker kommst, besteht seine Arbeit darin, deine Fragen zu zerstören, deine Antworten – alles was du mit dir herumschleppst – und dich vollkommen leer zu machen. Das ist der Augenblick, in dem Einsicht zu wirken beginnt. Du wirst wieder ganz unschuldig.

Himmel und Hölle →

Himmel und Hölle sind nichts Geografisches. Wenn du dich auf die Suche danach machst, wirst du sie nirgends finden. Sie sind in dir; sie sind psychologisch. Die Psyche ist der Himmel und die Hölle – die Psyche hat die Fähigkeit, entweder das eine oder das andere zu werden. Aber man glaubt immer, dass alles irgendwo außerhalb von einem ist. Wir suchen alles immer draußen, denn es ist sehr schwierig, innen zu sein. Wir gehen von uns selbst weg. Wenn jemand sagt, dass es einen Gott gibt, schauen wir zum Himmel. Als ob irgendwo dort oben eine göttliche Person säße.

Es gibt weder einen Himmel noch gibt es eine Hölle. Sie sind nur in deiner Psyche. Wenn du psychisch im Einklang mit der Existenz bist, wenn du still bist, dann bist du im Himmel. Wenn du gestört bist, wenn du deine innere Stille verlierst, wenn du abgelenkt bist und im See deines Bewusstseins eine Welle nach der anderen erscheint, und wenn die ganze spiegelgleiche Eigenschaft des Bewusstseins verloren ist, dann bist du in der Hölle. Die Hölle bedeutet einfach, eine Disharmonie in dir – mit deinem Inneren und auch mit der Existenz. Sobald du in dir selbst und mit der Existenz in Harmonie bist – und das sind zwei Seiten derselben Medaille –, dann bist du unmittelbar im Himmel.

Hingabe →

Hingabe ist eine Eigenschaft des Herzens. Du fühlst dich voller Ehrfurcht für alles, was ist. Du spürst große Liebe zu allem, was ist. Es geht nicht darum, ob jemand es verdient oder nicht, denn Liebe ist kein Geschäft. Es geht nicht darum, ob der andere deiner Liebe wert ist oder nicht, es geht darum, ob dein Herz vor Liebe überfließt oder nicht. Wenn es überfließt, erreicht es die, die es verdienen, und es erreicht die, die es nicht verdienen. Es macht überhaupt keine Unterschiede. Wenn eine Wolke voll ist, regnet sie. Meinst du, sie regnet nur auf gute Menschen und lässt schlechte Menschen aus? Oder sie regnet nur auf gute Christen, gute Hindus und gute Juden, aber nicht auf die Atheisten? Sie regnet einfach, weil sie so voll ist. Hingabe ist überfließende Liebe.

Hitler →

Adolf Hitler schrieb in seiner Autobiografie „Mein Kampf": „Wenn man eine Lüge ständig wiederholt, wird sie Wirklichkeit. Wiederholung ist der Schlüssel." Und er musste es wissen. Er hat es praktiziert. Er hat nicht nur eine Theorie aufgestellt, sondern er hat es sein Leben lang praktiziert. Er verbreitete Lügen, völlig absurde Lügen, aber er wiederholte sie ständig. Wenn man eine Lüge immer wieder und wieder ausspricht, dann beginnt sie Wirklichkeit zu werden, weil der Verstand allmählich davon hypnotisiert wird.

Ich habe gehört, Hitler hätte an Depressionen, an Melancholie gelitten, und die Psychologen sagten, es läge an einem versteckten Minderwertigkeitskomplex. Deshalb wurden alle arischen Psychologen gerufen. Sie versuchten alles, konnten ihm aber nicht helfen; ihre Analyse hatte keinen Erfolg. Deshalb schlugen sie vor, einen jüdischen Psychoanalytiker kommen zu lassen. Zuerst war Hitler nicht bereit, einen Juden kommen zu lassen, aber da er keinen Ausweg sah, gab er nach.

Ein großer jüdischer Psychoanalytiker wurde gerufen. Er analysierte Hitler und drang tief in seinen Geist, in seine Träume ein.

Dann schlug er vor: „Es ist kein großes Problem. Sie müssen nur diese Sätze ständig wiederholen: ‚Ich bin wichtig. Ich bin bedeutend. Ich bin unersetzlich.' Wiederholen sie Tag und Nacht, immer wenn sie daran denken, wie ein Mantra: ‚Ich bin wichtig. Ich bin bedeutend. Ich bin unersetzlich.'"

Hitler sagte: „Aufhören. Das ist ein schlechter Rat!"

Der Psychoanalytiker konnte es nicht verstehen.

Er fragte: „Was meinen Sie? Warum nennen sie es einen schlechten Rat?“
Hitler antwortete: „Weil ich so ein Lügner bin, dass ich alles, was ich sage, nicht glaube. Wenn Sie mir sagen, ich soll wiederholen: ‚Ich bin unersetzlich‘, dann weiß ich, es ist eine Lüge. Ich sage es ja, und ich bin ein Lügner.“
Wenn du Lügner bist, wird alles, was du sagst, zur Lüge; wenn du etwas aus Angst tust, dann wird es wieder zur Angst. Wenn du aus Hass versuchst jemanden zu lieben, dann wird diese Liebe nur wieder verborgener Hass sein. Es kann nichts anderes sein, weil du voller Hass bist.

Hoffnung →

Hoffnungslose Menschen hoffen. Blinde denken, dass sie früher oder später Augen bekommen werden. In der dunklen Nacht der Seele klammerst du dich an die Hoffnung, dass es eine Morgendämmerung geben muss. Um das Elend in der Gegenwart zu ertragen, musst du dir eine bestimmte optimistische Einstellung zurechtlegen, damit du hoffen kannst, dass es morgen besser wird; dabei kommt das Morgen nie. Aber mit der Hoffnung kannst du es aushalten. Du kannst dein Unglück ein bisschen verdünnen, kannst es vermeiden, dich damit zu sehr zu belasten. Du kannst mit etwas anderem beschäftigt bleiben. Du kannst die Augen vor deinem gegenwärtigen Unglück verschließen. Du kannst machen, was du willst, aber du endest immer an derselben Stelle. Alles endet im Unglück; alles endet mit dem Tod. Man strengt sich unheimlich an, aber was kannst du tun?

Alle deine Bemühungen scheitern, solange du nicht etwas Grundsätzliches tust, was eine radikale Veränderung bringt, und zwar: bewusster zu werden. Das ist die einzige radikale Transformation im Leben – vom Elend zur Seligkeit.

Humor →

Für mich ist Humor die heiligste Eigenschaft im Leben. Es gibt genug Beweise dafür: Außer dem Menschen hat kein Tier in der ganzen Existenz einen Sinn für Humor. Kann man von einem Büffel erwarten, dass er lacht? Kann man von einem Esel erwarten, dass er Humor hat? Wenn Heilige zu ernst werden, fallen sie unter die Kategorie der Büffel und Esel. Sie sind nicht mehr menschlich. Denn das ist die einzige besondere Eigenschaft, die das menschliche Bewusstsein hat. Es zeigt, dass sich Humor erst an einem bestimmten Punkt der Evolution manifestiert. Und je höher man sich entwickelt, desto spielerischer geht man mit dem Leben und seinen Problemen um. Es ist keine Last mehr, sondern es macht einem Freude, sie zu lösen. Das Leben ist dann keine Sünde mehr – es sind die ernsten Leute, die es zur Sünde gemacht haben –, sondern das Leben wird zur Belohnung, zum Geschenk.

Wer sein Leben damit vergeudet ernst zu sein, ist der Existenz gegenüber undankbar. Lerne zu lachen – mit den Blumen und den Sternen, und du wirst eine seltsame Schwerelosigkeit in deinem Sein spüren – als wären dir Flügel gewachsen, und du kannst fliegen.

Identifikation →

Wenn dir ein Gedanke durch den Kopf geht, schau ihm einfach zu. Plötzlich siehst du, wie der Gedanke da ist und du hier bist, und es ist keine Brücke mehr da. Solange du nicht zuschaust, identifizierst du dich mit dem Gedanken, du wirst zum Gedanken. Beobachte ihn, und du bist es nicht mehr! Du bist von deinem *Mind* in Besitz genommen, weil du vergessen hast, wie man beobachtet. Lerne es! Wenn du eine Rose anschaust, beobachte sie. Oder die Sterne, die Leute, die vorbeigehen – stehe einfach an der Seite und schaue zu. Und dann tust du allmählich dasselbe mit geschlossenen Augen: Schau dem inneren Verkehr zu – Tausende von Gedanken, Wünschen, Träumen ziehen vorbei. Dort ist immer Stoßzeit! Schaue so zu, als würdest du am Flussufer sitzen und den Fluss vorbeifließen sehen. Schau einfach zu, und dabei wird dir bewusst, dass du das nicht bist. *Mind* heißt, damit identifiziert zu sein. *No-Mind* heißt, nicht damit identifiziert zu sein. Sei nicht der *Mind*, denn du bist es tatsächlich nicht! Wer bist du dann? Du bist Bewusstsein. Du bist dieses Zuschauen, bist ein Zeuge, du bist pures Beobachten, diese spiegelgleiche Eigenschaft, die alles widerspiegelt, aber niemals mit irgendetwas identifiziert ist.

Individualität ⇢

Wahrscheinlich weiß kaum jemand, dass das Wort „Persönlichkeit" aus dem Griechischen kommt, es heißt „Maske". Im Altertum trugen alle Schauspieler im griechischen Drama eine Maske. *Persona* heißt Maske, und „Persönlichkeit" stammt von dem Wort *Persona* ab. Solange du deine Persönlichkeit nicht ablegst, wirst du nicht in der Lage sein, deine Individualität zu finden. Die Individualität wird einem von der Existenz gegeben, während einem die Persönlichkeit von der Gesellschaft übergestülpt wird. Die Persönlichkeit ist an die Gesellschaft angepasst. Die Gesellschaft kann Individualität nicht dulden, denn ein Individuum folgt nicht wie ein Schaf. Individualität hat die Eigenschaft eines Löwen. Der Löwe geht seine eigenen Wege. Schafe gehen immer mit der Masse und hoffen, in der Masse aufgehoben zu sein. In der Masse fühlen sie sich beschützt und sicherer. Wenn man angegriffen wird, hat man in der Masse Möglichkeiten sich zu retten. Aber allein? Nur Löwen gehen allein ihren Weg. Jeder Mensch wird als Löwe geboren, aber die Gesellschaft prägt ihn, programmiert seinen Geist als Schaf, gibt ihm eine Persönlichkeit, gemütlich, nett, sehr angepasst und sehr gehorsam.

Innenwelt →

Es ist eines der größten Mysterien des Lebens, dass wir mit der größten Glückseligkeit in unserem Wesen geboren werden und trotzdem Bettler bleiben, weil wir nie in uns selbst hineinschauen. Wir nehmen es als selbstverständlich hin, als wüssten wir schon alles, was in uns ist. Das ist eine völlig idiotische Vorstellung, die aber auf der ganzen Welt verbreitet ist. Wir sind sogar bereit auf den Mond zu fliegen, um nach dem Glück zu suchen, aber wir sind nicht bereit in uns selbst hineinzugehen. Aus dem einfachen Grund, weil wir, ohne jemals nach innen zu gehen, ohnehin meinen: „Was soll es da drinnen schon geben?" Irgendwie laufen wir mit dieser Einstellung herum, dass wir uns selbst schon kennen. Wir kennen uns selbst überhaupt nicht.

Sokrates hat recht, wenn er sagt: „Erkenne dich selbst." In diesen drei Worten ist die ganze Weisheit aller Weisen zusammengefasst, denn durch Selbsterkenntnis wird alles erkannt, wird alles erfüllt, wird alles erreicht.

Es geht nicht darum, dass wir perfekt werden – wir sind bereits perfekt geboren. Es geht auch nicht darum, das Glück neu zu erfinden, wir müssen es nur entdecken. Es ist also nicht eine so schwierige Angelegenheit, wie die Leute glauben. Es ist ein einfacher Prozess der Entspannung, des Ruhens, des allmählichen Zurückfindens zur Mitte. An dem Tag, an dem du auf deine Mitte stößt, ist plötzlich alles voller Licht – du hast den Schalter gefunden! Es ist, als würdest du in einem dunklen Raum herumtappen; du tappst herum und dann findest du plötzlich den Schalter, und alles ist voller Licht. Man kann aber auch die ganze Nacht im Dunkeln direkt unter dem Lichtschalter sitzen und heulen und jammern. Genau so ist unsere Situation: Wir heulen und jammern ganz unnötig. Deshalb haben diejenigen, die die Wahrheit erkannt haben, ein ganz merkwürdiges Verhältnis zu den Menschen. Sie haben großes Mitgefühl für sie, aber sie müssen auch sehr über sie lachen, weil sie die Dummheit sehen können: Du hast es schon längst, aber du rennst völlig grundlos hin und her. Und wegen deinem Herumgerenne verfehlst du es immer. Und sie haben auch großes Mitgefühl, denn du leidest wirklich, obwohl dein Leiden töricht ist. Dieses absurde, lächerliche Lebensmuster muss total verändert werden. Schau in dich, und erst wenn du dort nichts finden kannst, dann schau nach außen. Aber ich behaupte ganz kategorisch, dass niemand, der in sich hineingeschaut hat, es je verfehlt hat – es gibt also keinen Grund, warum du es verfehlen solltest. Niemand ist eine Ausnahme, es ist ein absolutes Gesetz: Wer nach innen geht, findet es – er findet das Reich Gottes, das höchste Glück, die absolute Wahrheit. Und damit geht Freiheit einher und ein wunderbarer Duft. Das Leben wird zu einem Tanz, zu einem Gedicht, einer unaufhörlichen Ekstase, die mit jedem Augenblick wächst.

Inspiration →

Das Wort Inspiration ist gefährlich. Erst lässt man sich inspirieren, dann folgt man jemandem, dann imitiert man jemanden, und schließlich wird man zur Kopie. Man braucht sich von niemandem inspirieren lassen. Es ist nicht nur unnötig, sondern auch gefährlich. Jedes

Individuum ist einzigartig. Es kann niemand anderem folgen. Inspiration ist meistens ein Fluch und kein Segen. Lerne von allen möglichen Quellen, freue dich an jedem einzigartigen Wesen, das dir begegnet, aber folge niemandem und versuche nie wie jemand anderes zu sein. Das erlaubt die Existenz nicht. Du kannst nur du selbst sein. Es ist seltsam: Diejenigen, die für Millionen anderer Menschen zur Inspiration geworden sind, haben sich selbst nie von jemandem inspirieren lassen, aber dies nimmt niemand zur Kenntnis. Gautama Buddha hat sich von niemandem inspirieren lassen, und genau das hat ihn zu einer großen Quelle der Inspiration gemacht. Sokrates ließ sich von niemandem inspirieren, und genau das machte ihn so einzigartig. All diese Menschen, die man für Quellen der Inspiration hält, sind nie von jemand anderem inspiriert worden. Das ist etwas sehr Grundsätzliches, was man verstehen sollte. Ja, sie haben gelernt, sie haben versucht alle möglichen anderen Menschen zu verstehen. Sie liebten einzelne Menschen, die einzigartig waren, aber folgten niemandem nach. Sie versuchten immer, nur sie selbst zu sein.

Intellekt →

Der Intellekt gehört zum Verstand; er ist von der Erinnerungsfähigkeit abhängig und funktioniert durch geborgtes Wissen. Alle Bildungssysteme der Welt basieren auf der Entwicklung des Intellekts. Also basieren sie alle auf der Erinnerungsfähigkeit. Die Prüfungen an den Schulen, Hochschulen, Universitäten haben nichts mit Intelligenz zu tun; sie testen nur, wie gut dein Gedächtnis ist.

Aber ein gutes Gedächtnis ist noch kein Zeichen von Intelligenz. Das Gedächtnis ist etwas Mechanisches. Ein Computer kann ein besseres Gedächtnis haben als der genialste Mensch, aber der Computer hat keine Intelligenz. Der menschliche Verstand ist nichts anderes als ein Biocomputer, der sich über eine lange, lange Zeit entwickelt hat. Intelligenz ist erst dann da, wenn das Gedächtnis schweigt und der Intellekt nicht funktioniert, wenn der ganze Verstand ruht. Intelligenz ist jenseits des Verstandes.

Im Englischen ist es das Problem, dass für beides das gleiche Wort benutzt wird; dabei sind es zwei ganz verschiedene Dinge. Im Sanskrit und den östlichen Sprachen haben wir zwei verschiedene Wörter dafür: Der Intellekt heißt *bodhi* – die Fähigkeit zu wissen. Und die Intelligenz heißt *pragya* – die Fähigkeit zu erkennen, nicht zu wissen. Wissen ist immer tot; es ist Information. Unser ganzes Bildungssystem macht mit den Schülern und Studenten genau das, was wir auch mit Computern machen: Wir füttern sie mit immer mehr Informationen. Aber kein Computer kann eine Frage beantworten, auf die er nicht schon vorbereitet ist.

Der Intellekt kann nur das beantworten, was er schon weiß. Er ist schal, er ist von gestern. Intelligenz ist eine Antwort auf jede neue Situation – nicht aufgrund deiner Erinnerungen aus der Vergangenheit, sondern aus deinem gegenwärtigen Bewusstsein heraus, genau in diesem Moment. Du funktionierst nicht wie ein Computer; du suchst nicht in deinem Gedächtnisspeicher nach der Antwort, sondern du öffnest dein Bewusstsein einfach für die jeweilige Situation und lässt die spontane Antwort darauf zu. Mit anderen Worten: Intelligenz ist spontane Verantwortung.

Intelligenz →

Intelligenz ist einfach die Fähigkeit auf eine Situation zu antworten. Denn das Leben ist wie ein Strom. Du musst wach und bewusst sein und sehen, was von dir gefordert wird, wozu dich die jeweilige Situation herausfordert. Der intelligente Mensch verhält sich der Situation angemessen, während sich der Dumme nach vorgefertigten Antworten verhält. Ob sie von Buddha, Krishna oder Christus kommen, spielt keine Rolle. Er schleppt immer irgendwelche Schriften oder Vorschriften mit sich herum. Er hat Angst davor, sich auf sich selbst zu verlassen. Der intelligente Mensch verlässt sich auf seine eigene Einsicht; er vertraut seinem eigenen Wesen. Er liebt und respektiert sich selbst. Wer nicht intelligent ist, respektiert nur andere.

J

Ja ⇢

Dieses einfache Wort Ja birgt alle Religiosität der Welt in sich. Es enthält Vertrauen, es enthält Liebe, es enthält Hingabe. Es enthält sämtliche Gebete, die jemals gesprochen wurden, die jetzt gesprochen werden und in Zukunft. Wenn du von ganzem Herzen Ja sagen kannst, hast du alles gesagt, was gesagt werden kann. Ja zur Existenz zu sagen, bedeutet, religiös zu sein. Und Nein zu sagen, bedeutet nicht religiös zu sein. So definiere ich einen Atheisten und einen Theisten: Der Atheist ist nicht jemand, der Gott leugnet, und der Theist ist nicht jemand, der an Gott glaubt – nicht unbedingt, denn es gab große Theisten, die nie an irgendeinen Gott glaubten. Das waren Buddha, Mahavira, Adinatha. Sie waren große Erleuchtete, die nie über Gott sprachen. Aber sie sprachen vom Ja – sie mussten vom Ja sprechen.

Gott kann man als überflüssige Hypothese unter den Tisch fallen lassen, aber das Ja kann man nicht übergehen. Das Ja ist der wahre Geist des Göttlichen. Das Ja kann ohne Gott existieren, aber Gott kann nicht ohne das Ja existieren. Gott ist nur der Körper, Ja ist die Seele. Es gibt Leute, die an Gott glauben, die ich aber dennoch als Atheisten bezeichne, weil hinter ihrem Glauben kein Ja steht. Ihr Glaube ist unecht, ihr Glaube ist eine Formsache; ihr Glaube ist von anderen übernommen, er ist geliehen. Eltern, Priester und Lehrer haben ihnen beigebracht, dass es Gott gibt. Sie haben ihnen solche Angst eingejagt, dass sie die Existenz Gottes nicht einmal in Frage stellen können. Und sie haben ihnen großartige Dinge versprochen, wenn sie an Gott glauben: Große Belohnungen werden im Himmel auf dich warten, wenn du glaubst, und große Strafen in der Hölle, wenn du nicht glaubst.

Deine Angst und Gier werden ausgebeutet. Der Priester verhält sich fast genauso wie der Psychologe mit den Ratten, an denen er seine Experimente durchführt. Die Ratten werden in psychologischen Experimenten durch Bestrafung und Belohnung kontrolliert. Belohnt man sie, dann lernen sie das, wofür sie belohnt werden. Bestraft man sie, gewöhnen sie sich ab, wofür sie bestraft werden. Theisten und Atheisten – beide sind Opfer. Ein wirklich religiöser Mensch hat nichts mit der Bibel oder dem Koran oder der *Bhagavad Gita* zu tun.

Ein wirklich religiöser Mensch steht in tiefer Verbindung mit der Existenz. Er kann Ja zu einer Rose sagen, er kann Ja zu den Sternen sagen, er kann Ja zu den Menschen sagen, er kann Ja zu seinem eigenen Sein, zu seinen eigenen Sehnsüchten sagen. Er kann zu allem Ja sagen, was ihm das Leben bringt – er ist ein Bejaher. Und dieses Bejahen birgt das wahre Gebet in sich.

Jenseits →

Das Jenseits ist Ruhe, ist deine Zuflucht. Der Verstand ist ununterbrochen am Palavern, vierundzwanzig Stunden am Tag palavert er vor sich hin. Nur jenseits des Verstandes ist Frieden und Stille. In diesem Frieden, dieser Stille wird geistige Gesundheit geboren. Erleuchtung ist die höchste Stufe geistiger Gesundheit. Wenn man geistig vollkommen gesundet ist, hat man einen Punkt erreicht, an dem vierundzwanzig Stunden lang heitere Stille und Bewusstsein da ist, ob man wach ist oder schläft. Es ist wie ein ständiger Strom von Ruhe und Seligkeit, von dem man sich gesegnet und genährt fühlt. Es ist Nahrung aus dem Jenseits. In der östlichen Psychologie ist der Verstand die niedrigste Stufe des menschlichen Bewusstseins – bösartig und dunkel. Man muss über ihn hinausgehen. Die Erleuchtung ist nicht das Ende – sie betrifft nur das individuelle Bewusstsein. Individualität ist immer noch wie zwei Ufer eines Flusses. In dem Moment, in dem der Fluss ins Meer mündet, verschwinden alle Ufer, werden alle Grenzen aufgehoben. Dann bist du jenseits von Erleuchtung.

Jungfräulichkeit →

Die „jungfräuliche Geburt“ hat nun wirklich nichts mit biologischer Jungfräulichkeit zu tun. Das ist völliger Schwachsinn. Jesus wurde nicht von einer biologisch jungfräulichen Mutter geboren. Was ist dann aber damit gemeint, dass Maria eine Jungfrau war? Es bedeutet einfach absolut rein; so rein, dass keine sexuellen Gedanken da sind. Es geht nicht um den Körper, sondern um den

Geist. Tief in seinem innersten Kern ist jeder eine Jungfrau. Jungfräulichkeit bedeutet reine Liebe. Jesus muss aus einer großen Liebe geboren worden sein. Die Liebe ist immer eine Jungfrau. Die Liebe transzendiert den Sex – das ist die Bedeutung von Jungfräulichkeit. Aber Idioten gibt es überal, sie bestehen darauf: „Er wurde von einer jungfräulichen Mutter geboren." Sie geben ihn dem Spott preis. Und dank ihrer Dummheit verliert ein großes Gleichnis, eine große Metapher all ihre Bedeutung.

Jüngstes Gericht ⇢

Es gibt keinen Gott, also braucht man sich auch nicht vor dem Jüngsten Gericht zu fürchten. Der Tag des Jüngsten Gerichts wird nie kommen. Und überhaupt, innerhalb von vierundzwanzig Stunden? Man stelle sich vor: Selbst wenn Gott allmächtig ist – wie viele Millionen von Menschen, die seit Jahrtausenden gelebt haben, können sich an einem Tag vor einem Jüngsten Gerichtshof versammeln? Und die Hälfte davon werden Frauen sein, die sich weder um das Gericht noch sonst um etwas scheren werden. Sie werden ununterbrochen quasseln! Eine unermesslich riesige Menge, die nach einem Urteil schreit. Ich glaube nicht, dass man es in vierundzwanzig Stunden schaffen kann zu entscheiden, wer wohin kommt. Das Jüngste Gericht – allein die Idee ist idiotisch. Es gäbe so viele Gerichtsakten, dass Gott schon eine Ewigkeit brauchen würde, die Akten zu sortieren!

K

Kapitalismus →

Der Kapitalismus ist das erste System auf der Welt, das Kapital und Reichtum erzeugt. Davor gab es den Feudalismus, der niemals Reichtum schuf, sondern die Menschen ausbeutete, den Menschen alles raubte. Der Reichtum, den die Könige in der Vergangenheit hatten, war ein Verbrechen. Er war Ausbeutung, war dem Volk, den Armen mit Gewalt weggenommen worden. Sie hatten ihn nicht selbst geschaffen. Der Kapitalismus ist das erste System, das Reichtum schafft. Man braucht Intelligenz, um Reichtum zu schaffen. Und solange wir nicht so viel Reichtum schaffen, dass uns Reichtum nichts mehr bedeutet, solange wir nicht ein so hohes Niveau von Reichtum schaffen, dass die Armen automatisch auch reicher werden... Niemand kann Reichtum essen. Was soll man damit machen? Es kommt ein Punkt der Sättigung, und erst dann kann der Kommunismus erblühen. Deshalb nenne ich meine Gemeinschaft eine Kommune. Der Kommunismus, das Wort, ist aus dem Wort „Kommune“ entstanden.

Ich glaube an den Kapitalismus. Vielleicht bin ich der einzige Mensch auf der Welt, der es so klar und deutlich ausspricht: Ich glaube an den Kapitalismus, weil es zum ersten Mal in der Geschichte der Menschheit ein System gibt, das Reichtum schafft und das so viel Reichtum schaffen kann, dass Armut unnötig wird, wenn man Wissenschaft und wissenschaftliche Technologie dazu benutzt. Man braucht den Reichtum nicht verteilen. Er verteilt sich automatisch. Man braucht keine Diktatur des Proletariats. Der Kapitalismus kann ganz im Einklang mit der Demokratie bleiben, mit Individualität, mit Redefreiheit. Man braucht nichts zu zerstören. Mein Ansatz ist also, dass wir die Idee verbreiten müssen, Reichtum zu schaffen anstatt ihn zu verteilen. Was soll man verteilen, wenn man nichts hat?

Karma →

Es stimmt, dass jede Handlung eine Folge hat, aber nicht irgendwann einmal in einem künftigen Leben. Die Handlung und ihre Folge sind ununterbrochen; sie gehören zu ein und demselben Prozess. Meinst du, es seien zwei getrennte Dinge, einen Samen zu säen und seine Früchte zu ernten? Es ist ein Prozess. Was mit dem Aussäen des Samens beginnt, wächst heran, und eines Tages ist der Samen zu Tausenden von Samen geworden. Das nennt man die Ernte. Es ist derselbe Samen, der sich explosionsartig zu Tausenden von Samen vermehrt hat. Es gibt keinen Tod, der dazwischen kommt, kein Leben nach dem Tode ist nötig. Es ist ein kontinuierlicher Prozess.

Man sollte sich also eines merken: Ja, jede Handlung muss eine Konsequenz haben, aber diese wird sich nicht irgendwo anders abspielen. Du bekommst sie hier und jetzt serviert. Sehr wahrscheinlich bekommst du sie fast gleichzeitig. Wenn du zu jemandem nett bist, empfindest du nicht eine gewisse Freude, einen gewissen Frieden und einen Sinn? Hast du nicht das Gefühl, dass du zufrieden bist mit dem, was du getan hast? Es gibt dir ein Gefühl von tiefer Genugtuung. Und hast du jemals diese Art von Befriedigung gespürt, wenn du ärgerlich warst, wenn du vor Wut kochtest, wenn du jemanden verletzt hast oder dich wie verrückt ärgerst? Hast du dann jemals gespürt, dass du innerlich friedlich oder still wirst? Nein, das ist unmöglich. Du wirst sicher etwas spüren, aber es wird eher Traurigkeit sein, dass du dich wieder wie ein Narr aufgeführt hast, dass du wieder dieselbe Dummheit begangen hast, wo du doch immer wieder beschlossen hattest, es nicht mehr zu tun. (…)

Das Gesetz des Karmas ist etwas Psychologisches – es ist weder gesetzlich noch sozial noch moralisch, sondern nur psychologisch. Es ist bisher noch nicht auf diese Weise ausgelegt worden. Was immer du tust, enthält in sich bereits die Konsequenz. Es spielt keine Rolle, ob man es gut oder schlecht nennt, denn wie du es wertest, ist nur von deiner gesellschaftlichen Konditionierung abhängig.

Katharsis →

Zuerst einmal muss der Gorilla freigelassen werden, das heißt, alles was du verdrängt hast und was dich zum

Gorilla macht. Den Gorilla aus deinem Sein herauskommen zu lassen, ist eine tiefe Reinigung, eine tiefe Katharsis. Wenn alles Animalische aus dir herausgekommen ist, dann ist die Buddhanatur nicht weit entfernt… nur noch einen Schritt. Die Buddhanatur ist von Geburt an dein Recht während der Gorilla von deiner gesellschaftlichen Prägung kommt. Die Gesellschaft sagt einem immer wieder, man soll alles unterdrücken und verdrängen, und bald wird der verdrängte Teil deines Wesens so groß, dass du auf einem Vulkan sitzt. Er kann jeden Augenblick ausbrechen. Bevor er ausbricht, ist es besser, ihn freizusetzen. Sei also zuerst einmal Gorilla – voller Intensität und Totalität. Bevor du Gipfel erreichen kannst, musst du zuerst sehr viel Unrat und Gepäck loswerden, das du seit vielen Leben mit dir herumschleppst. Ich habe meine Meditationstechniken so konzipiert, dass zuerst der Gorilla in einer Katharsis herausgelassen wird. Das geschieht in der *Dynamischen Meditation:* Du lässt deinen Gorilla frei, ohne jede Hemmung. Solange du den Gorilla drinnen lässt, sind alle glücklich mit dir. Doch solange der Gorilla drinnen ist, wirst du nie Frieden finden. Ich sage dir: Lass ihn raus! Er löst sich in Luft auf, und was zurückbleibt, ist ein reiner leerer Raum.

Koan ⇢

Ein Koan ist ein Rätsel, das keine Lösung hat. Ein Koan ist ein Rätsel, das niemals zu lösen ist, aber wenn man immer weiter mit einem Koan meditiert und immer stiller und stiller wird, löst er sich von selbst auf. Plötzlich gibt es kein Rätsel mehr, kein Problem, nichts mehr zu lösen. Ein Koan ist ein Gedanke, und in tiefer Meditation löst er sich mit allen anderen Gedanken auf. Im Zen gibt es Tausende von Koans.

Konditionierung →

Bevor ein Kind beginnt Fragen zu stellen, stopft man ihm schon die Antwort in den Kopf. So wird es programmiert. Das ist Konditionierung.

Konzentration →

Konzentration gibt dir eine Tunnelsichtweise. Hast du einmal in einen Tunnel geschaut? Von einer Seite, von der du schaust, ist er groß. Aber wenn der Tunnel zwei Meilen lang ist, ist die andere Seite nur ein kleiner runder Lichtpunkt, sonst nichts. Je länger der Tunnel ist, desto kleiner ist das andere Ende. Du musst den Fokus darauf richten, und Fokussieren heißt immer, angespannt zu sein. Konzentration ist nicht natürlich für den Geist. Der Geist ist ein Vagabund – es gefällt ihm, von einer Sache zur nächsten zu springen. Durch Konzentration wird der Geist gleichsam eingesperrt.

Körper →

Höre auf deinen eigenen Körper. Der Körper birgt große Weisheit in sich. Wenn du auf ihn hörst, liegst du immer richtig. Wenn du nicht darauf hörst und ihm ständig etwas aufzwingst, wirst du nie glücklich sein. Du wirst unglücklich sein, dich krank und unwohl fühlen und immer gestört und desorientiert. Einer der Gründe, warum der Mensch immer noch nicht zivilisiert ist, ist die Trennung von Geist, Körper und Seele. Diese Trennung ist von den Religionen der Welt gepredigt worden. Sie haben den Körper verdammt; einige von ihnen haben auch den Geist verdammt. Und sie alle haben die Seele gepriesen. Das Ergebnis davon ist nicht das, was sie erwartet haben. Das Ergebnis davon ist sehr bizarr: Die Menschheit ist vergiftet. Die Menschen haben weder ihren Körper, noch ihren Geist aufgegeben, aber sie haben Schuldgefühle. Sie haben ihre Selbstachtung verloren, haben den Kontakt mit der Weisheit ihres eigenen Körpers verloren, haben die Herrschaft über ihren eigenen Geist verloren. Aber in Wirklichkeit ist es so: Wenn nicht alle drei als eine totale organische Einheit funktionieren, ist der Mensch nicht heil und ganz.

Kreativität →

Kreativität hat nichts mit einer bestimmten Arbeit zu tun. Kreativität hat etwas mit deinem Bewusstseinsstand zu tun. Alles, was du tust, kann kreativ sein. Alles, was du tust, kannst du kreativ tun, wenn du verstehst, was Kreativität bedeutet. Kreativität bedeutet, jede Arbeit als Meditation zu genießen, jede Arbeit mit sehr viel Liebe zu machen. Wenn du mich liebst und jeden Tag diese Halle, in der ich spreche, putzt, dann ist es kreativ. Wenn du mich nicht liebst, dann ist es natürlich reine Hausarbeit, eine Pflicht, die man irgendwie hinter sich bringt; es ist eine Last. Dann möchtest du zu einer anderen Zeit kreativ sein. Was willst du dann in dieser anderen Zeit tun? Meinst du, dass du dich nur dann kreativ fühlst, wenn du ein Bild malst? Malen ist etwas ebenso Gewöhnliches wie den Boden zu putzen. Du wirfst Farbe auf eine Leinwand. Hier wischst du den Boden, putzt den Boden. Was ist der Unterschied? Oder du sprichst mit jemandem, einem Freund, und hast das Gefühl deine Zeit zu vergeuden. Du möchtest lieber ein großartiges Buch schreiben – erst dann bist du kreativ. Doch es ist ein Freund gekommen. Es ist doch so schön, ein wenig zu tratschen – sei kreativ damit!

Krieg ⇢

Zu lange hat der Mensch das Unheil des Krieges erlebt. Wir müssen alle Kriegsgötter vernichten und an ihrer Stelle einen Tempel der Liebe errichten. Wir sollten alle Götter des Krieges töten, denn nur aus ihrem Tod wird der Gott der Liebe geboren werden.

Kriege gibt es nicht deshalb, weil es draußen in der Welt Gruppen gibt, die sich bekriegen. Im Grunde gibt es Kriege deshalb, weil der Mensch mit sich selbst im Streit liegt. Die Wurzel des Krieges liegt in ihm selbst. Draußen sind nur seine Äste und seine Blätter sichtbar. Alle zehn Jahre braucht die Menschheit einen großen Weltkrieg. Innerhalb von zehn Jahren staut der Mensch so viel Zorn, Verrücktheit, Wahnsinn in seinem Inneren auf, dass es zu einer Explosion kommen muss. Solange wir das Drehbuch des Menschen nicht von Grund auf neu schreiben, solange wir ihm nicht eine ganz neue

Lebens- und Seinsstruktur verleihen, können wir weiter vom Frieden reden, aber zum Krieg rüsten. Genau das tun wir seit Jahrtausenden: vom Frieden reden und zum Krieg rüsten. Das Absurde dabei ist, dass wir sogar im Namen des Friedens kämpfen! Die größten Kriege wurden im Namen des Friedens geführt. Wir haben eine unendlich destruktive Vergangenheit. Mit derselben Energie hätte der Mensch schon das Paradies auf Erden schaffen können. Doch stattdessen haben wir nur eine Hölle daraus gemacht.

Es geht jedoch nicht darum, die politischen Ideologien auf der Welt zu ändern; es geht auch nicht darum, die Menschen Brüderlichkeit zu lehren, denn all das ist bereits getan worden und alles ist gescheitert.

Etwas viel Grundsätzlicheres stimmt nicht: Der Mensch ist gespalten, und genau dieselben Leute, die vom Frieden reden, sind die Ursache der Gespaltenheit. Sie haben den Menschen gespalten: in Gut und Böse, in Höher und Niedriger, in irdisch und göttlich, in das Materielle und das Spirituelle. Sie haben in der menschlichen Seele eine Kluft geschaffen, und deshalb herrscht darin ständig Krieg. Jeder kämpft gegen sich selbst, und wenn es einem zu viel wird, kämpft man gegen andere. Deshalb sehen die Menschen zu Kriegszeiten glücklicher aus. Ihre Gesichter strahlen vor Begeisterung, sie haben einen tänzerischen Gang. Sie sind ganz aufgeregt, weil sie sich wenigstens mal ein paar Tage nicht selbst bekämpfen müssen. Sie haben draußen einen Sündenbock gefunden. Es kann ein Faschist sein, es kann ein Kommunist sein, es kann ein Moslem sein, es kann ein Christ sein – das spielt keine Rolle, Hauptsache es ist jemand außerhalb. Man ist dem inneren Kampf entronnen; und auf eine krankhafte Art ist das entspannend. Doch man kann nicht ständig weiterkämpfen. Früher oder später muss sich der Mensch wieder nach innen wenden. Der Politiker zettelt den Krieg außerhalb an, und der Priester zettelt den Krieg im Inneren an. Das ist die längste und größte Verschwörung gegen die Menschheit.

Ich habe eine Vision von einer integrierten Seele. Der Körper wird respektiert und nicht abgelehnt; er wird geliebt, gelobt, man ist für ihn dankbar. Das Materielle wird nicht verdammt, sondern man genießt es; es gehört zu unserem spirituellen Wachstum dazu. Es gibt keine Dualität, sondern eine Dialektik des Wachsens. Wir gehen ja auch auf zwei Beinen, der Vogel fliegt mit zwei Flügeln. Materie und Geist, Körper und Seele, das Niedrigere und das Höhere sind wie zwei Flügel.

Was ich einführen möchte, ist etwas gänzlich Neues, etwas, das es nie zuvor auf der Welt gegeben hat: einen Menschen, der sich in beiden Welten wohl fühlt, in dieser und in jener; einen Menschen, der so weltlich wie möglich ist, und ebenso mit dem Jenseits vertraut; einen Menschen, der eine große Synthese darstellt; einen Menschen, der nicht schizophren ist; einen Menschen, der heil und heilig ist.

Kundalini →

Die Existenz ist Energie – ist Bewegung von Energie auf viele verschiedene Arten und in so vielen Formen. In Bezug auf die menschliche Existenz ist diese Energie die Kundalini-Energie. Kundalini nennt man die konzentrierte Energie des menschlichen Körpers und der menschlichen Psyche. Energie kann entweder manifest oder nicht-manifest sein. Sie kann ein Same bleiben oder als manifeste Form hervortreten. Jede Energie ist entweder latent als Same oder in manifester Form vorhanden. Kundalini bedeutet dein totales Potenzial, deine gesamten Möglichkeiten. Die Methoden, mit denen die Kundalini-Energie geweckt wird, sind Methoden, um sein volles Potenzial zu verwirklichen.

Kundalini ist also zunächst einmal nichts Außergewöhnliches. Sie ist nur die menschliche Energie als solche. Aber normalerweise ist nur ein kleiner Teil davon aktiv, ein ganz winziger Teil. Und selbst dieser Teil funktioniert nicht harmonisch, sondern ist im Konflikt – daher so viel Leid und Qual. Wenn deine Energie harmonisch fließen kann, fühlst du dich glücklich. Aber wenn sie im Konflikt ist, wenn sie gegen sich selbst kämpft, dann fühlst du dich unglücklich. Alles Leiden bedeutet, dass deine Energie im Konflikt liegt, und alles Glück, alle Seligkeit bedeutet, dass deine Energie in Harmonie ist.

L

Lachen →

Lachen ist die einzige Besonderheit von menschlichen Wesen – nicht die Vernunft, sondern das Lachen. Tiere können auch vernünftig sein, sie sind auf ihre Art vernünftig. Aber sie können nicht scherzen; sie können nicht lachen. Sie können nicht die humorvolle Seite sehen; es ist ihnen nicht möglich. Alle Tiere sind ernste Leute. Und alle ernsten Leute sind Tiere! Sobald du nicht mehr so tierisch ernst bist, verlierst du deine Tierhaftigkeit. Ein totales Lachen ist eine seltene Erscheinung. Wenn jede Zelle deines Körpers lacht, wenn jede Faser deines Wesens vor Freude vibriert, bringt es dir große Enspannung. Es gibt einige Aktivitäten, die von unschätzbarem Wert sind – Lachen ist eine davon. Singen und Tanzen haben die gleiche Wirkung, aber Lachen wirkt am schnellsten.

Lachen ist Leben, ist Liebe, ist Licht. Lachen ist in seiner reinsten Form ein Tanz deiner gesamten Energie. Wenn du wirklich total lachst, verschwindet dein Verstand. Lachen gehört nicht zum Kopf und auch nicht zum

Herzen. Wenn man richtig lacht – aus dem Bauch heraus, wie man so sagt – dann kommt es aus deinem tiefsten Wesenskern, wie Wellen, die aus deinem Zentrum an die Peripherie schwappen. Wenn du einen Stein in einen stillen See wirfst, entstehen Wellen, die sich zum Ufer hin bewegen; genauso kommt ein wirkliches Lachen aus deinem Zentrum und bewegt sich zu deiner Peripherie. Es ist fast wie ein Erdbeben. Jede einzelne Zelle deines Körpers, jede Faser deines Wesens tanzt im Einklang damit.

Langeweile ⇢

Langeweile bedeutet einfach, dass die Art, wie du lebst, nicht stimmt. Warum langweilt man sich? Man langweilt sich, weil man nach toten Mustern gelebt hat, die einem von anderen vorgegeben wurden. Verzichte auf diese Muster, komm aus diesen Mustern heraus! Beginne dein eigenes Leben zu leben. Wahrscheinlich folgst du den Vorstellungen anderer, machst alles richtig, tust alles so, wie man es tun sollte. Das sind die Grundsteine für Langeweile. Die ganze Menschheit ist gelangweilt, weil jemand, der Mystiker hätte sein können, Mathematiker geworden ist; jemand, der ein guter Mathematiker geworden wäre, ist Politiker geworden; jemand, der ein guter Dichter geworden wäre, ist Geschäftsmann geworden. Jeder ist irgendwo anders; niemand ist da, wo er sein sollte. Man muss etwas riskieren. Langeweile kann in einem einzigen Moment verschwinden, wenn du bereit bist, etwas zu riskieren.

Leben ⇢

Ich sage dir: Das Leben ist die einzige Wahrheit, die es gibt. Es gibt keinen anderen Gott als das Leben. Lass dich deshalb vom Leben in Besitz nehmen – in all seinen Formen, Farben und Dimensionen, von dem ganzen Regenbogen, von allen Tonarten seiner Musik. Wenn du diese einfache Sache schaffst... Es ist einfach, weil es nur darum geht loszulassen. Stemme dich nicht gegen den Fluss, sondern lass dich vom Fluss zum Meer tragen. Er ist schon auf dem Weg. Entspanne dich einfach. Sei nicht angespannt und versuche nicht hochgeistig oder spirituell zu sein. Mache keine Trennung zwischen Materie und Geist. Die Existenz ist eins. Materie und Geist sind nur zwei Seiten derselben Medaille. Entspanne dich, ruhe aus und gehe mit dem Fluss.

Sei wie ein Spieler anstatt wie ein Geschäftsmann, und du wirst Gott eher erfahren, denn nur ein Spieler geht Risiken ein. Der Spieler ist nicht berechnend; er kann alles aufs Spiel setzen, was er hat. Und dann die prickelnde Erregung des Spielers, wenn er alles aufs Spiel setzt und wartet... Was wird jetzt passieren? Genau in solch einem Moment kann sich ein Fenster öffnen. Genau dieser Moment kann zur Transformation der inneren Gestalt führen. Sei wie ein Trunkenbold – trunken vom Leben, vom Wein der Existenz. Bleibe nicht nüchtern. Der Nüchterne bleibt tot. Trinke vom Wein des Lebens – er enthält so viel Poesie, so viel Liebe, so viel Saft! Du kannst in jedem Moment den Frühling kommen lassen. Rufe den Frühling einfach herbei und lass Sonne, Wind und Regen in dich eindringen.

Leere →

Immer wenn wir das Wort „leer" hören, denken wir an etwas Negatives. In der Sprache Buddhas ist Leere nicht negativ. Leere ist absolut positiv, viel positiver als das, was man Fülle nennt. Denn diese Leere ist gefüllt mit Freiheit – alles andere ist fort. Sie ist gefüllt mit Raum – alle Grenzen sind fort. Sie ist grenzenlos, und nur im grenzenlosen Raum ist Freiheit möglich. Buddhas Leere ist keine gewöhnliche Leere. Sie ist nicht nur die Nichtanwesenheit von etwas, sondern die Anwesenheit von etwas Unsichtbarem. Wenn du zum Beispiel dein Zimmer ausräumst, dann wird der Raum, während du die Möbel, die Bilder und alles aus dem Zimmer räumst, einerseits immer leerer, weil keine Möbel, keine Bilder und keine Sachen mehr da sind, aber andererseits wird er mit etwas Unsichtbarem gefüllt. Dieses Unsichtbare ist Geräumigkeit, Raum – der Raum wird größer. Je mehr du wegnimmst, desto größer wird das Zimmer. Und wenn du alles fortnimmst, sogar die Wände, dann ist der Raum so groß wie der Himmel. Das ist alles, was bei Meditation geschieht. Du entfernst alles, entfernst dich selbst so total, dass nichts mehr zurückbleibt – nicht einmal du selbst. In dieser totalen Stille ist Freiheit.

Lehrer →

Ein Lehrer ist jemand, der geborgtes Wissen weitergibt. Er weiß nichts, er hat nichts davon selbst erfahren, mit ihm ist nichts geschehen, aber er hat davon gehört, davon gelesen. Er hat die Fähigkeit, es mit Worten intellektuell weiterzugeben. Er ist kommunikationsfähig.

Ein perfekter Lehrer ist jemand, der weiß, dass er nichts weiß. Der gewöhnliche Lehrer vergisst das, er neigt dazu, es zu vergessen. Er glaubt langsam selbst an das, was er andere lehrt. Er ist nicht nur ein Betrüger, er betrügt sich auch selbst. Er lebt in einem tiefen autohypnotischen Schlaf. Erst überzeugt er andere, und wenn die anderen überzeugt sind, wird er angesichts ihrer Überzeugung selbst davon überzeugt.

Leiden →

Wachstum an sich ist nicht leidvoll. Das Leiden kommt von deinem Widerstand gegen das Wachstum. Leiden wird von dir selbst erzeugt, weil du dich ständig widersetzt, du lässt es nicht geschehen. Du hast Angst, dich ganz darauf einzulassen, du lässt dich nur halbherzig darauf ein. Deshalb leidest du – weil du getrennt bist, weil du gespalten bist. Ein Teil von dir macht mit, und ein Teil von dir ist dagegen, widersetzt sich. Dieser innere Konflikt verursacht Leiden. Gib also die Vorstellung auf – und viele haben diese Vorstellung – dass man leiden muss, wenn man wachsen will. Das ist blanker Unsinn. Wenn du total kooperierst, gibt es gar nichts zu leiden. Wenn du loslassen kannst, wirst du dich freuen anstatt zu leiden. Dann wird jeder Augenblick ein Glücksmoment, ein Segen sein.

Liebe →

Man kann die ganze Welt lieben. Liebe sollte nie besitzergreifend sein. Sie sollte nicht exklusiv, sonder immer inklusiv sein. Erst wenn deine Liebe inklusiv ist, weißt du, was Liebe ist. Solange Liebe exklusiv ist –, exklusiv für eine bestimmte Person – engst du sie so sehr ein, dass du sie abtötest. Du zerstörst sie in ihrer Unendlichkeit. Du versuchst, den ganzen Himmel in einen kleinen Raum zu stecken. Dieser kleine Raum kann sie nicht aufnehmen.

Man sollte in Liebe sein. Liebe sollte keine Beziehung sein, sondern ein Seinszustand. Und immer wenn du eine oder einen liebst, liebst du durch das Eine alles. Wenn dir Liebe wirklich widerfahren ist, dann merkst du plötzlich, dass du anfängst Bäume, Vögel, den Himmel und alle Menschen zu lieben. Wenn du dich in einen Mann oder in eine Frau verliebt hast, was ist eigentlich passiert? Wenn du dich in eine Frau verliebst, hast du dich in alle Frauen verliebt. Diese eine Frau ist nur stellvertretend; die eine Frau ist nur ein Beispiel für alle Frauen, die es je auf der Welt gegeben hat und die es je geben wird. Diese eine Frau ist nur eine Tür zur Weiblichkeit. Aber die Frau ist nicht nur eine Frau; sie ist auch ein Mensch. Und sie ist nicht nur ein Mensch, sondern auch ein Wesen. Also hast du dich in alle Wesen verliebt. Wenn du dich wirklich verliebst, wirst du staunen, dass deine Liebesenergie für alles freigesetzt wird. Das ist wahre Liebe.

Besitzende Liebe ist nicht wahre Liebe. Sie ist so winzig; sie erstickt sich selbst und erstickt auch den anderen. Aber so ist es bis heute immer gewesen: Die umfassende, die inklusive Liebe ist uns niemals beigebracht worden, nur die exklusive Liebe.

Logik ⇢

Die Logik glaubt an zwei Kategorien: das Bekannte und das Unbekannte. Was heute unbekannt ist, wird morgen bekannt sein. Was heute bekannt ist, war gestern unbekannt. Der Unterschied zwischen dem Bekannten und dem Unbekannten ist also nicht sehr groß; sie gehören eigentlich zur selben Kategorie. Die Logik glaubt nicht an das Unbegreifbare – und das Unbegreifbare ist das eigentliche Herz des Lebens, der eigentliche Herzschlag des Universums.

Ich bin nicht gegen Logik. Benutze sie, denn sie ist eine gute Strategie, was die weltlichen Dinge betrifft, was das alltägliche Leben, die Welt an der Oberfläche betrifft. Achte jedoch darauf, dass du sie nicht in die tieferen Schichten des Lebens und der Erfahrung mitnimmst. Dort ist sie ein Hindernis. Logik bedeutet den Verstand einzusetzen. Der Verstand ist hilfreich, um die objektive Welt zu verstehen. Der Verstand ist ein Hindernis, wenn man die subjektive Welt verstehen will, denn die subjektive Welt ist jenseits des Verstands, hinter dem Verstand. Du kannst deine Augen benutzen, um andere zu sehen, aber du kannst deine Augen nicht benutzen, um dich selbst zu sehen. Wenn du dich durch deine eigenen Augen sehen willst, musst du einen Spiegel benutzen. In einen Spiegel zu schauen bedeutet, dass du eine Reflexion deiner selbst erzeugst, die du nicht bist – mit Sicherheit bist du es nicht. Aber du kannst die Spiegelung sehen. Logik sieht nur die gespiegelte Pracht der Existenz. Die Existenz selbst kann man mit Logik nicht sehen, da die Existenz sehr viel tiefer geht als alle logischen Formulierungen.

Lotus →

Die Lotusblüte ist eines der größten Wunder in der Existenz. Deshalb ist sie im Osten zum Symbol der geistigen Transformation geworden. Buddha sitzt auf einer Lotusblüte; Vishnu steht auf einer Lotusblüte. Warum eine Lotusblüte? Weil der Lotus eine sehr symbolische Bedeutung hat: Er wächst aus dem schmutzigen Schlamm heraus. Das ist ein Symbol für Transformation; es ist eine Metamorphose. Der Schlamm ist schmutzig, vielleicht stinkend. Die Lotusblüte ist duftend und rein – und ist aus dem stinkenden Schlamm gekommen.

Lotussitz →

Als Buddha erleuchtet wurde, saß er in einer bestimmten Haltung, dem Lotussitz. Jeder kann im Lotussitz sitzen. Wenn du aus dem Osten kommst, ist es ganz einfach; wenn du aus dem Westen kommst, musst du sechs Monate lang üben. Das ist alles – dann kann man im Lotussitz sitzen. Aber das macht dich noch nicht zum Buddha. Du kannst ihn ganz einfach nachahmen. So gibt es Nachahmer auf der ganzen Welt. Geh und sieh dir Jaina-Mönche an: Sie sind perfekt im Nachahmen. Aber sonst ist nichts da. Erleuchtung ist immer neu, immer frisch. Sie ist niemals Nachahmung, keine Kopie, sondern immer das Original.

Loyalität →

Anstelle von Liebe und Vertrauen haben wir einen falschen Wert geschaffen: die Loyalität. Ein loyaler Mensch kümmert sich nur oberflächlich um Liebe. Er geht durch alle Gesten der Liebe, aber er meint damit nichts. Sein Herz bleibt außerhalb dieser Gesten. Ein Sklave ist loyal, aber glaubst du, dass jemand, der ein Sklave ist, der in seiner Menschlichkeit so herabgesetzt ist, dessen ganze Würde und Stolz weggenommen wurde, jemanden lieben kann, der ihm so tiefen Schaden zugefügt hat? Er hasst ihn, und wenn er die Gelegenheit hat, kann er ihn töten. Aber an der Oberfläche wird er loyal bleiben – gezwungenermaßen. Er ist nicht loyal, weil es ihm Freude macht, sondern weil er Angst hat. Er ist es nicht aus Liebe, sondern weil sein Denken so geprägt ist, dass er gegenüber seinem Herrn loyal sein muss. Es ist die Loyalität eines Hundes zu seinem Herrn.

Lügen →

Wir leben in Lügen. Wir reden von der Wahrheit, aber wir leben in Lügen. Über die Wahrheit zu reden ist im Grunde nur ein Deckmäntelchen, um die Lügen in unserem Leben zu verbergen. Und wir haben uns so daran gewöhnt, sind so geschickt darin, dass uns diese Lügen nicht einmal mehr bewusst sind. Wir spielen diese Spiele absolut unbewusst. Es ist nicht einmal absichtlich, sondern einfach nur zur Gewohnheit geworden. Beginne darauf zu achten, wann du lügst, und lass es dann gleich sein. Du wirst erstaunt sein, wenn du feststellst, dass wir eigentlich den ganzen Tag lang lügen, manchmal mit einem Motiv, aber meistens ohne jedes Motiv – ganz ohne Grund! Es ist einfach zu unserer zweiten Natur geworden. Jemand kommt vorbei, und du lächelst. Das Lächeln ist meistens eine Lüge – höflich, formell, aber trotzdem eine Lüge. Du sagst etwas zu jemandem – vielleicht sind es nur gute Umgangsformen, aber trotzdem lügst du. Höre allmählich mit all diesen Formalitäten auf, und du wirst merken, dass eine große Veränderung stattfindet. Denn die Energie, die in den ganzen Lügen steckte, wird freigesetzt, und nur diese Energie kann zu deiner Wahrheit werden.

Lüsternheit →

Lüstern ist man, wenn Sex im Mittelpunkt steht. Man hat keinen Sinn für Schönheit, keinen Sinn für Ästhetik. Kannst du dir vorstellen, dass ein Mann mit einem Sinn für Ästhetik zu einer Prostituierten geht? Kannst du dir vorstellen, dass ein Mann mit einem Sinn für Ästhetik eine Frau vergewaltigt? Es ist ausgeschlossen. Er würde nicht einmal eine Frau in der Menge anfassen oder ihren Körper so berühren, als ob er sie nicht berühren wollte, als sei es zufällig passiert. Wenn er es tut, hat er keine Liebe, keine Sensibilität, keine Empfindsamkeit. Er ist einfach lüstern. Lüsternheit bedeutet, dass du den anderen Menschen überhaupt nicht respektierst. Du hast eine tiefe, unterdrückte Begierde, eine verdrängte Sexualität, die dann verdreht zum Vorschein kommt. Dann sind deine Augen vor lauter Sexualität verschleiert; dein Blick ist nur noch sexuell gefärbt.

M

Mantra →

Ein Mantra zu rezitieren betäubt nur deinen Verstand. Jede Wiederholung betäubt den Verstand, macht dich dumm und stumpfsinnig. Wenn du in einem fort ein Mantra rezitierst, wird deine Sensibilität abgetötet; es führt zu Langeweile und schläfert dein Bewusstsein in einer bestimmten Weise ein. Du wirst eher unbewusster als bewusster, du schlummerst langsam ein. Mütter wissen seit jeher, dass sie ein Kind, wenn es unruhig ist und nicht einschlafen kann, mit einem Wiegenlied in den Schlaf singen müssen. Ein Wiegenlied ist ein Mantra. Die Mutter wiederholt etwas immer wieder und wieder, und dem Kind wird langweilig. Die ständige Wiederholung erzeugt eine Atmosphäre der Monotonie. Das Kind kann nirgendwohin entkommen – die Mutter sitzt an seinem Bett und wiederholt ein Wiegenlied. Das Kind kann nicht weglaufen; das Kind kann nicht sagen: „Halt die Klappe!“ Es muss zuhören. Die einzige Fluchtmöglichkeit, die es hat, ist einzuschlafen, also versucht es das – um diesem Wiegenlied zu entkommen und um dieser Mutter zu entkommen! Ein Mantra funktioniert genauso.

Du wiederholst ein bestimmtes Wort und versetzt dich damit selbst in einen Zustand von Monotonie. Jede Monotonie betäubt einen; jede Monotonie macht dich abgestumpft und sie zerstört deinen Scharfsinn. Man hat es auf alle möglichen Arten versucht: Auf der ganzen Welt hat man in den alten Klöstern – ob christlich, hinduistisch oder buddhistisch – denselben Trick in noch größerem Umfang ausprobiert. Das Leben in einem Kloster ist reine Routine, es ist absolut vorgegeben. Jeden Morgen muss man um drei Uhr oder fünf Uhr früh aufstehen, und dann fängt immer derselbe Zyklus an. Dann muss man den ganzen Tag dieselbe Tätigkeit ausüben – sein ganzes Leben lang. So zieht man ein Mantra über sein ganzes Leben hinweg, man macht es zur Routine. Wenn jemand immer wieder dasselbe tut, ähnelt er mit der Zeit einem Schlafwandler. Es spielt keine Rolle, ob er wach ist oder schläft, er kann seine leeren Gesten und leeren Bewegungen einfach weitermachen. Er ist nicht mehr in der Lage, zwischen Schlafen und Wachen zu unterscheiden.

Wenn man die alten Klöster besucht, kann man den Mönchen beim Schlafwandeln zusehen. Sie sind zu Robotern geworden. Ob sie am Morgen aufstehen oder schlafen gehen, macht keinen Unterschied – alle Bereiche gehen ineinander über. Und jeden Tag ist es genau dasselbe. Das Wort „monoton“ und das englische Wort *„monastery“* (Kloster) stammen ja von derselben Wurzel. Sie bedeuten dasselbe. Du kannst dein Leben so monoton gestalten, dass du keine Intelligenz dazu benötigst.

Und wenn keine Intelligenz benötigt wird, stumpft man ab, und wenn man abstumpft, empfindet man natürlich einen gewissen Frieden, eine gewisse Stille – aber sie ist nicht real; sie ist unecht. Echte Stille ist sehr lebendig, pulsierend, positiv. Sie ist voller Energie, sie ist intelligent, bewusst, voller Leben, voller Schwung – voller Enthusiasmus.

Materialismus →

Betrachte Materialismus und Spiritualität niemals als Antagonismen. Sie gehören zusammen wie Körper und Geist. Bleibe materialistisch und benutze deinen Materialismus als Sprungbrett zur Spiritualität. Das stiftet viel Verwirrung im Kopf der Menschen, weil sie immer gedacht haben, Armut sei etwas Spirituelles. Das ist völliger Unsinn. Armut ist das Unspirituellste auf der Welt. Ein Armer kann nicht spirituell sein. Er kann es versuchen, aber seine Spiritualität wird an der Oberfläche bleiben. Er ist noch nicht vom Reichtum desillusioniert – wie soll er da spirituell sein? Eine große Desillusionierung ist nötig, die große Desillusionierung von der äußeren Welt. Erst dann geht man nach innen. Du wendest dich erst an einem ganz bestimmten Punkt nach innen, und zwar dann, wenn du von allem Äußeren völlig desillusioniert bist – wenn du die Welt gesehen hast, wenn du die Welt erlebt hast, wenn du erfahren bist und gelernt hast, dass nichts daran ist: nichts als Seifenblasen und flüchtige Erfahrungen. Sie versprechen viel, bringen dir aber nichts, und am Ende stehst du nur mit leeren Händen da.

Meditation ⇢

Im Osten versteht man unter dem Wort Meditation nicht das, was man im Westen darunter versteht. Im Westen bedeutet Meditation Betrachtung: Man meditiert über Gott, über die Wahrheit, über die Liebe. Die Leute fragen mich manchmal: „Du sagst, wir sollen meditieren, aber worüber?" Wenn ihr *über* etwas meditiert, meditiert ihr nicht, weil ihr euch wieder auf etwas außerhalb von euch selbst konzentriert: auf die Liebe, auf die Wahrheit oder Gott – es macht keinen Unterschied.

Im Osten hat Meditation eine ganz andere Bedeutung – genau das Gegenteil von der Bedeutung, die es im Westen hat. Im Osten bedeutet Meditation *kein* Objekt im Geist, *keinen* Inhalt im Geist zu haben; nicht über etwas zu meditieren, sondern alles loszulassen.

Neti, neti – weder dies noch das. Meditation heißt leer zu werden – von jeglichem Inhalt. Wenn sich kein Gedanke in dir regt, tritt Stille ein – diese Stille ist Meditation. Nicht einmal eine winzige Welle kräuselt sich auf dem See deines Bewusstseins – dieser stille See, vollkommen still, ist Meditation. Und in dieser Meditation wirst du erkennen. Du wirst erkennen, was Wahrheit ist, du wirst erfahren, was Liebe ist, du wirst erfahren, was Göttlichkeit ist. Nicht indem du über Gott meditierst … Verstehe, worauf es ankommt: Wie kannst du über Gott meditieren? Du weißt ja gar nichts von Gott. Dein ganzes Meditieren kann also nichts anderes als Fantasie sein, eine Übung im Fantasieren. Du kennst die Wahrheit nicht – worüber willst du dann meditieren? Über irgendeine Idee, die du von anderen bekommen hast, über irgendeine Glaubensvorstellung, irgendein

Konzept? Das wird dir nicht weiterhelfen. Werde zu Meditation! Erst dann wird sich dir in der Meditation die Wahrheit, Göttlichkeit und Liebe offenbaren – alles, was raum- und zeitlos ist.

Meditation ist einfach die Freude an deiner eigenen Präsenz; Meditation ist die Freude an deinem eigenen Sein. Es ist ganz einfach: ein ganz entspannter Bewusstseinszustand, in dem du gar nichts tust. Sobald dein Tun hinzukommt, wirst du angespannt: Sofort kommt Angst auf. Wie soll ich es tun? Was soll ich tun? Wie soll ich es schaffen? Wie kann ich nicht versagen? Dann hast du dich schon in die Zukunft versetzt. Meditation bedeutet, einfach nur zu sein, nichts zu tun – kein Handeln, kein Denken, keine Emotion. Du bist einfach nur. Und das ist die reinste Freude. Woher kommt aber diese Freude, wenn du gar nichts tust? Sie kommt von nirgendwo her oder sie kommt von überall her. Sie ist grundlos, denn die Existenz besteht aus dem Stoff, den man Freude nennt. Sie braucht keine Ursache, keinen Grund. Wenn du unglücklich bist, hast du einen Grund, unglücklich zu sein. Wenn du glücklich bist, bist du einfach glücklich – ganz ohne Grund. Dein Verstand versucht, einen Grund zu finden, weil er nicht an etwas Grundloses glauben kann, weil er etwas Grundloses nicht kontrollieren kann. Etwas Grundlosem gegenüber ist der Verstand einfach machtlos. Also versucht er weiter, den einen oder anderen Grund zu finden. Ich möchte dir jedoch sagen, dass du, wenn du glücklich bist, völlig grundlos glücklich bist, während du, wenn du unglücklich bist, einen Grund dafür hast, unglücklich zu sein. Glücklichsein ist der

Stoff, aus dem du gemacht bist. Es ist dein wahres Sein, es ist dein tiefster Wesenskern. Freude ist dein innerstes Wesen.

Metaphysik →

Bei einem jiddischen Theaterstück fällt plötzlich der Vorhang und der Theaterdirektor tritt ganz aufgelöst vor die Bühne. „Meine Damen und Herren", sagt er, „ich bin zutiefst betrübt, Ihnen mitteilen zu müssen, dass unser großer, heiß geliebter Schauspieler Mendel Kalb in seiner Garderobe soeben einem tödlichen Herzinfarkt erlegen ist und wir das Stück nicht fortsetzen können." Da erhebt sich eine stattliche Frau mittleren Alters vom Balkon und ruft: „Schnell! Geben Sie ihm etwas Hühnersuppe!" Erstaunt sagt der Direktor darauf: „Gnädige Frau, ich sagte, es war ein tödlicher Herzinfarkt. Der große Mendel Kalb ist tot." Doch die Frau wiederholt: „Dann machen Sie schnell! Gebt ihm Hühnersuppe!" Der Direktor wiederholt es noch einmal: „Gnädige Frau! Der Mann ist tot! Wie soll Hühnersuppe da helfen?" Und die Frau ruft zurück: „Wie soll sie schaden?"
So ist es mit der Metaphysik! Man kann höchstens ein Argument dafür finden: Sie kann keinen Schaden anrichten. Sie ist wie Hühnersuppe für einen toten Mann. Sie bringt nichts Gutes. Sie bringt nämlich gar nichts: nur Worte, nichts als Worte. Aber natürlich auch kein Schaden. Es ist ein so sinnloses Unterfangen, dass sie nicht einmal Schaden verursachen kann.

Mind →

Der *Mind* ist das Einzige, was du kennst, das Einzige, was du erfahren hast – das Einzige, was bereits tot ist: Der *Mind* ist der tote Teil deines Seins. Du schleppst ihn immer mit dir herum. Er lässt dich nicht wirklich hier sein, er lässt dich nicht in der Gegenwart sein. Der *Mind* ist die Vergangenheit, das Tote, von dem das Lebendige überschattet wird. Er ist wie eine Wolke, die dich einhüllt. Du kannst nicht durch sie hindurch sehen, deine Sicht ist verschwommen, alles ist verzerrt. Lass diese Wolke ziehen. Bleibe ohne Antworten, ohne Schlussfolgerungen, ohne Philosophien, ohne Religionen. Bleibe offen, einfach nur offen. Bleibe verletzlich, und die Wahrheit kann sich dir offenbaren. Verletzlich zu sein bedeutet intelligent zu sein. Zu wissen, dass du nichts weißt, bedeutet intelligent zu sein. Zu erkennen, dass du durch den *Mind* die Realität nicht erkennen kannst, bedeutet intelligent zu sein. Und zu erkennen, dass sich im Zustand von *No-Mind* eine Türe öffnet, bedeutet intelligent zu sein. Ansonsten ist *Mind* dasselbe wie Dummheit.

Mitgefühl →

Nur Mitgefühl ist wirkliche Therapie, denn die Ursache von allem, was am Menschen krank ist, ist der Mangel an Liebe. Alles, was mit dem Menschen nicht stimmt, hat irgendwo etwas mit Liebe zu tun. Er ist nicht in der Lage zu lieben beziehungsweise ist nicht in der Lage, Liebe zu empfangen. Er ist nicht in der Lage sein Dasein mit anderen zu teilen. Das ist das ganze Unglück. Dadurch entstehen in seinem Inneren alle möglichen Komplexe. Diese inneren Wunden können auf verschiedene Weise zutage treten: Sie können zu einer körperlichen Krankheit werden oder sie können zu einer geistigen Krankheit werden – doch tief darunter leidet der Mensch an einem Mangel an Liebe. Genau wie der Körper Nahrung braucht, so braucht die Seele Liebe. Der Körper kann ohne Essen nicht überleben, und die Seele kann ohne Liebe nicht überleben.

Mitläufer →

Alle Mitläufer sind wie verlorene Kinder. Es kommt immer wieder vor, dass selbst hoch intellektuelle Menschen nicht intelligent leben. Martin Heidegger, einer der größten Intellektuellen unserer Zeit, war ein Anhänger Adolf Hitlers. Erst nach der Niederlage Hitlers, nachdem seine Bestialität, seine Brutalität, Gewalttätigkeit und Mordlust entlarvt worden war, schreckte auch Heidegger zurück und sagte: „Ich bin nur dem Führer der Nation gefolgt."
Ein Mitläufer sucht nur nach Mitteln und Wegen, um sich selbst zu schützen, um sich sicher zu fühlen. Ein Mitläufer versucht, die Verantwortung einfach auf jemand anderen abzuwälzen. Er versucht eine Gruppe zu finden, wo er sich verlieren kann und seine Angst nicht mehr spürt, wo er nicht allein ist. Er sucht einfach Gesellschaft. Er kann nicht allein sein. Er hat Angst vor dem Alleinsein. Er kann sich selbst nicht trauen. Ein Mitläufer hat kein Vertrauen zu sich selbst. Ein Mitläufer ist niemals bereit Unsicherheit zu spüren. Er geht zu

einem Guru, zu einem Meister, um Schutz zu suchen, um unterzukommen, um sich hinter ihm zu verstecken. Er sucht nach einer Vaterfigur.

Mönch ⇢

Das Wort Mönch bezeichnet jemanden, der allein lebt, der vor den Menschen flieht. Dabei ist es gerade die Beziehung zu anderen, die uns Gelegenheit gibt zu wachsen, gerade die Liebe ist die Herausforderung zu wachsen, gerade Freundschaft bringt echte Würze ins Leben. Es ist das Leben mit all seinen Abenteuern und Herausforderungen, das einem hilft, reif und integer zu werden. Mönche sind zurückgeblieben; sie bleiben dumm. Sie müssen auch dumm bleiben, weil sie aus dem Erdboden des Lebens herausgerissen sind. Sie sind höchstens Treibhauspflanzen. Wenn man sie in die Welt hinausbrächte, würden sie sofort schrumpfen und sterben. Sie haben Angst vor Menschen und zittern ständig – aus Angst vor der Hölle, die es nicht gibt, und aus Gier nach dem Himmel, den es nicht gibt. Und zwischen Himmel und Hölle versäumen sie alles, was es gibt.

Moral ⇢

Ein moralischer Charakter ist nur etwas, was dir von anderen übergestülpt worden ist. Er ist nicht wirklich religiös. Es ist eine Form von Beherrschung, eine Form von Versklavung, weil du selbst noch nicht verstanden hast, was Recht und was Unrecht ist. Es ist dir nur von anderen gesagt worden. Du weißt nicht wirklich, ob das,

was du als „moralisch“ bezeichnest, moralisch oder unmoralisch ist.
In einem Gesellschaftssystem gilt etwas als moralisch, und in einem anderen Gesellschaftssystem gilt dasselbe als unmoralisch. Schau dich auf der Welt um, erweitere deinen Horizont ein wenig, und du wirst staunen: Es gibt so viele Arten von Moral. Wie kann es nur so viele Arten von Moral geben? Recht ist Recht, und Unrecht ist Unrecht! Es darf doch eigentlich nicht unterschiedliche Arten von Moral geben! Es kann unmöglich eine Hindu-Moral oder eine muslimische Moral oder eine Jaina-Moral geben – und doch gibt es verschiedene Arten von Moral. Das zeigt, dass alle Moralvorstellungen erfunden sind – erfunden von verschiedenen Gesellschaftssystemen, um den Einzelnen zu beherrschen, aus denen sich diese Gesellschaftssysteme zusammensetzen. Es ist eine Strategie, um das Individuum einzuschränken.

Morgen ⇢

Es bleibt nicht viel Zeit; du hast nicht viel Zeit. Schiebe nichts auf! Jetzt ist der Moment. Sage nicht: „Morgen!“ – Morgen ist ein Trugbild. Sei jetzt wachsam, sei jetzt wach, in diesem Moment. Dann kommt Gelassenheit, dann kommt Ruhe. Und mit einem Mal bist du entspannt und hast Kontakt mit deinem Ursprung, und du bist zu Hause angekommen. Das ist das Zuhause, das du seit so vielen Leben gesucht hast. Die eigentliche Methode deiner Suche war falsch, du hast es dir als Ziel gesetzt. Aber es ist nicht das Ziel – es ist der Ursprung.

Musik →

Die ersten Musiker – die Pioniere – haben ursprünglich gar nicht versucht Musik zu machen. Sie haben versucht einen Weg zu finden, um die Stille, die Schönheit, die Ruhe und die Sanftheit zu vermitteln, die sie in ihrer Meditation erfahren hatten. Sie arbeiteten auf vielen Ebenen. Im Grunde haben alle Künste ihren Ursprung in Meditation, aber Musik kommt ihr am nächsten, weil Musik nur ein Spiel zwischen Klängen und Stille ist. Für einen gewöhnlichen Musiker ist der Klang wichtig. Für einen meisterhaften Musiker ist Stille wichtig. Er benutzt den Klang nur, um Stille hervorzubringen. Er lässt den Ton hoch ansteigen und ihn dann so plötzlich verstummen, dass man in tiefe Stille hineinfällt.

Mut →

Mut bedeutet, das Bekannte für das Unbekannte aufs Spiel zu setzen, das Vertraute für das Unvertraute, das Bequeme für eine unbequeme, anstrengende Pilgerreise mit unbekanntem Ziel. Man weiß nie, ob man in der Lage sein wird es zu erreichen. Es ist wie beim Glücksspiel. Doch nur wer ein Spieler ist, weiß, was Leben ist.

Mutterschoß →

Es gibt Leute, die den Schoß ihrer Mutter nie verlassen. Selbst wenn sie sterben, brauchen sie immer noch die Gegenwart anderer, sie brauchen Kontakt, Beziehungen. Sie haben den Mutterleib nie verlassen. Körperlich sind sie vor vielen, vielen Jahren herausgekommen... Heute ist der Mensch vielleicht achtzig, neunzig Jahre alt. Vor neunzig Jahren war er aus dem Schoß seiner Mutter herausgekommen, doch die ganzen neunzig Jahre brauchte er Berührung, war er ständig auf der Suche, begierig nach Körperkontakt. Er hat sich in seinen Träumen die ganze Zeit nach dem verlorenen Mutterschoß gesehnt. Angeblich fällt jeder Mann, wenn er sich in eine Frau verliebt, zurück in den Schoß der Mutter – egal was er sich dabei denkt; das spielt keine Rolle. Und vielleicht – eigentlich ist es fast sicher, aber ich sage „vielleicht", weil es eine Hypothese ist, die noch nicht wissenschaftlich bewiesen ist –, vielleicht ist der Drang, in den Körper der Frau einzudringen, der sexuelle Drang, nichts anderes als ein Ersatz dafür, wieder in den Mutterleib einzudringen. Die ganze Sexualität ist vielleicht ein Versuch, wieder in den Schoß der Mutter zurückzukehren. Und alles Bemühen des Menschen, seinem Körper Bequemlichkeit zu verschaffen – so sagen die Psychologen – ist nur ein Versuch, sich draußen wieder einen Mutterschoß zu erschaffen. Seht euch einen gemütlichen Raum an: Wenn er wirklich gemütlich ist, muss er etwas mit dem Mutterleib gemeinsam haben: die Wärme, die Geborgenheit, Seide und Samt – die Berührung mit der Haut der Mutter von innen. Die Kissen, das Bett – all das gibt dir nur dann ein Gefühl von Behaglichkeit, wenn es irgendwie dem Mutterleib ähnlich ist.

Mittlerweile gibt es kleine Tanks, die an den Mutterleib erinnern. In diese Tanks wird lauwarmes Wasser gefüllt, das genau dieselbe Temperatur hat wie im Mutterleib. In tiefer Dunkelheit liegt man in dem Tank, absolut behaglich, im Dunkeln – wie im Mutterleib. Sie heißen

Meditations-Tanks – *Samadhi*-Tanks. Es ist hilfreich. Man fühlt sich ganz still und wird innerlich sehr glücklich – du wirst wieder zum Kind. Ein Kind im Mutterleib schwebt in einer Flüssigkeit, die eine bestimmte Temperatur hat. Diese Flüssigkeit besteht aus allen Bestandteilen des Meeres – dasselbe Salzwasser mit denselben Bestandteilen. Aufgrund dessen haben Wissenschaftler erkannt, dass der Mensch wohl von den Fischen abstammen muss, weil selbst im Mutterleib noch das Milieu des Meeres herrscht.
Alles Wohlbehagen ist im Grunde wie der Mutterschoß. Und immer, wenn du eng umschlungen mit einer Frau zusammen liegst, fühlst du dich gut. Jeder Mann, ganz gleich wie alt er ist, wird wieder zum Kind, und jede Frau, ganz gleich wie jung sie ist, wird wieder zur Mutter. Immer wenn man sich verliebt, spielt die Frau die Rolle der Mutter und der Mann spielt die Rolle des Babys. Selbst eine junge Frau wird zur Mutter, und selbst ein alter Mann wird zum Kind.

Mysterium →

Die tiefste Wahrheit ist, dass das Leben als Ganzes, als organisches Ganzes, ein reines Mysterium ist. Es ist kein Problem, das man lösen kann; es ist keine Frage, die man beantworten kann. Kein noch so großes Wissen kann es entmystifizieren. Es wird immer ein Mysterium bleiben. Es ist kein Zufall, dass es etwas Mysteriöses ist. Man kann das Mysterium nicht vom Leben trennen – es ist seine tiefste Seele.

Mystik ⇢

Mystik ist die Erfahrung, dass das Leben nicht logisch ist, dass das Leben Poesie ist, dass das Leben kein Syllogismus ist, dass das Leben ein Lied ist. Die Mystik verkündet, dass das Leben niemals wirklich ergründet werden kann – es ist im Wesentlichen unergründlich.

Die Wissenschaft teilt die Existenz in zwei Kategorien ein: das Bekannte und das Unbekannte. Das Bekannte war einmal unbekannt – nun ist es bekannt. Heute ist das Unbekannte unbekannt, morgen oder übermorgen wird es auch bekannt sein. Die Wissenschaft glaubt daran, dass früher oder später ein Moment des Verstehens kommen wird, wo es nur noch eine Kategorie geben wird: das Bekannte. Dann wird alles bekannt sein, weil das Unbekannte allmählich auf das Bekannte reduziert wird. Doch die Mystik verkündet, dass das Leben aus drei Kategorien besteht: eine ist das Bekannte, eine weitere ist das Unbekannte und die dritte und wichtigste ist das Unergründliche: das, was noch nicht bekannt ist und was auch niemals bekannt sein wird. Und das ist die tiefste Essenz von allem.

N

Natur ⇢

Diese Zivilisation ist gescheitert, weil sie sich gegen die Natur gestellt hat. Der Mensch hat versucht, sehr überheblich mit der Natur umzugehen. Er hat versucht, die Natur zu erobern, was völlig lächerlich ist. Wir sind ein Teil der Natur! Wie können wir sie erobern? Wir sind die Natur. Die Natur zu bekämpfen, heißt uns selbst zu bekämpfen. Es ist so idiotisch und so selbstmörderisch, dass sich spätere Generationen nicht vorstellen werden können, wie wir so ein Verbrechen begehen konnten. Der Mensch muss lernen, wie er den Bäumen, dem Wald, den Bergen, dem Ozean näherkommen kann. Wir müssen lernen, uns wieder mit ihnen anzufreunden. Wir können nur mit der Natur glücklich leben, nicht gegen die Natur. In dem Moment, wo wir uns gegen die Natur wenden, wird unsere Energie der Liebe zu Hass. Wenn wir ganz harmonisch mit der Natur im Fluss sind, dann wächst und reift unsere Liebe, dann kann sie mehr integriert werden. Und das Heranreifen der Liebe ist das größte Geschenk des Lebens.

Neid ⇢

Eifersucht und Neid kommen durch Vergleichen. Und man hat uns von Anfang an beigebracht uns zu vergleichen. Man hat uns darauf getrimmt zu vergleichen, immer nur zu vergleichen. Jemand anderes hat ein besseres Haus, jemand anderes hat einen schöneren Körper, jemand anderes hat mehr Geld, jemand anderes hat eine Persönlichkeit mit mehr Ausstrahlung. Vergleiche alles, vergleiche dich ständig mit jedem, dem du begegnest, und das Ergebnis ist großer Neid. Er ist eine Nebenerscheinung unserer Erziehung des Vergleichens. Wenn du aufhörst dich zu vergleichen, verschwinden Neid und Eifersucht. Dann weißt du einfach: Du bist du und kein anderer – und du hast es nicht nötig, anders zu sein. Es ist gut, dass du dich nicht mit den Bäumen vergleichst, sonst würdest du neidisch, weil du nicht so grün bist. Es ist besser, dass du dich nicht mit Vögeln, Flüssen oder Bergen vergleichst, sonst würdest du leiden. Sich zu vergleichen ist eine sehr törichte Verhaltensweise, denn jeder ist einzigartig und unvergleichbar. Du bist nur du selbst. Niemand ist jemals wie du gewesen, und niemand wird jemals wie du sein. Und du brauchst auch gar nicht wie irgendjemand anderes zu sein.

Nein ⇢

Ein Nein gibt dir Kraft. Ein Ja gibt dir keine Kraft. Immer, wenn du Nein sagst, kannst du deine Kraft spüren. Immer, wenn du Ja sagst, kannst du Liebe spüren, kannst du Mitgefühl empfinden, aber keine Kraft. Worte haben ihre eigene Qualität – Qualitäten, die man in keinem Lexikon findet. Doch wenn man sich im wirklichen Leben in die psychologische Bedeutung der Wörter vertieft, hat jedes Wort seine einzigartige Individualität. Ein Nein ist nicht einfach eine Verweigerung – es ist eine Affirmation der Kraft.

New-Age ⇢

Die New-Age-Bewegung ist nur eine Modeerscheinung, die sich wieder auflösen wird, wie sich auch andere Bewegungen wieder aufgelöst haben. Heute sieht man keine Hippies mehr... Es ist phänomenal, wie plötzlich so viele Hippies mit einem Mal wieder verschwunden waren. Was ist aus ihrer Revolution geworden? Es war eine revolutionäre Bewegung, sie waren die Aussteiger der Gesellschaft. Warum sind sie wieder in die Gesellschaft eingestiegen? All diese Bewegungen sind sehr kurzlebig. Sie haben wunderbare Namen, aber sie haben keine radikale Philosophie anzubieten, um die Menschheit zu ändern. Die New-Age-Bewegung hat nichts Einzigartiges, was eine Transformation des Individuums bewirken könnte.

Ich gehöre keiner Bewegung an. Was ich tue, gibt es schon seit Ewigkeiten: Es begann, als der erste Mensch auf die Erde kam, und es wird bis zum letzten andauern. Es ist keine Bewegung, es ist das tiefste Wesen der Evolution. Betrachtet mich bitte nicht als Teil der New-Age-Bewegung. Das bin ich nicht. Ich bin ein Teil der ewigen Evolution der Menschheit. Die Suche nach der Wahrheit ist weder alt noch neu. Die Suche nach deinem eigenen Sein hat nichts mit Zeit zu tun – sie ist zeitlos.

Nichtsein →

Nichtsein kann entweder nur Leere sein oder eine ungeheure Fülle. Es kann negativ sein oder es kann positiv sein. Wenn es negativ ist, ist es wie Dunkelheit, wie Tod. Die Religionen haben es Hölle genannt. Es ist die Hölle, weil keine Freude darin ist, weil kein Lied darin ist, kein Herzschlag, kein Tanz. Nichts erblüht, nichts öffnet sich. Man ist einfach nur leer. Dieses leere Nichtsein hat den Menschen große Angst gemacht. Deshalb wurde Gott vor allem im Westen nie als Nichtsein bezeichnet, außer von ein paar Mystikern wie Dionysius, Meister Eckhart und Jakob Böhme. Doch sie gehörten nicht der Hauptströmung des westlichen Denkens an. Im Westen hat man sich Nichtsein immer als etwas Negatives vorgestellt. Deshalb hat man den Menschen so große Angst davor gemacht und redet ihnen immer noch ein, dass der leere Geist ein Machwerk des Teufels sei. Der Osten kennt auch den positiven Aspekt davon. Es ist einer der großartigsten Beiträge zum menschlichen Bewusstsein. Buddha würde nur lachen über die Behauptung, Leere sei ein Machwerk des Teufels. Er würde sagen: Nur in der Leere, nur im Nichtsein kann das Göttliche eintreten. Er spricht von dem positiven Aspekt.

Nirvana →

Nirvana hat zwei Bedeutungen. Es ist eines der trefflichsten Worte. Jede Sprache könnte stolz sein auf dieses Wort. Es hat zwei Bedeutungen, doch diese beiden Bedeutungen sind wie zwei Seiten derselben Medaille. Einmal bedeutet es das Ende des Egos, und außerdem bedeutet es das Ende allen Wünschens. Es geschieht gleichzeitig: Das Ego und die Wünsche sind in Wahrheit eins, sie sind untrennbar miteinander verbunden. In dem Augenblick, in dem das Ego stirbt, hören auch die Wünsche auf. Oder umgekehrt: In dem Augenblick, in dem die Wünsche transzendiert sind, ist auch das Ego transzendiert. Und wunschlos zu sein, egolos zu sein, heißt das höchste Glück zu kennen, die ewige Ekstase zu kennen.

No-Mind ⇢

Wenn der Kopf, der *Mind*, die Wirklichkeit begreifen will, muss er sich von der Vergangenheit und der Zukunft lösen. Doch wenn man sich von der Vergangenheit und der Zukunft löst, ist man nicht mehr im Kopf. Deshalb sind sich alle großen Meister der Welt einig, dass *No-Mind* das Tor zur Wirklichkeit ist. Lass dich aus dem *Mind* herausgleiten, und du wirst verstehen, was es ist.

Null ⇢

Wusstet ihr, dass der Buddhismus schon nach fünfhundert Jahren aus Indien verschwunden war? Der größte Mann in der Geschichte der Religion – und seine Religion überlebte nicht einmal fünfhundert Jahre! Nach fünfhundert Jahren war seine Religion verschwunden. Er hatte einen grundsätzlichen Fehler gemacht: Nicht, dass er die Wahrheit nicht erkannt hätte – er hatte die Wahrheit erkannt. Aber er sagte den Leuten Dinge, die er ihnen besser nicht gesagt hätte. Er sagte die Wahrheit, aber die Leute waren nicht bereit, die Wahrheit zu hören. Sie wollten eine süße Lüge hören. Er hätte ihnen besser eine süße Lüge erzählen sollen, und zwar so, dass sie gleichzeitig die bittere Wahrheit mit hinuntergeschluckt hätten. Jede Wahrheit muss mit Zuckerguss überzogen sein, sonst kann man sie nicht schlucken. Buddha predigte Folgendes: „Wenn ihr zu eurem innersten Wesen gelangt, werdet ihr euch auflösen – *Anatta*, kein Selbst, kein Sein, keine Seele. Ihr werdet nur eine Null sein, und die Null wird mit der universellen Null verschmelzen." Der höchsten Wahrheit sehr nahe, aber schonungslos erzählt.

Wer will schon eine Null werden? Die Leute waren gekommen, um ewiges Glück zu finden. Sie waren ohnehin müde, unglücklich, voller Angst oder litten unter allen möglichen geistigen Krankheiten. Und nun kommen sie zum Meister, und der Meister sagt: „Das einzige Heilmittel ist, dass ihr zur Null werdet."

Mit anderen Worten: Die Krankheit kann nur dann geheilt werden, wenn der Patient getötet wird. Wortwörtlich übersetzt bedeutet es genau das. Natürlich wird die Krankheit überwunden, wenn der Patient getötet wird, aber ihr wart gekommen, um geheilt zu werden, nicht um getötet zu werden. Innerhalb von fünf Jahrhunderten verschwand die Religion.

Das hat seine eigenen Gründe, aber der Hauptgrund war, dass es die Leute nicht schmackhaft, nicht verlockend, nicht anziehend fanden. Es war die nackte Wahrheit, aber wer will schon die nackte Wahrheit? Ich muss von Seligkeit erzählen, von Segnungen, von tausenden

Lotusblumen, die in euch erblühen. Dann glaubt ihr, dass es sich lohnt. Wenn man jeden Tag eine Stunde stillsitzt und sich in einem tausende Lotusblumen öffnen, und tausende Sonnen aufgehen, dann kann man sich in vierundzwanzig Stunden schon eine Stunde Zeit dafür nehmen.

Doch die Wahrheit ist: keine Lotusblumen, keine Sonnen – nur das reine Nichts. Und das hatte Gautama Buddha den Leuten erzählt. Die Leute folgten ihm nach, weil er eine solche Wirkung auf sie hatte, aber als er starb... Er hat große Schüler hinterlassen, und irgendwie hat sich die Bewegung fortgesetzt, aber sie wurde immer kleiner und kleiner. Und innerhalb von fünfhundert Jahren war sie aus Indien völlig verschwunden, weil sich niemand mehr dafür interessierte. Niemand wollte eine Null werden und sich dann auflösen. Da ist es besser, unglücklich zu sein, aber wenigstens gibt es jemanden, und man hat wenigstens die Hoffnung, eines Tages sein Unglück hinter sich zu lassen. Du bist arm, aber eines Tages wirst du vielleicht reich sein. Heute läuft es nicht gut, aber es gibt ja noch das Morgen. Gib nicht auf – vielleicht bringt dir der morgige Tag gute Neuigkeiten. Doch dieser Mann sagt: „Entsagt der Welt, entsagt allen Vergnügungen der Welt."

Wozu? Um eine Null zu werden?

Die Leute, die Buddha gefolgt waren, waren ihm nicht wegen seiner Worte gefolgt, sondern wegen seiner Art, zu sein. Als er ging, blieben nur seine Worte übrig, und niemand war bereit, sie sich überhaupt nur anzuhören.

Wenn man auf eine Seite die Null stellt und auf die andere Seite die Hölle, würden die Leute lieber zur

Hölle gehen – zumindest gibt es da irgendwo ein Restaurant, oder eine Disco. Irgendetwas muss es da geben, weil alle netten Leute zur Hölle gegangen sind. Nur vertrocknete sogenannte Heilige ohne Saft und Kraft kommen in den Himmel. Alle lebendigen Menschen – Dichter, Maler, Bildhauer, Tänzer, Schauspieler, Musiker –, sie alle kommen in die Hölle. Wenn man also die Wahl hat zwischen der Null und der Hölle, wird jeder, der auch nur einen Funken Intelligenz hat, sich bereitwillig für die Hölle entscheiden. Die Null…? Aus der Hölle kann man vielleicht eines Tages entkommen, vielleicht sogar bis zum Himmel kommen. Aber von der Null ist nichts übrig, nicht einmal eine Kopie – sie ist fort, fort, für immer fort.

Ich habe versucht, euch mit allen möglichen Tricks, mit Techniken, Meditationen, Geschichten, Worten, Theorien und Argumenten die Wahrheit näherzubringen. Sie sind an sich nicht wahr, aber sie weisen auf die Wahrheit hin. Wenn mein Finger zum Mond zeigt, bedeutet das nicht, dass mein Finger der Mond ist. Es bedeutet nur: Schaut auf den Mond, nicht auf den Finger – der Finger ist nicht der Mond. Wenn ihr euch am Finger festhaltet, werdet ihr sagen: „Du hast gelogen, das ist nicht der Mond." Doch ich sage selbst, dass alles, was gesagt worden ist oder gesagt werden kann, nichts als ein Hinweis ist – ein Fingerzeig. Schaut auf das Gezeigte, das Unbekannte, das Mysteriöse und macht euch auf den Weg …

O

Okkultismus →

Okkultismus ist etwas für Dumme. Gott versteckt sich nicht, Gott manifestiert sich in allem. Er ist überall zugegen: Er singt in den Vögeln, er blüht in den Blumen, er ist grün in den Bäumen und rot in den Rosen. Er atmet in dir. Er spricht durch mich und hört mir in diesem Augenblick durch euch zu. Aber ihr wollt das Offensichtliche nicht sehen. Der Mensch hat ein pathologisches Interesse am Okkulten. Okkult bedeutet das, was verborgen ist. Der Mensch will sich für das Verborgene interessieren – dabei ist gar nichts verborgen. Was Gott anbelangt, so ist nichts verborgen. Öffne einfach die Augen, und er steht vor dir. Sei still – und du hörst eine kleine, leise Stimme in dir selbst. Warum soll man sich mit Okkultismus befassen, um seine Innenwelt zu erforschen? Warum nicht direkt in die Innenwelt hineingehen? Okkultismus ist ein solcher Unsinn, ein endloser Unsinn, weil alles erfunden ist. Es ist religiöse Fiktion. Genauso wie es *Science Fiction* gibt, ist Okkultismus religiöse Fiktion. Wenn jemand Fiktionen mag, ist es ganz in Ordnung. Aber man glaubt ja auch nicht, dass man sich mit Wissenschaft beschäftigt, wenn man *Science Fiction* liest. Und man glaubt auch nicht an *Science Fiction* oder handelt gar nach so einem Glauben, sonst landet man im Irrenhaus. Okkultismus ist genauso wie *Science Fiction.* Die Leute mögen Fiktionen. Daran ist nichts verkehrt, aber man sollte nicht vergessen, dass es eine Fiktion ist. Man kann Spaß damit haben, sollte es aber nicht ernst nehmen.

Ökologie ⇢

Ökologie ist sehr gut. Tu etwas dafür, aber sorge auch für deine innere Ökologie. Denn wie ich es sehe, ist die äußere Ökologie zerstört, weil die innere Ökologie zerstört worden ist. Es ist nur ein Ergebnis. Wenn der Mensch innerlich nicht mehr ganz ist, wenn er gespalten, im Konflikt ist, wenn er innerlich wie ein kämpfender Mob, wie eine Menge ist, dann stört er auch das Gleichgewicht der Natur. Diese beiden sind miteinander verbunden. Wenn die Natur zerstört ist und natürliche Systeme zerstört sind, dann ist der Mensch erst recht zerstört. Dann beeinflusst die Natur den Menschen, und der Mensch beeinflusst wiederum die Natur – es ist ein Teufelskreis. Doch wie ich es sehe, liegt das Grundproblem irgendwo im Menschen. Wenn du innerlich entspannt bist, wenn du mit deiner eigenen Natur im Reinen bist, dann bist du auch in der Lage, die natürlichen Wirkungsweisen der Welt zu verstehen. Dann würdest du keine Probleme verursachen. Du würdest keine Distanz dazu herstellen. Du würdest sehen, dass alles miteinander verbunden ist und nichts ohne das andere sein kann… Aber das Grundproblem ist im Menschen zu suchen.

Ökonomie →

Wir kennen nur eine Art von Ökonomie, die weltliche Ökonomie. Gibst du dein Geld her, verlierst du es. Deshalb musst du es festhalten. Du musst es anderen wegschnappen. Du musst weniger geben, damit du mehr bekommst – dann gewinnst du etwas.

Die innere Ökonomie funktioniert jedoch völlig anders, sie ist das genau Gegenteil: Je mehr du gibst, desto mehr hast du. Je weniger du gibst, desto weniger hast du. Je mehr du gibst, desto mehr wirst du von der ganzen Existenz mit Segen überschüttet.

Du musst ständig geben, teilen, einfach weil es Freude macht zu teilen. Man braucht Mut dafür, aber hat man es einmal erfahren, hat man einmal die innere Mathematik begriffen, dann ist es kein Problem mehr. Für den ersten Schritt braucht man Mut, dann ist der zweite Schritt ganz leicht, und man kann Tausende von Meilen gehen. Dann ist es überhaupt kein Problem mehr. Hast du einmal erlebt, dass du mehr bekommst, je mehr du gibst, dann ist es sehr einfach. Den ersten Schritt in der Liebe kann kein Feigling machen. Man braucht einen kühnen Geist, der etwas riskieren kann, denn am Anfang ist es immer ein Risiko. Wer weiß, ob man eine Antwort darauf bekommt? Vielleicht gibst du deine Liebe, ohne dass etwas zurückkommt. Aber dieser erste Schritt muss mit Vertrauen gemacht werden, dann ist der zweite

Schritt ganz einfach, und du kannst Tausende von Meilen gehen. Dann ist es überhaupt kein Problem mehr; dann ist die Reise einfach, und das Leben wird mit jedem Schritt immer reicher.

Opfer ⇢

Ein einziger Augenblick leidenschaftlicher Liebe, leidenschaftlichen Lebens, leidenschaftlicher Stille ist kostbarer als die ganze Ewigkeit. Es geht im Leben nicht ums Überleben, sondern vielmehr darum, wie man in diesem Augenblick lebt. Der Gedanke ans Überleben, die Existenzängste geben dem Morgen viel mehr Bedeutung als dem Heute; sie bringen dich dazu, das Heute dem Morgen zu opfern. Und das Morgen kommt niemals. Immer wenn es kommt, ist heute. Dein ganzes Denken ist darauf programmiert, das Heute für das Morgen zu opfern. Auf diese Weise opferst du dein ganzes Leben. Eltern opfern ihr Leben ihren Kindern. Und die Kinder werden wiederum ihr Leben für das ihrer Kinder opfern, und so weiter und so fort. Und kein Mensch lebt jemals wirklich! Ich bin schon gegen den Gedanken, dass man irgendetwas opfern muss. Opfere nie etwas! Lebe in diesem Moment, lebe ihn total, intensiv, leidenschaftlich. Und dann geschieht ein Wunder: Wenn die Eltern ein schönes Leben hatten, wenn sie erfüllt sind, gibt diese Erfülltheit ihren Kindern den Raum, zu leben, richtig zu leben. Und mit „richtig" meine ich nicht, moralisch richtig; mit richtig meine ich „total". Sein Leben zurückzuhalten, einzuschränken, bedeutet, nicht richtig zu leben. Total zu leben, heißt richtig zu leben.

Optimismus →

Mulla Nasruddin verwirrte seine Freunde immer mit seinem ewigen Optimismus. Ganz gleich wie schlimm die Lage war, er sagte: „Es hätte schlimmer kommen können." Um ihm diese ärgerliche Angewohnheit auszutreiben, beschlossen seine Freunde, eine furchtbare Geschichte zu erfinden, dass selbst er die Hoffnung aufgeben würde. Als sie sich eines Tages an der Bar trafen, sagte einer von ihnen: „Mulla, hast du schon gehört, was George passiert ist? Als er gestern Abend nach Hause kam, fand er seine Frau im Bett mit einem anderen Mann, erschoss beide und dann sich selbst."

„Schrecklich", meinte Mulla, „aber es hätte schlimmer kommen können."

„Wie zum Teufel hätte es noch schlimmer kommen können?", fragte sein verblüffter Freund.

„Tja", sagte Mulla, „wenn es einen Tag vorher passiert wäre, wäre ich jetzt tot!"

Das Erste, was man über Pessimismus und Optimismus verstehen sollte: Sie unterscheiden sich nicht voneinander. Sie sehen unterschiedlich aus, aber man sollte sich vom Schein nicht trügen lassen. Sie sind nur zwei Pole derselben Erscheinung. Ein Pessimist kann zum Optimisten werden, und ein Optimist kann zum Pessimisten werden. Ein Pessimist ist nur ein Optimist, der auf dem Kopf steht, und umgekehrt. Es sind nicht zwei verschiedene Personen, es sind nicht zwei verschiedene Dimensionen. Denkt daran: Es lohnt sich nicht, das Zimmer zu wechseln. Geh aus beiden hinaus, unter den Himmel, wo weder Pessimismus noch Optimismus existieren. Erst wenn beide weg sind, kann man zur Ruhe kommen, weil beide falsch sind. Sieh die Situation genau an: Der Pessimist sieht immer die dunklere Seite einer Sache und leugnet die hellere Seite. Er akzeptiert nur die halbe Wahrheit. Der Optimist leugnet immer die dunklere Seite einer Sache und akzeptiert nur die hellere Seite – auch er kennt nur die halbe Wahrheit. Keiner von beiden akzeptiert die ganze Wahrheit, denn die ganze Wahrheit ist Sommer und Winter, Gott und der Teufel, Dunkel und Licht, Gut und Böse, Leben und Tod. Die ganze Wahrheit ist beides. Beide tun dasselbe: Sie leugnen eine Hälfte und akzeptieren die andere. Die andere Hälfte ist aber genauso halb wie die erste – ohne Unterschied. Wenn der Pessimist unrecht hat, hat auch der Optimist unrecht. Keiner ist bereit, die Wahrheit so zu akzeptieren, wie sie ist. Sie wählen eine Seite. Ziehe aus beiden Zimmern aus und gehe unter den offenen Himmel des Nicht-Wählens. Entscheide dich nicht für das eine oder andere. Lass die Wahrheit so sein, wie sie ist. Versuche nicht, sie dir nach deinen Launen auszumalen. Versuche die Tatsächlichkeit zu sehen – lass deine Launen aus dem Spiel. Betrachte die Dinge nicht durch die Brille der Hoffnung und oder die der Frustration. Sei nicht positiv, nicht negativ – das ist die höchste Bewusstheit, die möglich ist.

Orgasmus →

Der sexuelle Orgasmus ist die niedrigste und zugleich eine grundlegende Erfahrung von Meditation – am niedrigsten, aber grundlegend. Erst durch den sexuellen Orgasmus ist der Mensch auf die unbegrenzte Möglichkeit gestoßen, die Zeit völlig zum Stillstand zu bringen, aus der Zeit auszusteigen. Wenn man einen einzigen Augenblick aus der Zeit aussteigen kann, bedeutet es, dass man auch für immer aus der Zeit aussteigen kann. Dafür muss man Mittel und Wege finden. Und so haben sich Tantra, Yoga, Zen, Tao, der Sufismus und alle möglichen Methoden und Wege entwickelt. Sobald dem Menschen bewusst wurde, dass es eine Möglichkeit gibt, dass es ein Fenster gibt, durch das er entkommen kann, selbst wenn es nur von Zeit zu Zeit passiert...

Ab und zu ist dir wahrscheinlich bewusst geworden, dass die Zeit stillsteht. Doch die Zeit steht nur still, wenn du glücklich bist. Die Zeit steht nur still, wenn du ganz ohne Gedanken bist – bewusst, aber der Verstand ist nicht da, weil du ihn nicht beachtest, du denkst nicht. Du bist einfach nur.

Es kann geschehen, wenn du Musik hörst, es kann geschehen, wenn du einen Sonnenuntergang beobachtest, es kann beim Malen geschehen. Doch diese Erfahrungen kommen viel seltener vor, während Sex jedem und allen zugänglich ist – er ist ein biologisches Geschenk der Natur.

P

Paradies →

Jeder ist auf der Suche nach dem Paradies. Man kann es unterschiedlich nennen: *Nirvana*, Erleuchtung, *Samadhi*, das Reich Gottes, die höchste Wahrheit. Du kannst ihm immer mehr verschiedene Namen geben, und dennoch fehlt es dir. Es fehlt dir nicht deshalb, weil du aus dem Garten Eden vertrieben wurdest, sondern weil du im Garten bist und in einen tiefen traumartigen Zustand gefallen bist. Der Traum ist deine Sehnsucht, irgendwo anders hinzukommen, zu den Gipfeln zu gelangen.
Ich sage es immer wieder: Du bist bereits dort! Sitze einfach nur still und sieh dich um. Sitze still und schau nach innen. Du bist niemals woanders gewesen! Du kannst nur so sein, wie du bist. Akzeptiere es! Akzeptiere es nicht nur, sondern freue dich daran, liebe und achte dich, und der Gipfel wird sich in deinem tiefsten Herzen auftun. Und plötzlich wirst du feststellen, dass du im Garten Eden erwacht bist. Es geht nicht darum, irgendwo hinzugehen, sondern einfach nur hier zu sein.

Paradoxon →

Die Mystiker verwenden das Wort Paradoxon, nicht Widerspruch. Im Wort Widerspruch an sich liegt etwas Verurteilendes: Es ist etwas falsch, es muss etwas in Ordnung gebracht werden. Doch ein Paradoxon ist etwas völlig anderes. Nichts muss in Ordnung gebracht werden. Ein Paradoxon ist etwas Mysteriöses, schwer Fassbares, Unerklärliches. Die Existenz ist ein Mysterium. Die Mathematik kann sie nicht erfassen. Der Verstand ist ohnmächtig in seinem Versuch, sie zu verstehen, denn der Verstand kennt nur einen Weg. Der Aristotelische Weg ist der Weg des Verstandes. Und jeder, der das Leben kennt, weiß, dass Aristoteles eine Katastrophe war – die größte Katastrophe, die es je auf der Welt gab. Und er ist der Vater der modernen Philosophie, der Vater der modernen Wissenschaft! Aber es wird gegen ihn revoltiert. Die Mystiker haben immer revoltiert, und nun revoltieren die Physiker.

Perfektion →

Ich bin kein Perfektionist, denn für mich ist Perfektionismus die Wurzel aller Neurosen. Wenn die Menschheit nicht ihre Vorstellung von Perfektion aufgibt, wird sie niemals geistig gesund sein. Allein die Idee der Perfektion hat die ganze Menschheit in den Wahnsinn getrieben. Dieser Anspruch auf Perfektion bedeutet, dass man in Kategorien von Ideologie, von Zielen, Werten denkt, wie es sein sollte oder nicht sein sollte. Man muss einem bestimmten Muster entsprechen, und wenn man nicht mehr in dieses Muster hineinpasst, bekommt man ungeheure Schuldgefühle, fühlt sich als Sünder. Und das Muster ist so hoch angesetzt, dass man es unmöglich erreichen kann. Denn könnte man es erreichen, wäre es für das Ego nicht von großem Wert. Die wesentliche Eigenschaft des perfektionistischen Ideals besteht darin, dass es unerreichbar sein muss, nur dann ist es erstrebenswert. Siehst du den Widerspruch? Genau dieser Widerspruch macht dich schizophren: Du versuchst das Unmögliche, von dem du ohnehin weißt, dass es nie geschehen wird. Es liegt in der Natur der Sache selbst, dass es nicht geschehen kann. Es bleiben also nur zwei Alternativen. Die eine ist: Du bekommst Schuldgefühle. Wenn du unschuldig, einfach, intelligent bist, wirst du Schuldgefühle bekommen, und Schuldgefühle sind krankhaft. Die zweite Alternative ist: Wenn du schlau bist, wirst du scheinheilig; du tust so, als hättest du es erreicht. Du täuschst andere und versuchst sogar, dich selbst zu täuschen. Und du beginnst in Illusionen, in Halluzinationen zu leben.

Persönlichkeit →

Die Persönlichkeit ist als solche unecht. Man muss das Wort Persönlichkeit verstehen. Es kommt von Persona. Persona bedeutet Maske. In antiken griechischen Dramen trugen die Schauspieler Masken und diese Masken nannte man *Persona*, und zwar deshalb, weil der Ton hinter der Maske hervorkam. *Sona* bedeutet Ton. Das Publikum sah die Masken und hinter der Maske kam der Ton hervor. Von diesem Wort *Persona* stammt das Wort Persönlichkeit. Jede Persönlichkeit ist unecht:

Eine gute Persönlichkeit, eine schlechte Persönlichkeit, die Persönlichkeit eines Sünders, die Persönlichkeit eines Heiligen – sie alle sind unecht. Man kann eine schöne Maske tragen oder eine hässliche Maske, es macht überhaupt keinen Unterschied. Erleuchtung ist das Fallenlassen der Persönlichkeit.

Pflicht →

Immer wenn sich die Frage stellt, was man tun muss, sollte man es nur an folgendem Kriterium messen: Wenn es Freude macht, dann tu es! Und alles, was dir Freude bereitet, wird auch anderen Freude bereiten. Manchmal ist es nicht so offensichtlich, aber es ist ein fundamentales Gesetz. Was dir Freude macht, muss allen Freude machen, und was dich unglücklich macht, wird auch andere unglücklich machen – früher oder später. Sei ganz und gar von dir selbst erfüllt. Und vergiss nicht: Indem du dich selbst erfüllst, dienst du der Menschheit. Es gibt keinen anderen Dienst an der Menschheit. Alles, was im Namen der Pflicht geschieht, ist hässlich. Pflicht ist ein unanständiges Wort – meide es! Tu alles nur aus Freude, aber niemals aus Pflichtgefühl.

Philosophie →

Aristoteles sagt, dass Philosophie ihren Anfang im Staunen nimmt – nicht so im Osten. Im Osten hat nie irgendjemand behauptet, dass Philosophie ihren Anfang im Staunen nimmt. Im Osten heißt es, dass Philosophie ihren Anfang im Bewusstsein des Leidens nimmt, nicht im Staunen – in der Seelenqual des Menschen, nicht im Staunen. In der Angst des Menschen, in der Sinnlosigkeit des menschlichen Lebens und im Bewusstsein darüber nimmt Philosophie ihren Anfang. Die westliche Philosophie hat also einen gewissen Unterhaltungswert. Die östliche Philosophie ist keine Unterhaltung – sie ist Arbeit, sie ist *Sadhana.* Eigentlich gibt es in keiner Sprache der Welt eine Übersetzung für dieses indische Wort *Sadhana*, weil es nirgendwo sonst etwas Vergleichbares gegeben hat. *Sadhana* bedeutet, dass Philosophie nicht im Denken besteht, sondern im Sein. Man muss es werden, man muss es leben! Es muss dir in Fleisch und Blut übergehen, es muss dir bis in die Knochen gehen. *Sadhana* bedeutet nicht bloßes systematisches Denken, sondern eine Lebenseinstellung. Es muss zum Lebensstil werden. Was du für richtig hältst, muss zu deinem Lebensstil werden. Was du für richtig hältst, muss gelebt werden. Das ist der einzige Beweis dafür, dass du es für richtig hältst. Wenn du etwas für richtig hältst, aber nicht danach lebst, hältst du andere zum Narren und hältst auch dich selbst zum Narren.

Positives Denken ➝

Die Philosophie des positiven Denkens bedeutet, nicht wahrhaftig zu sein, sie bedeutet, unehrlich zu sein. Sie bedeutet, dass man etwas sieht, jedoch leugnet, was man gesehen hat. Sie bedeutet, sich selbst und andere zu täuschen. Positives Denken ist die einzige blödsinnige Philosophie, die Amerika zum menschlichen Denken beigetragen hat – sonst nichts. Dale Carnegie, Napoleon

Hill und der christliche Prediger Norman Vincent Peale, sie alle haben das ganze amerikanische Denken mit dieser völlig absurden Idee einer positiven Philosophie gefüllt. Und es kommt vor allem bei mittelmäßigen Gemütern an. Dale Carnegies Buch *Wie man Freunde gewinnt und Menschen beeinflusst* erreichte eine Verkaufsziffer, die an die der christlichen Bibel herankommt. Kein anderes Buch hat je eine solche Popularität erreicht. Die Bibel sollte eigentlich außer Konkurrenz gesehen werden, weil sie mehr oder weniger umsonst unter den Leuten verteilt wird, ihnen sogar aufgezwungen wird. Doch Dale Carnegies Buch haben die Leute gekauft! Es wurde niemand em umsonst gegeben. Und es hat eine bestimmte Ideologie bewirkt, die zur Grundlage für viele Bücher derselben Machart wurde. Mir verursacht das nur Übelkeit. Allein die Vorstellung, Menschen beeinflussen zu wollen, ist die Idee eines Geschäftsmannes. Und genau das ist Carnegie, ein Geschäftsmann, der sich in einen Philosophen verwandelt hat. Das ist schon oft vorgekommen. Werner Erhard, der Gründer von EST... Er war eigentlich Verkäufer von Lexika und Wörterbüchern. Und beim Verkaufen dieser Bücher wurde ihm bewusst, dass man nur überzeugende Verkaufstechniken einsetzen muss. Wozu sich also mit Enzyklopädien herumschlagen? Warum nicht gleich Ideen verkaufen? Sie sind eine unsichtbarere Ware. Die Leute können die Idee nicht sehen, aber sie kaufen sie trotzdem. Und wenn man einmal zweihundertfünfzig Dollar für eine Idee ausgegeben hat, die man nicht sehen kann, muss man so tun, als hätte man „es begriffen." Sonst halten dich die Leute für einen Dummkopf.

Zweihundertfünfzig Dollar – und du hast es nicht begriffen? So einfach ist das.

Priester ⇢

Je älter ein Kind wird, desto mehr zweifelt es daran, dass sein Vater alles weiß. Es hat recht. Es findet heraus, dass sein Vater nicht unfehlbar ist, dass er Fehler macht, dass er nicht der Stärkste ist, weil es viele Leute gibt, die viel stärker sind als er. Bis dahin hatte das Kind seinem Vater vertraut und fühlte sich aufgehoben. Nun beginnt es, sich sehr unbehaglich zu fühlen. Es hat sich von einer Vaterfigur abhängig gemacht, um beschützt zu sein. Man braucht einen Vater, der allmächtig ist, der allgegenwärtig ist, der alles weiß. Das ist der eigentliche Grund dafür, dass die Projektion „Gott" entstanden ist, und der Priester nutzt diese Situation aus. Er macht sich zum Vermittler. Er behauptet, Gott sei weit weg, und um Gott zu erkennen, müsse man sich einer strengen Disziplin unterwerfen, sich anstrengen und ständig beten, sodass nur einige Wenige, die all diese Entbehrungen auf sich nehmen können, Gott nahekommen. Sie haben den direkten Draht.

Psychologie ⇢

Psychologie ist ein ganz gewöhnliches Phänomen. Sie kann deinem Leben keine Transformation bringen, weil sie keine Transzendenz inne hat. Sie kann dir höchstens dabei helfen, ein wenig besser mit dir selbst und mit deiner Umwelt, der Gesellschaft und den Menschen, mit denen du zusammenlebst, zurechtzukommen. Sie hilft dir, dich besser anzupassen. Psychologie ist im Grunde etwas Orthodoxes. Sie ist nicht revolutionär, sie kann es gar nicht sein. Sie dient dem Status Quo, sie dient dem Establishment. Sie hält dich in deinen Grenzen; sie hilft dir nicht, über deine Grenzen hinauszugehen. Sie hilft dir nicht wirklich. Sie wird von denen kontrolliert, die an der Macht sind: vom Staat, von der Kirche, von der Gesellschaft. Auf eine sehr verschleierte Weise bindet sie dich an das kollektive Denken.

R

Ratschläge →

Höre zu, aber folge nicht gleich. Höre gut zu, aber folge deinen eigenen Einsichten, nicht den Ratschlägen anderer. Zuhören sollte man natürlich – sehr meditativ – und versuche zu verstehen, was man dir vermitteln will. Es mag wirklich gut gemeint sein, doch wenn du anfängst blind zu folgen, wirst du niemals wirklich deine eigene Intelligenz erreichen. Du wirst von Krücken abhängig sein und immer zu anderen aufschauen, die dir sagen, was du tun oder nicht tun sollst. Du wirst immer Führer brauchen – das ist ein sehr ungesunder Zustand, immer einen Führer zu brauchen. Höre gut zu, denn jeder Mensch macht großartige Erfahrungen, und wenn er sie mit dir teilen will, wenn er dazu bereit ist, dann wäre es von deiner Seite aus dumm, nicht zuzuhören. Die Erfahrung anderer kann dir tiefe Einsichten vermitteln, kann dir helfen, bewusster zu werden; aber folge niemandem. Viele Leute folgen anderen aufs Wort und werden dadurch einfach blind. Wenn dir andere alles geben, was du brauchst, wozu brauchst du dann noch eigene Augen?

Und wenn dir andere alles vorkauen, wozu dann noch selber kauen? Ganz allmählich wirst du immer schwächer, immer ärmer, immer ausgehungerter. Mache so viele Fehler wie möglich, aber begehe nie denselben Fehler zwei Mal, denn das macht dumm. Begehe neue Fehler, erfinde neue Fehler, und dann lernst du ständig dazu, und deine Intelligenz wird weiter wachsen. Deine Intelligenz sollte schärfer werden, und wirkliche Freunde helfen, deine Intelligenz zu schärfen. Sie geben dir keinen festgelegten Rat, denn festgelegte Ratschläge sind nutzlos. Was heute wahr ist, kann schon morgen nicht mehr wahr sein. Und was in einer Situation richtig ist, kann in einer anderen falsch sein.

Rauchen ⇢

Tu eines: Höre nicht gleich mit dem Rauchen auf, denn das bringt nichts; du wirst wieder anfangen. Tu nur eines: Atme! Jedes Mal, wenn du den Drang zu rauchen verspürst, mache es dir zur Regel, erst einmal fünf Minuten lang tief zu atmen. Fange mit dem Ausatmen an: atme tief aus – atme tief ein, atme tief aus. Der Schwerpunkt sollte mehr auf dem Ausatmen als auf dem Einatmen liegen. Die ganze Luft muss rausgelassen werden. Presse dein ganzes System aus, bis alle Luft raus ist. Tu das fünf Minuten lang vor jeder Zigarette…

Also, für jede Zigarette musst du einen Preis zahlen, nämlich fünf Minuten tiefes Atmen. Wenn nach diesen fünf Minuten der Wunsch, der Drang nachlässt, brauchst du nicht zu rauchen. Wenn der Drang immer noch da ist, kannst du rauchen. Das wird dir helfen, in vielerlei

Hinsicht helfen. Zunächst wird der Wunsch nach der Zigarette von hundert Malen fünfundsiebzig Mal verschwinden. Durch richtiges Atmen wirst du dich so wohlfühlen, dass du gar keine Lust mehr hast zu rauchen. Du wirst so glücklich sein, so lebendig, dass du gar keine Lust haben wirst zu rauchen. Im Grunde bewirkt Atmen genau das Gegenteil vom Rauchen, weil du beim Atmen mehr Sauerstoff aufnimmst. Das System funktioniert auf einer höheren Ebene, auf größerer Höhe, mit mehr Sauerstoff, und du fühlst dich viel lebendiger. Das Blut kann besser zirkulieren, wird besser gereinigt und das ganze System arbeitet mit Höchstleistung. Beim Rauchen lagerst du nur Kohlendioxid in deinem System ab und das System ist auf minimale Leistung reduziert; es ist genau das Gegenteil. Wenn du die fünf Minuten Atmen einmal genießt, wird der Drang nachlassen. Dieser Drang stellt sich immer dann ein, wenn du das Leben nicht genießt. Wenn du etwas genießt, kannst du die Zigaretten vergessen. Wenn du dir einen Film anschaust, und richtig dabei bist, rauchst du nicht. Wenn du Musik hörst und wirklich ganz vertieft bist, vergisst du es. Bei allem, worauf du dich wirklich einlässt, wobei du glücklich bist, rauchst du nicht. Du rauchst nur dann, wenn du nicht in guter Stimmung bist und dich mit etwas beschäftigen willst – mit Rauchen.

Rebellion ⇢

Ein intelligenter Mensch ist ein Rebell. Intelligenz ist Rebellion. Ein intelligenter Mensch entscheidet selbst, ob er Ja oder Nein sagt. Ein intelligenter Mensch kann nicht traditionell sein, er kann nicht die Vergangenheit verherrlichen – es gibt nichts, was man an der Vergangenheit verherrlichen könnte. Ein intelligenter Mensch will seine Zukunft gestalten und will in der Gegenwart leben. Indem er in der Gegenwart lebt, gestaltet er seine Zukunft. Ein intelligenter Mensch hängt nicht an der toten Vergangenheit, er schleppt keine Leichen mit sich herum. Ganz gleich wie schön, wie kostbar sie waren, er schleppt die Leichen nicht mit. Er ist mit der Vergangenheit fertig. Sie ist vorbei, für immer vorbei.

Reflexion →

Reflexion ist nichts als ein schönes Wort für Denken. Ein Blinder kann sich Gedanken über das Licht machen, er kann bestimmte Schlüsse daraus ziehen, doch diese können nicht richtig sein. Egal, wie richtig sie aussehen, sie müssen einfach falsch, einfach unwahr sein. Der Mond am Himmel ist das eine, und der Mond, der im stillen See reflektiert wird, ist etwas ganz anderes. Das eine existiert wirklich, das andere ist nur eine Reflexion. Wenn du in den See springst, wirst du den Mond nicht zu fassen bekommen, im Gegenteil: Du wirst die Reflexion zerstören, weil der See nun in Bewegung ist. Je mehr du denkst, desto stärker werden der Wellengang und das Plätschern, die du in deinem Geist verursachst. Eigentlich sollte der Blinde nicht über das Licht nachdenken, sondern seine Augen heilen lassen. Eigentlich sollte der Taube nicht über Musik reflektieren, sondern durch einen alchemistischen Prozess gehen, damit er wieder hören kann.

Reichtum ⇢

Ich bin arm gewesen, ich habe in größter Armut gelebt. Und ich habe in Reichtum gelebt. Und glaubt mir: Reichtum ist viel besser als Armut. Ich bin ein Mensch mit simplen Ansprüchen: Ich bin vollkommen zufrieden mit dem Besten; mehr will ich gar nicht.

Reife ⇢

Wenn ich Reife sage, meine ich damit eine innere Integrität. Und diese innere Integrität stellt sich nur dann ein, wenn du aufhörst andere verantwortlich zu machen; wenn du nicht länger behauptest, dass jemand anderes an deinem Leid schuld ist; wenn du zu erkennen beginnst, dass du dein Leid selbst verursachst. Das ist der erste Schritt zur Reife: „Ich bin verantwortlich. Ganz gleich was passiert – ich tue es alles selbst."

Du bist traurig. Bist du es nicht selbst, der es tut? Es wird dich zuerst sehr aufregen und verwirren, aber wenn du bei diesem Gefühl bleiben kannst, wirst du früher oder später mit Vielem aufhören können. Das ist es eigentlich, was die ganze Theorie des Karmas besagt: Du bist verantwortlich. Sag nicht, die Gesellschaft sei verantwortlich; sag nicht, die Eltern seien verantwortlich; sag nicht, die Wirtschaftslage sei verantwortlich – schiebe die Verantwortung nicht ab: Du bist verantwortlich! Zu Beginn mag es sich wie eine Belastung anfühlen, denn nun kannst du sie auf niemanden abschieben. Jetzt kannst sie nur selbst übernehmen.

Reinkarnation ⇢

Eine kleine Geschichte, um meine Einstellung zur Reinkarnation klarzumachen: Ein Priester erklärt dem Papst die Reinkarnationstheorie. „Nehmen wir einmal an, Eure Heiligkeit, Ihr müsstet morgen sterben. Ein paar Tage später blühen auf Eurem Grab Blumen, eine Kuh kommt vorbei und frisst sie. Am nächsten Morgen produziert die Kuh einen schönen Kuhfladen. Ich gehe spazieren, sehe den Kuhfladen und sage: „Ach, Eure Heiligkeit, Ihr habt Euch überhaupt nicht verändert!"

Relativität ⇢

Ein Mann hatte solche Angst vor dem Zahnarzt, dass er erst dann einen aufsuchte, als er nur noch sechs Zähne im Mund hatte. Der Zahnarzt untersuchte ihn und sagte: „Ihre Zähne sind kaputt. Ich werde ein paar Wurzelbehandlungen machen, ein paar Implantate, das Übliche. Dann werden Sie einen kompletten Satz neue Beißerchen im Mund haben. Sie werden super aussehen, und Probleme beim Kauen haben Sie auch nicht mehr."

Der Mann war skeptisch. „Herr Doktor, ich bin ein Feigling, ich kann körperliche Schmerzen nicht ertragen."

„Wer hat denn was von Schmerzen gesagt? Ich arbeite schmerzfrei!"

„Das sagen Sie. Woher soll ich wissen, ob das stimmt?"

„Keine Sorge", meinte der Zahnarzt. „Ich habe dieselbe Behandlung an einem anderen Patienten durchgeführt. Ich gebe Ihnen seinen Namen, und Sie können Ihn anrufen. Fragen Sie ihn, ob ich ihm wehgetan habe."

Also rief der Mann George Kaplan in Brooklyn an. „Mr.

Kaplan“, sagte er, „ich heiße Al Goldstein. Sie kennen mich nicht, aber ich sitze gerade im Büro Ihres Zahnarztes und der erzählte mir, er hätte bei Ihnen eine große Zahnbehandlung durchgeführt. Stimmt das?“

„Das ist richtig“, sagte Kaplan.

„Okay“, sagte Goldstein. „Dann sagen Sie mir ganz ehrlich: Hat es wehgetan? Sagen Sie nur Ja oder Nein!“

„Ich kann das nicht mit Ja oder Nein beantworten“, sagte Kaplan. „Aber ich kann es mit einem Beispiel beantworten: Ich gehe jeden Sonntag zum Rudern in den *Prospekt Park.*“

„Und?“, fragte Goldstein.

„Also unser Zahnarzt war im Dezember mit mir fertig. Jetzt haben wir Juni, und letzten Sonntag sitze ich wie immer in meinem Ruderboot auf dem See des *Prospekt Parks.* Plötzlich entgleitet mir ein Ruder. Ich beuge mich vor, um es zu fassen, da bleiben meine Eier in der Riemendolle hängen. Ob Sie's glauben oder nicht, Mr. Goldstein, das war das erste Mal seit sechs Monaten, dass ich keine Zahnschmerzen hatte!“

So viel zur Relativitätstheorie.

Religion →

Das Wort Religion ist sehr schön. Es stammt von der Wurzel *religere* ab, was soviel bedeutet wie wieder verbinden, wieder vereinigen. Mit wem? Mit dir selbst, mit dem Ursprung deines Seins. Und warum wieder vereinigen? Weil du mit dem Ursprung, der Quelle eigentlich bereits eins bist; es ist eine Wiedervereinigung. Es ist nicht so, dass du zum ersten Mal zur Quelle kommst.

Wo sollst du denn sonst herkommen? Du kommst von der Quelle. Und in deinem tiefsten Inneren bist du immer noch an der Quelle. Nur an der Oberfläche ist es so, als hätten die Äste die Wurzeln vergessen. Nicht, dass sie von den Wurzeln abgeschnitten sind, denn dann könnten sie nicht überleben. Sie haben sie einfach nur vergessen. In ihrem Ego, in ihren Höhen im Himmel, mit dem Mond, mit ihren Liebesgeschichten haben sie völlig vergessen, dass sie unterirdische Wurzeln haben, die sie nähren, die sie erhalten, ohne die sie keinen Augenblick lang leben könnten. Und all das Grün, all diese Blüten, all diese Früchte würden sich wie Träume auflösen, wenn sie von den Wurzeln abgeschnitten wären. Genauso ist es mit dem Menschen: Du bewegst dich in den Ästen, entfernst dich von deinen Wurzeln. Du siehst unzählige Blüten und bist wie verzaubert. Die Welt um dich herum ist wunderschön. Du vergisst deine Wurzeln völlig. Aber es ist nicht so, dass du entwurzelt bist. Vergesslichkeit ist einfach nur Vergesslichkeit.

Das ist die Bedeutung von Religion: wieder zurückzukehren, sich wieder zu erinnern. Auch das englische Wort *remember* (sich erinnern) ist sehr schön. Es bedeutet, wieder ein Mitglied (*member*) zu werden. *Remember* – wieder Teil des Ursprungs zu werden, zum Ursprung zurückzukehren und wieder Teil davon zu werden. Religion ist die Wiedervereinigung mit deinem eigenen Ursprung. Religion ist Sicherinnern, wieder Teil des organischen Ganzen zu werden, das du bist. Es hat nichts mit anderen zu tun. Das Ego ist immer nur mit den anderen beschäftigt, auf diese oder jene Weise. Wenn du dich einzig und allein nur um dich selbst kümmerst, fällt das Ego einfach von dir ab. Dann gibt es keinen Grund mehr für seine Existenz. Religion hat nichts mit anderen zu tun. Sie hat nur mit dir zu tun, einzig und allein mit dir. Sie ist kein geselliges Beisammensein. Religion ist etwas, wo du so allein bist, dass es niemanden mehr gibt, den du noch treffen könntest. Aus diesem totalen, jungfräulichen Alleinsein entsteht die höchste Ekstase.

Reue ⇢

Das Wort Reue oder Buße muss richtig verstanden werden: Es wurde jahrhundertelang missverstanden. Jesus sagt immer wieder: „Tut Buße, denn das Ende der Welt ist nahe." Als die Worte Jesu aus dem Griechischen übersetzt wurden, wurden so viele Worte missverstanden. Und das Wort „Reue" ist eines von denen, die am meisten darunter gelitten haben. Es ist eine Übersetzung des griechischen Wortes *etanoia. Metanoia* bedeutet: sich nach innen wenden. *Metanoia* bedeutet Meditation. Reue bedeutet auch zurückzukehren – die Rückkehr zum Ursprung. Es hat nichts mit der Vorstellung von Buße zu tun, die man in den Kirchen gelehrt hat, von der die Priester immer redeten. „Tut Buße!" hat eigentlich nichts mit Buße zu tun. Es bedeutet sich nach innen zu wenden, zurückzukehren, zum Ursprung seines Seins zu gelangen, zu seinem innersten Wesen zu kommen.

Revolution ⇢

Eine Revolution ist nur in der Seele des Einzelnen möglich. Die gesellschaftliche Revolution ist ein scheinbares

Phänomen, weil die Gesellschaft keine eigene Seele hat. Revolution ist eine spirituelle Angelegenheit. Es kann keine politische Revolution, keine gesellschaftliche Revolution, keine wirtschaftliche Revolution geben. Die einzige Revolution ist die Revolution des Geistes – sie ist individuell. Und wenn sich Millionen von Individuen ändern, wird sich in der Folge die Gesellschaft ändern, nicht umgekehrt. Man kann nicht erst die Gesellschaft ändern und hoffen, dass sich die einzelnen Menschen später ändern werden.

Deshalb sind Revolutionen immer gescheitert, weil wir sie aus einem völlig falschen Blickwinkel gesehen haben. Wir dachten, dass sich die Individuen, die Bestandteile der Gesellschaft, ändern würden, wenn man die Gesellschaft, ihre wirtschaftliche oder politische Struktur ändert. Das ist unsinnig. Wer soll diese Revolution denn machen?

S

Schauspieler →

Die Schauspielerei ist einer der spirituellsten Berufe, einfach weil der Schauspieler in einer paradoxen Situation sein muss: Er muss sich mit der Rolle, die er spielt, identifizieren und doch Beobachter bleiben. Wenn er Hamlet spielt, dann muss er sich völlig darauf einlassen Hamlet zu sein, er muss in dieser Rolle völlig aufgehen, und doch im innersten Kern seines Wesens Zuschauer, Beobachter bleiben. Würde er sich wirklich ganz mit Hamlet identifizieren, käme er sicher in Schwierigkeiten. Der wahre Schauspieler muss in einem Paradox leben: Er muss so tun, als ob er sei, was er spielt, aber tief innen weiß er: „Das bin ich nicht."

Schlaf →

Buddhas Hauptschüler war Ananda, der vierzig Jahre mit ihm lebte und ihm voller Liebe diente. Er beobachtete ihn in allen Lebenslagen, weil er ihm ständig wie ein Schatten folgte. Und jede Bewegung des Buddha war wunderschön, voller Anmut. Ananda beobachtete ihn auch, wenn er schlief, denn er schlief im selben Raum, falls der Meister ihn in der Nacht brauchte. Er beobachtete ihn, während er schlief. Und ob er wach war oder schlief, seine Anmut war die gleiche, seine Schönheit war die gleiche, seine Stille war die gleiche.

Eines Tages sagte er zu Buddha: „Ich sollte solche Fragen eigentlich nicht stellen – das sieht so dumm aus –, aber ich kann meine Neugier nicht länger zurückhalten: Du schläfst und ich beobachte dich dabei stundenlang. Manchmal wache ich mitten in der Nacht auf und beobachte dich. Manchmal beobachte ich dich, kurz bevor du früh morgens aufstehst. Doch meiner Erfahrung nach hat es den Anschein, als wärst du selbst im Schlaf noch wach. Du siehst so lebendig, so frisch aus! Und noch etwas: Du veränderst nie deine Körperhaltung. Du legst dich schlafen und wachst in derselben Haltung auf. Was ist das Geheimnis dabei?"

Buddha sagte: „Da gibt es kein Geheimnis. Der Körper legt sich schlafen, doch wenn du einmal erwacht bist, bist du erwacht! Ob es Tag oder Nacht ist, macht keinen Unterschied – die innere Flamme brennt. Der Körper legt sich schlafen, weil der Körper müde wird. Und Gedanken gibt es ohnehin keine mehr, also ist der Kopf kein Thema." Es gibt nur diese beiden Dinge.

Bei einem unerleuchteten Menschen gibt es drei Dinge: den Körper, den Kopf und die Seele. Und wegen des Kopfs kann er seine Seele nicht sehen. Im Kopf herrscht ein Getöse, ein Chaos, nichts als Rauch, nichts als Wolken. Ein Erleuchteter hat keine Gedanken im Kopf; es ist nur Stille da. Er hat den Körper, und er hat die

Seele. Der Körper ist müde und muss sich ausruhen, doch die Seele ist niemals müde, sie braucht keine Ruhe. Sie ist immer wach.

Der Körper schläft immer, und die Seele ist immer wach. Die Natur des Körpers ist es, unbewusst zu sein, und die Natur der Seele ist es, bewusst zu sein. Dies sind ihre wahren Eigenschaften. Wenn die Gedanken einmal nicht mehr da sind, dann schläft in deinem Schlaf nur der Körper, du nicht.

Schlange ⇢

Ihr kennt sicherlich das Symbol – ein uraltes Symbol und sehr bedeutend noch dazu: eine Schlange, die ihren eigenen Schwanz frisst. Viele der alten Mysterienschulen haben dieses Symbol verwendet. Es ist zweifellos sehr bezeichnend. Die Schlange, die ihren eigenen Schwanz frisst, bedeutet eine Kehrtwendung um hundertachtzig Grad. Die Schlange hat sich sich selbst zugewandt, das Bewusstsein ist auf sich selbst zurück gefallen.

Und die Schlange ist in fast allen Weltkulturen das Sinnbild der Weisheit. Jesus sagt: „Seid weise wie die Schlange." Und im Osten symbolisiert die Schlange die innere Energie des Menschen – *Kundalini*. Deshalb wird sie auch „Schlangenkraft" genannt. Die Energie ist im niedrigsten Zentrum deines Seins zusammengerollt... Wenn sie sich aufrollt, steigt die Schlange nach oben. Das steht für etwas, das die Schlange hat, was als Metapher verwendet werden kann. Die Schlange kann sich beim eigenen Schwanz packen; der Hund kann es nicht. Die Hunde versuchen es – du hast sicher schon gesehen, wie

Hunde es versuchen – und je mehr sie es versuchen, desto verrückter werden sie, weil der Schwanz mit ihnen im Kreis tanzt. Sie glauben, er wäre von ihnen getrennt. Also versuchen sie ihn zu erwischen, und wenn sie ihn nicht zu fassen bekommen … Sie versuchen es natürlich verzweifelt, doch je mehr sie es versuchen, desto hilfloser sind sie. Nur eine Schlange kann es, kein anderes Tier. Dasselbe geschieht bei der Erleuchtung: Deine Energie richtet sich auf sich selbst, sie wird zu einem Kreis.

Schmerz →

Schmerz gehört zum Wachstum. Vergiss nicht: Immer, wenn etwas wehtut, ist etwas in dir unterdrückt. Anstatt den Schmerz vermeiden zu wollen, gehe lieber in ihn hinein. Lass es höllisch wehtun. Lass es so sehr wehtun, dass die Wunde vollkommen geöffnet wird. Wenn sie einmal ganz offen daliegt, beginnt sie zu heilen. Wenn du die Zustände vermeidest, in denen du Schmerz empfindest, werden sie in dir bleiben und du wirst immer wieder darauf stoßen.

Schüchternheit →

Schüchternheit ist immer eine Nebenerscheinung eines sehr subtilen Egos. Schüchternheit selbst ist nie das Problem – sie ist ein Symptom dafür, dass du ein sehr subtiles Ego hast. Mit etwas Vertrautem ist es in Ordnung, aber mit etwas Unvertrautem wird es gefährlich. Im Umgang mit dem Vertrauten bist du geschickt. Das Ego weiß, was es zu tun hat und wie es die Oberhand

behält. Bei etwas Unvertrautem, dem Unbekannten, ist das Ego hilflos, weil es im Umgang mit dem Unbekannten nicht erfahren ist. Also schrumpft es, es zieht sich zurück, und dieses Gefühl des Schrumpfens wird als Schüchternheit bezeichnet.
Schüchternheit ist immer ein Teil des Egos. Je mehr jemand auf das Ego bezogen ist, desto schüchterner ist er, weil er sich für neue Situationen nicht öffnen kann. Eine neue Situation bringt vielleicht zutage, dass er ein Dummkopf ist. Eine neue Situation zieht dir vielleicht den Boden unter den Füßen weg. Schüchternheit ist also nie wirklich ein Problem – sie ist nur ein Symptom. Doch seit Jahrhunderten gilt sie als gute Eigenschaft... weil sie das Ego schützt! Wir glauben, ein schüchterner Mensch sei ein guter Mensch und nicht aggressiv. Das trifft nicht zu. Seine Aggression ist sehr subtil. Deshalb ist er immer zurückhaltend, bleibt immer auf Distanz. Doch diese Distanz ist nur eine Strategie. Wenn es ihm zu viel wird, kann er immer flüchten. Er lässt sich nie auf etwas ein, er bleibt immer am Rande und gibt vor: „Ich bin schüchtern, deshalb begebe ich mich nicht in die Menge, gehe auf Menschen nicht zu, deshalb rede ich nicht mit neuen Leuten, gehe keine Beziehungen ein. Ich bin ja so schüchtern." Diese Schüchternheit ist nur eine Ausrede, ein Deckmäntelchen. Sie verdeckt vieles, aber hauptsächlich deckt sie das Ego.

Schuld →

Schuld ist das Geschäftsgeheimnis der etablierten sogenannten Religionen. Man macht den Menschen Schuldgefühle, gibt ihnen das Gefühl, dass sie schlecht sind. Man lässt ihnen keine Achtung vor ihrem eigenen Leben, gibt ihnen das Gefühl, dass sie verdammt sind. Man lässt sie spüren, dass sie tief innerlich hässlich und nichts wert sind, dass sie nur Staub sind. Dann sind sie natürlich bereit, sich von jedem Narren führen zu lassen. Sie sind mehr als bereit, sich abhängig zu machen, in der Hoffnung, dass jemand „uns zum ewigen Licht führt." So sind die Menschen seit Jahrhunderten ausgebeutet worden.

Schwanken →

Der Verstand ist schwankend. Der Verstand ist immer Entweder-Oder. Der Verstand ist immer in diesem Zustand: „Sein oder Nichtsein". Wenn du wirklich wachsen willst, reifen willst, wenn du wirklich wissen willst, worum es in diesem Leben geht, dann schwanke nicht. Lass dich ein, nimm teil! Vertrau dich dem Leben an, lass dich aufs Leben ein, sei kein Zaungast. Denke nicht länger darüber nach, ob du etwas tun sollst oder nicht: „Soll ich dies oder das tun?" So kannst du dein ganzes Leben lang hin und her schwanken; und je länger du hin und her schwankst, desto geübter wirst du darin.

Das Leben ist für diejenigen da, die wissen, wie man sich darauf einlässt, die wissen, wie man zu etwas Ja sagt oder wie man Nein sagt – entschieden und kategorisch. Wenn du einmal kategorisch Ja oder Nein zu einer Sache gesagt hat, kannst du den Sprung wagen, dann kannst du tief in den Ozean eintauchen. Aber die Leute sitzen immer nur auf dem Zaun.

Millionen Menschen sind nur Zaungäste – sie warten mehr oder weniger nur auf die richtige Gelegenheit. Und diese Gelegenheit wird niemals kommen, weil sie schon längst gekommen ist – sie ist da! Ich schlage vor: Selbst wenn es vorkommt, dass du dich auf das Falsche einlässt, ist es trotzdem gut, sich einzulassen, denn sobald du erkennst, dass es falsch ist, kannst du dich auch wieder davon lösen. Du hättest wenigstes eins gelernt: dass es falsch war und du dich nie wieder auf so etwas einlassen wirst. Es ist eine großartige Erfahrung, es bringt dich der Wahrheit näher.

Warum sind die Leute so unschlüssig? Weil man ihnen von Kindheit an gesagt hat, sie sollen keine Fehler machen. Das ist einer der wichtigsten Lehrsätze sämtlicher Gesellschaftssysteme auf der ganzen Welt, und er ist sehr gefährlich und richtet großen Schaden an. Bringt den Kindern bei, so viele Fehler wie möglich zu machen, unter einer einzigen Bedingung: Begeht nicht denselben Fehler noch einmal – das ist alles. Dann werden sie wachsen, sie werden immer mehr Erfahrungen machen, und sie werden nicht hin und her schwanken.

Seelenqual →

Jeder vom uns leidet tief in seinem Herzen, weil wir uns selbst nicht kennen, weil wir nicht wissen, woher wir kommen und wohin wir gehen, wer wir sind und wozu dieses Leben eigentlich da ist. „Was ist der Sinn des Lebens?“ – das ist unsere Seelenqual, unsere Agonie. Das Leben erscheint einem so unsinnig, so sinnlos, eine mechanische Wiederholung. Du tust jeden Tag immer wieder dasselbe – wozu? Die Seele leidet, weil man sich so zufällig fühlt; es scheint kein Sinn dahinter zu sein. Und der Mensch kann nicht leben, ohne einen Sinn zu erfahren, ohne das Gefühl zu haben, dass er etwas Sinnvolles zur Welt beiträgt, dass er von der Existenz gebraucht wird, dass er nicht nur eine sinnlose Erscheinung ist, dass er kein Zufall ist, dass man ihn benötigt, dass er eine ungemein wichtige Funktion erfüllt. Solange man das nicht fühlt, bleibt ein brennender Durst.

Selbst →

Die meisten Menschen haben kein wahres Selbst, sondern nur ein Ego. Das Ego ist ein Ersatz-Selbst. Da uns unser wahres Selbst nicht bewusst ist, bauen wir das Ego auf – es ist nur scheinbar da. Da wir ohne eine Mitte nicht leben können, müssen wir eine falsche Mitte aufbauen. Es gibt zwei Möglichkeiten: Du kennst deine wahre Mitte oder du erzeugst eine unechte Mitte. Die Gesellschaft unterstützt die unechte Mitte, weil eine unechte Person leicht zu dominieren ist: Sie ist nicht nur leicht zu dominieren, sie will sogar dominiert werden. Sie ist ständig auf der Suche nach jemandem, der sie beherrschen kann. Ohne beherrscht zu werden, fühlt man sich nicht wohl, denn nur wenn man beherrscht wird, hat man das Gefühl: „Ich bin." Wenn man nach Vorschriften anderer handelt, hat man das Gefühl, etwas wert zu sein. Doch ein solcher Wert, so ein Leben ist nur geliehen. Man hat in seinem Leben keine eigene Bedeutung; jemand anderes muss ihm Bedeutung verleihen. Also tritt man einer Kirche bei, um sich wohlzufühlen.

Man wird Christ und das Christentum gibt einem zumindest das Gefühl, Bedeutung zu haben. Oder man wird Kommunist, und die kommunistische Gruppe gibt einem das Gefühl, etwas Wichtiges zu tun. Man kann nicht für sich allein stehen. Genau das ist die Strategie der Gesellschaft: Sie lässt dich nicht für dich allein stehen. Von Anfang an verkrüppelt sie dich, macht dich von Krücken abhängig. Und das funktioniert am besten, wenn sie dir nicht erlaubt, dir deines wahren Selbst bewusst zu werden.
An Stelle des wahren Selbst gibt sie dir ein Spielzeug namens Ego. Die Gesellschaft unterstützt das Ego ungemein; sie preist das Ego, sie fördert es. Wenn du dich dem Diktat der Gesellschaft in allem beugst, bist du angesehen, und Ansehen ist nichts anderes als Futter für das Ego. Wenn du dich dem Diktat der Gesellschaft nicht beugst, wirst du verachtet. Dann wird dein Ego bestraft, ausgehungert. Es ist sehr schwer, ohne eine Mitte zu leben. Deshalb ist man bereit, alle möglichen Forderungen zu erfüllen – ob rational oder irrational. Ich versuche, dir dabei zu helfen, diese Falschheit loszulassen, die man Ego nennt. Sie loszulassen, ist schon die halbe Arbeit, und die andere Hälfte ist leichter: dir dein wahres Selbst bewusst zu machen. Sobald das Falsche als falsch erkannt ist, ist es nicht sehr schwer, das Wahre als das Wahre zu erkennen.

Sensibilität →

Werden – das ist die Krankheit der Seele. *Sein* – das bist du. Dein Sein zu entdecken, ist der Beginn des wirklichen

Lebens. Dann ist jeder Augenblick eine Neuentdeckung. Dann bringt dir jeder Augenblick neue Freude, ein neues Geheimnis enthüllt sich dir, eine neue Liebe wächst in dir heran, ein neues Mitgefühl, das du nie zuvor empfunden hast, eine neue Sensibilität für Schönheit, für das Gute. Du wirst so sensibel, dass selbst der kleinste Grashalm für dich ungeheure Bedeutung bekommt. Durch deine Sensibilität wird dir klar, dass dieser kleine Grashalm für die Existenz ebenso bedeutungsvoll ist wie der größte Stern; dass die Existenz ohne diesen kleinen Grashalm ärmer wäre als sie ist. Und dieser kleine Grashalm ist einzigartig, er ist unersetzlich, er hat seine eigene Individualität. Diese Sensibilität wird dir neue Freundschaften eröffnen: Freundschaft mit den Bäumen, mit den Vögeln, mit den Tieren, mit den Bergen, mit Flüssen, mit Meeren, mit Sternen. Das Leben wird reicher, je mehr die Liebe wächst, je mehr die Freundschaft wächst.

Es gibt eine schöne Geschichte aus dem Leben des heiligen Franziskus: Er liegt im Sterben... Er war immer auf einem Esel von einem Ort zum anderen geritten, um seine Erfahrungen weiterzugeben. Seine Schüler sind zusammengekommen, um seine letzten Worte zu hören. Die letzten Worte eines solchen Menschen sind immer am bedeutungsvollsten von allem, was er je geäußert hat, weil sie seine ganze Lebenserfahrung beinhalten. Doch seine Schüler trauten ihren Ohren nicht, was sie da zu hören bekamen... Der heilige Franziskus sprach nicht zu seinen Schülern, er sprach zum Esel. Er sagte: „Bruder, ich habe dir ungeheuer viel zu verdanken. Du hast mich stets von einem Ort zum anderen getragen, ohne dich jemals zu beklagen, ohne zu murren. Bevor ich von dieser Welt gehe, wünsche ich mir einzig und allein, dass du mir vergibst. Ich war nicht menschlich zu dir."

Das waren die letzten Worte des heiligen Franziskus. Es zeugt von großer Sensibilität, zu dem Esel „Bruder Esel" zu sagen und ihn um Vergebung zu bitten. Je sensibler du wirst, desto großartiger wird das Leben. Es ist nicht bloß ein kleiner Teich, es wird ozeanisch. Es ist nicht nur auf dich, deine Frau und deine Kinder beschränkt – es ist überhaupt nicht mehr begrenzt. Diese ganze Existenz wird zu deiner Familie. Und solange nicht die ganze Existenz deine Familie ist, hast du nicht erfahren, was Leben ist – denn kein Mensch ist eine Insel, wir sind alle miteinander verbunden. Wir sind ein riesiger Kontinent, wir sind millionenfach miteinander verbunden. Wenn unser Herz nicht voller Liebe für das Ganze ist, wird im selben Maße unser Leben beschränkt. Meditation macht dich sensibler und gibt dir ein starkes Gefühl der Zugehörigkeit zur Welt. Es ist unsere Welt; die Sterne gehören uns, und wir sind hier keine Fremden. Wir sind ein Bestandteil der Existenz. Wir sind ein Teil davon, wir sind das Herz davon.

Sex ⇢

Sex hat eine so wichtige Bedeutung, weil er die Quelle allen Lebens ist. Er ist so bedeutend, dass man, wenn man ihn unterdrückt, damit vieles andere auch unterdrückt. Jemand, der Sex verdrängt, wird zum Beispiel unkreativ, denn Kreativität selbst ist eine Art sexuelle

Handlung. Ich habe beobachtet, dass jemand, der total kreativ ist, keinen Sex braucht, ohne dass er ihn verdrängt, weil seine eigene Energie kreativ wird. Er muss nicht mehr in den Sex hineingehen – nicht, dass er sich zurückhalten muss –, aber das Bedürfnis danach hört einfach auf. Denn nun erfährt er ein viel höheres Glück. Das Niedere verflüchtigt sich zwangsläufig, wenn man das Höhere in der Hand hat. Versuche zu verstehen, was ich meine: Gib das Niedere niemals auf, sondern versuche, das Höhere zu erreichen. Sobald das Höhere da ist, verschwindet das Niedere ganz von selbst. Und wenn sich das Niedere im Höheren auflöst, wird das Leben immer schöner, immer gesünder, immer mehr zu einem Ganzen. Ein echter Dichter vergisst Sex völlig, während er kreativ ist, während er schreibt, wenn er dichtet. Ein echter Bildhauer, der ganz in seine Arbeit vertieft ist, vergisst Sex völlig. Selbst wenn eine nackte Frau vorbeiginge, würde er ihr nicht nachschauen, so sehr ist er auf seine eigene Kreativität konzentriert. Ein echter Tänzer löst sich in seinem Tanz auf: sein Ego, sein Sex – all das löst sich in seinem Tanz auf. Aber wenn der Sex unterdrückt wird, dann ist genau das Gegenteil der Fall: Dann wird deine Kreativität auch unterdrückt, und das hat Folgen. Die Auswirkungen sind enorm, weil sie so vielschichtig sind. Wenn deine Kreativität unterdrückt wird, werden dein Wissensdurst, dein Lerneifer versiegen.

Wenn dein Sexleben im Fluss und voller Freude ist, hast du großes Interesse an allem, was du tust… Meiner

Ansicht nach ist Sex der Keim. Wenn man zulässt, dass sich Sex auf natürliche Weise entwickelt, dass er geachtet und geschätzt wird, dann geschieht eine Transformation, eine Metamorphose. Dann wächst die sexuelle Energie zu Zweigen und Blättern von Kunst, Musik, Dichtung, Tanz und tausend anderen kreativen Dimensionen. Sex ist nur ein Keim oder die Wurzel, und wenn sie unterstützt, genährt, gegossen, gepflegt wird, dann wachsen ihr viele Zweige, dann wächst dichtes Blattwerk, viele grüne Blätter, die sich in alle möglichen Richtungen drehen, die im Wind, im Regen, in der Sonne tanzen. So entsteht die Welt der Kunst, die Welt der Ästhetik. Und lässt man die Welt der Ästhetik zu ihrem Höhepunkt kommen, wird sie Blüten treiben.

Sexualität →

Wenn ich das Wort Sexualität verwende, meine ich damit nicht das Genitale. Das Genitale ist nur eine ganz winzige Erfahrung, ein winziger Ausdruck des Sexuellen. Sexualität ist etwas ganz Großes. Mit Sexualität meine ich: Wenn dein Körper lebendig ist, sinnlich ist, wenn er bebt und pulsiert, dann bist du in einem sexuellen Zustand. Das hat vielleicht gar nichts mit den Geschlechtsteilen zu tun. Wenn du zum Beispiel tanzt, bist du sexuell. Ein Tänzer ist sexuell, Tanzenergie ist sexuelle Energie. Sie ist nicht genital; vielleicht denkst du überhaupt nicht an Sex, vielleicht hast du Sex dabei völlig vergessen. In Wirklichkeit ist es dann Sexualität, wenn du Sex völlig vergessen hast und dich tief auf deinen ganzen Körper einlässt, dich dabei auflöst. Das kann beim

Schwimmen oder beim Laufen sein, wenn du morgens joggen gehst. Wenn ich also das Wort „sexuell" verwende, meine ich damit diese Erfahrung von Totalität.
Genitalität ist nur eine Funktion der Sexualität. Sie hat zu große Bedeutung bekommen, weil wir die ganze Bedeutung von Sexualität vergessen haben. In Indien haben euch die sogenannten Mahatmas völlig auf das Genitale fixiert gemacht. Die ganze Schuld liegt bei euren Heiligen und Mahatmas – sie sind die Verantwortlichen, die Verbrecher. Sie haben euch nie gesagt, was echte Sexualität ist. Im Laufe der Zeit hat sich die Sexualität immer mehr auf die Genitalien beschränkt. Sie ist lokal geworden und deshalb nicht mehr total! Lokale Geschlechtlichkeit ist etwas Hässliches, weil sie einem höchstens Erleichterung verschaffen kann, aber niemals einen Orgasmus.
Eine Ejakulation ist kein Orgasmus. Alle Ejakulationen sind nicht orgastisch, und alle Orgasmen sind keine wirklichen Höhepunkte. Eine Ejakulation ist geschlechtlich, ein Orgasmus ist sexuell, und ein Höhepunkt ist spirituell. Wenn die Sexualität nur auf die Genitalien beschränkt ist, verschafft sie dir nur Erleichterung. Du verlierst nur Energie, du gewinnst nichts dabei. Das ist einfach nur dumm. Es ist nur wie die Erleichterung nach einem herzhaften Niesen, nicht mehr. Sie ist nicht orgiastisch, weil dein ganzer Körper dabei nicht pulsiert. Du bist nicht in einem Tanz, du lässt dich nicht vollkommen darauf ein, deshalb ist es ist nichts Heiliges. Es ist nur auf einen Teil von dir beschränkt, und etwas Teilweises kann niemals orgiastisch sein, weil ein Orgasmus nur dann möglich ist, wenn der ganze Organismus daran

beteiligt ist. Wenn du von Kopf bis Fuß pulsierst, wenn jede Faser deines Wesens pulsiert, wenn alle Zellen deines Körpers tanzen, wenn ein großes Orchester in dir spielt, wenn alles tanzt – dann ist es ein Orgasmus.
Doch es ist auch nicht jeder Orgasmus ein Höhepunkt. Wenn du innerlich total pulsierst, ist es ein Orgasmus. Wenn sich aber deine Totalität an der Totalität der Existenz beteiligt, ist es ein Höhepunkt. Die meisten Menschen beschränken sich auf die Ejakulation. Sie haben den Orgasmus vergessen, und sie haben den Höhepunkt völlig vergessen. Sie wissen nicht, was es ist. Und weil sie zum Höheren nicht gelangen können, bleiben sie auf das Niedere beschränkt. Wenn du einmal das Höhere erfahren kannst, wenn du etwas Besseres erfahren kannst, verschwindet das Niedere ganz von selbst.
Verstehe mich richtig: Der Sex wird transformiert, nicht die Sexualität. Du wirst sexueller werden. Je mehr sich der Sex zurückzieht, desto sexueller wirst du. Wohin geht der Sex aber? Er wird zu deiner Sexualität. Du wirst sinnlicher. Du wirst intensiver, feuriger leben; dein Leben wird zu einer großen Welle. Diese winzigen Wellen werden verebben. Du wirst zum Sturm, zu einem starken Wind, der Bäume und Berge beben lässt. Du wirst eine Flut sein, ein Gezeitenstrom. Deine Kerze wird an beiden Enden gleichzeitig brennen. Und in dem Moment – selbst, wenn du nur noch einen einzigen Augenblick zu leben hast, ist er mehr als genug: Du hast von der Ewigkeit gekostet.

Sieg ⇢

In Japan gibt es bei den Ringkämpfen ein Ritual: Die beiden Ringer verbeugen sich zuerst voreinander. Das ist sehr symbolisch. Die Erklärung des Zen ist, dass es keine Rolle spielt, ob du besiegt wirst oder siegst. Ihr braucht einander, ihr seid voneinander abhängig. Wenn du besiegst wirst und der andere der Sieger ist, muss sich der andere vor dir verbeugen, denn ohne dich hätte er nicht siegen können. Sein Sieg ist von deiner Niederlage abhängig – er muss dir dankbar sein. Er kann nicht einfach so annehmen, dass es sein Sieg ist. Allein kann er kein Sieger sein; ohne dich wäre er nirgends, also muss er dir danken und Dankbarkeit empfinden. Auf diese Weise wird nicht einmal durch den Sieg dein Ego aufgebauscht. Und wenn du besiegt wurdest, weißt du, dass es nur ein Spiel ist, nichts Ernstes, worüber man sich Sorgen machen müsste. Es gibt kein Problem.

In Mexiko gibt es eine alte Tradition, dass der Vater alle Kinder belohnen muss, ihnen ein Spielzeug oder irgendetwas schenkt, unabhängig davon, ob sie im Leben erfolgreich sind oder nicht. Ein Kind ist Klassenerster geworden; es bekommt eine Belohnung. Und das Kind, das versagt hat, bekommt auch eine. Es gibt keinen Unterschied; es spielt keine Rolle. Das ist eine ungeheure Einsicht: Es spielt keine Rolle, ob du versagst oder erfolgreich bist – es ist alles ein Spiel. Du wirst in jedem Fall belohnt. Und die Psychologen, die Untersuchungen darüber anstellten, kamen zu dem Ergebnis, dass mexikanische Kinder das Leben leichter nehmen – sie sind unbekümmerter, unbesorgter, entspannter. Die meisten Kinder werden schon sehr früh angespannt – mit fünf, sechs Jahren – und sie tragen die Last der ganzen Erde. Sie sind angespannt und so besorgt und ängstlich, ob sie es wohl schaffen werden oder nicht. Wir haben die Kindheit zerstört und sie mit Ehrgeiz vergiftet. Wir nehmen alles zu ernst: Wenn ein Kind Erster ist, ist es wunderbar, und wenn es an zweiter Stelle kommt, hat es den Erwartungen nicht entsprochen, und diese Wunde wird ihm immer Schmerzen bereiten. Wenn ein Kind es nicht schafft, immer Erster zu werden, bekommt es einen *Mind*erwertigkeitskomplex. Wenn das Kind als Versager nach Hause kommt, schaut es keiner mehr an; in den Augen der anderen sieht es die Verurteilung. Es ist gar nicht nötig, alles so ernst zu nehmen.

Sinnlichkeit →

Geh immer mehr in deinen Körper hinein. Lass deine Sinne lebendiger werden. Schaue mit mehr Liebe, schmecke mit mehr Liebe, berühre mit mehr Liebe, rieche mit mehr Liebe. Lass deine Sinne mehr und mehr auf dich wirken. Dann wirst du plötzlich sehen, wie die Energie, die vorher zu sehr im Kopf war, sich über deinen Körper verteilt. Der Kopf ist sehr diktatorisch. Er nimmt sich von überall Energie, er hat das Monopol an sich gerissen. Er hat die Sinne abgetötet. Der Kopf nimmt beinah achtzig Prozent der Energie in Anspruch; nur zwanzig Prozent bleiben für den restlichen Körper übrig. Natürlich leidet der ganze Körper darunter, und wenn der ganze Körper leidet, leidest auch du, weil du nur dann glücklich sein kannst, wenn du als Ganzes funktionierst, als organisches Ganzes, wenn jeder Teil deines Körpers und deines Wesens seinen Anteil bekommt – nicht mehr als das, und nicht weniger als das. Dann wirkt alles von dir in einem Rhythmus zusammen. Dann bist du in Harmonie. Harmonie, Glück, Gesundheit – sie alle sind Teile von einem – deiner Ganzheit. Wenn du ganz bist, bist du glücklich, gesund und in Harmonie.

Sinnsuche ⇢

Das Leben ist eine Sinnsuche, keine Frage; ein Mysterium, kein Problem. Und das ist ein gewaltiger Unterschied. Ein Problem gilt es zu lösen, es kann gelöst werden, es muss gelöst werden. Doch ein Mysterium ist nicht zu lösen – es muss gelebt, es muss erfahren werden. Eine Frage muss gelöst werden, damit sie sich auflöst. Aber wenn dir ein Mysterium begegnet, musst du dich darin auflösen. Das Mysterium bleibt, und du löst dich auf. Das ist etwas ganz anderes. Mit der Philosophie löst sich das Problem auf, aber du bleibst da. Mit Religiosität bleibt das Mysterium bestehen, und du löst dich auf, du verflüchtigst dich. Das Ego interessiert sich sehr für Fragen und hat große Angst vor dem Mysterium. Die Fragen kommen aus dem Ego. Es spielt mit den Fragen, versucht Antworten darauf zu finden, und jede Antwort wirft wiederum neue Fragen auf. Es ist ein endloser Prozess. Deshalb ist die Philosophie nie zu irgendeinem Schluss gekommen… Fragen sind Nahrung für das Denken.

Sklaverei →

Das Leben ist zum Genießen da, es ist ein göttliches Geschenk. Doch Millionen Menschen dienen in den Armeen und sind bereit, sich abschlachten zu lassen oder selbst andere abzuschlachten. Und ihr ganzes Leben besteht von früh bis spät darin, in Paraden zu marschieren, Gewehre zu putzen und die Befehle irgendwelcher Idioten auszuführen: Links um! Rechts um! Ihr ganzes Leben lang! Und keinen einzigen Moment lang denken sie darüber nach, was sie da tun, was sie mit ihrem Leben tun. Ist das Leben denn dazu da? Ist das der Sinn des Lebens? Wenn du singst und tanzt, ist das vielleicht sinnvoll, aber sich nach links und nach rechts zu drehen und jeden Tag denselben Aufmarsch zu machen, nur um sich auf den Tod vorzubereiten… Wie kann das Leben nur eine Vorbereitung auf den Tod sein?

Brutalität, Gewalt und Gefühllosigkeit werden einem dort beigebracht, nur so können Millionen Menschen zu Sklaven gemacht werden. Ihr glaubt, ihr seid freie Menschen? Die Sklaverei ist nur ein bisschen raffinierter geworden, sonst nichts. Sklaverei gibt es immer noch. Bis jetzt hat es noch keine Gesellschaft gegeben, die frei ist. Alle Gesellschaften sind seit jeher Sklaven-Gesellschaften. Ja, eines ist gewiss: Die Sklaverei hat ihre Gestalt gewechselt. Früher war sie sehr unkultiviert, heute ist sie subtiler. Und die subtile Sklaverei ist wohlgemerkt viel gefährlicher als die unkultivierte, denn gegen eine unkultivierte Sklaverei kann man rebellieren, weil sie so durchschaubar ist, so offensichtlich ist.

Wenn die Versklavung jedoch ganz subtil ist, ist sie einem nicht einmal mehr bewusst. Wenn du Moslem bist, wenn du Hindu bist, wenn du Christ bist, wenn du Jaina bist, bist du ein Sklave. Dann ist dein Denken darauf programmiert Hindu zu sein, Moslem zu sein, Christ zu sein, und deshalb bist du es geworden. Und du hast nie darüber nachgedacht. Warum solltest du Christ sein? Warum solltest du Moslem sein? Du bist nicht als Christ, nicht als Moslem geboren; du bist als reines Bewusstsein geboren. Warum diese Einschränkungen? Wer hat dir diese Einschränkungen aufgezwungen? Du wurdest einfach nur als Mensch geboren – wer hat dich zum Inder gemacht oder zum Chinesen? Ihr seid Sklaven. Ob du Chinese, Inder oder Engländer bist – du bist ein Sklave. Sklaverei kann sehr subtil sein. Und wenn du immer nur das tust, was andere von dir erwarten, und niemals das, was du selbst immer schon tun wolltest, bist du auch ein Sklave. Wenn du immer noch an jemandem hängst, den du nicht liebst, wenn du immer noch mit jemandem schläfst, den du nicht liebst, wenn du immer noch in einer Beziehung lebst, die einfach nur destruktiv und schrecklich ist, die die reinste Hölle ist, aber immer noch weitermachst – dann bist du ein Sklave, dann bist du kein freier Mensch.

Ein freier Mensch ist jemand, der Anspruch auf seine eigene Intelligenz erhebt, der Anspruch auf seine eigene Sensibilität erhebt.

Sorbas, der Buddha →

Die ganze Menschheitsgeschichte hat den Menschen gespalten: In jedem Menschen herrscht ein permanenter Bürgerkrieg. Wenn du dich nicht wohlfühlst, hat das keinen persönlichen Grund. Deine Krankheit ist gesellschaftlichen Ursprungs. Die Strategie, die angewendet wurde, bestand darin, dich in zwei feindliche Lager zu spalten: in den Sorbas und in den Buddha, den Materialisten und den Spiritualisten. Doch in Wirklichkeit bist du gar nicht gespalten. In Wirklichkeit bist du ein harmonisches Ganzes.

Doch dein Denken ist so programmiert, dass du kein Ganzes bist, dass du nicht aus einem Stück bist: Du musst gegen deinen Körper kämpfen. Wenn du ein spirituelles Wesen sein willst, muss der Körper erobert, besiegt, zerstört und auf alle mögliche Art gefoltert werden. Ich wünsche mir, dass du zugleich Sorbas der Grieche und Gautama der Buddha sein kannst. Mit weniger gebe ich mich nicht zufrieden. Sorbas symbolisiert die Erde mit all ihren Blumen und ihrem Grün und den Bergen und Flüssen und Ozeanen. Und der Buddha symbolisiert den Himmel mit all seinen Sternen und Wolken und Regenbögen. Ohne die Erde wäre der Himmel leer. Ohne die Erde kann der Himmel nicht lachen.

Ohne den Himmel wäre die Erde tot. Doch beide zusammen – und es beginnt ein Tanz. Die Erde und der Himmel tanzen zusammen – und es ist Lachen da, es ist Freude da, ein ewiges Fest.

Sorgen ⇢

Mit Sorgen und Ängsten verschwenden wir unsere Energie. Wir brauchen jedoch überfließende Energie, um trunken zu sein vom Göttlichen. Sorgen sind Lecks, Löcher, aus denen wir auslaufen. Hör auf, dir Sorgen zu machen. Es gibt nichts, worum man sich sorgen müsste – es ist für alles gesorgt. Lebe mit diesem Vertrauen. Die Existenz liebt dich. Nichts Schlimmes wird passieren; es passiert niemals etwas Schlimmes! Denn wie kann das Ganze einem Teil seiner selbst jemals etwas zuleide tun? Das ist unmöglich. Und wenn du manchmal das Gefühl hast, dass etwas Schlimmes passiert, dann musst du etwas falsch verstanden haben. Sicherlich liegt ein Segen darin verborgen. Wenn man einmal so viel Vertrauen hat, sind Sorgen nicht mehr nötig, dann braucht man nicht mehr besorgt und ängstlich sein. Angst bedeutet: „Niemand kümmert sich um mich. Ich muss die ganze Last auf meinen eigenen Schultern tragen. Wenn ich sie nicht trage, ist es vorbei mit mir. Die ganze Existenz ist mein Feind." Das macht Angst. „Alle sind gegen mich. Irgendwie haben sich alle gegen mich verschworen, alle wollen mir an den Kragen. Ich muss mich vor ihnen schützen. Ich muss auf der Hut sein, ich muss alles planen, ich muss so vorgehen, dass ich der Gewinner bin, nicht die anderen. Jeder ist ein Konkurrent, und alle haben es darauf abgesehen, mich fertigzumachen."

Diese Einstellung macht Angst, und diese Einstellung ist die Einstellung eines areligiösen Menschen. Wenn ich „areligiöser Mensch" sage, meine ich damit nicht, dass er nicht in die Kirche geht, dass er nicht die Bibel liest – darum geht es nicht. Er kann ruhig die Bibel lesen, er kann ruhig zur Kirche gehen, aber wenn er in Angst lebt, ist er nicht religiös. Und es kann sogar sein, dass er nur deshalb zur Kirche geht, weil er Angst hat. Aus Angst betet er zu Gott; aus Angst liest er die Bibel – zum Schutz, zur Sicherheit. Doch wenn es aus Angst ist, ist er nicht religiös. Dann ist er krank, und auch seine Religiosität ist krankhaft. Ein wahrhaft religiöser Mensch kennt keine Angst. Seine gesamte Einstellung ist anders. Er weiß „Ich bin ein Teil dieser ganzen Existenz, und wenn sich die Bäume nicht sorgen und die Vögel nicht verrückt werden, nicht wahnsinnig werden, und die Tiere absolut glücklich sind, warum dann nicht auch ich? Ich gehöre dieser Existenz an, ich bin ein wesentlicher Bestandteil davon.“ Mit einem solchen Vertrauen und so viel Verstehen lösen sich alle Ängste einfach auf, sie sind nicht mehr zu finden. Du hast aufgehört, sie dir zu machen; du hast aufgehört, sie abzusondern. Dann bleibt so viel Energie erhalten, dass sie überströmt wie bei einem Fest. Sie wird zum Tanz. Sie ist so reichlich, so übersprudelnd, dass das Leben zum Fest wird. Dann ist ein Mensch religiös, dann ist er trunken vom Göttlichen.

Sosein →

Versucht, das Wort Sosein zu verstehen. Buddha legt sehr großen Wert auf dieses Wort. In Buddhas eigener Sprache heißt es *Tathata* – Sosein. Die gesamte buddhistische Meditation baut darauf auf, im Sinne dieses Wortes zu leben, dieses Wort so tief zu leben, das sich das Wort auflöst und du zum Sosein wirst...

Beim Essen bist du im Sosein, du schläfst, du atmest, du liebst, du weinst im Sosein. Es wird zu deinem Lebensstil. Du musst dir keine Sorgen darüber machen, du musst dir keine Gedanken darüber machen – du bist einfach so. Du trinkst es, du verdaust es, es fließt in deinem Blut, es dringt tief in deine Knochen ein, es schlägt mit

deinem Herzen. Aber vergiss nicht: nicht als Wort, sondern als Gefühl – Sosein. Dann ist kein Groll mehr da, kein Klagen, kein Wünschen, dass irgendetwas anders sein sollte als es ist. Du akzeptierst alles total.
Und merke dir: Das Wort „akzeptieren" ist nicht sehr gut. Es ist negativ belegt – deinetwegen, nicht wegen des Wortes, sondern weil du nur dann etwas akzeptierst, wenn du hilflos bist. Du akzeptierst nur widerwillig, du akzeptierst halbherzig. Du findest dich nur dann damit ab, wenn dir nichts anderes übrig bleibt. Doch im Grunde möchtest du immer noch etwas anderes: Du wärest glücklicher, wenn es anders gekommen wäre. Du akzeptierst es wie ein Bettler, nicht wie ein König – und das ist ein großer Unterschied.

Spiritualität →

Religion ist die Peripherie, Spiritualität ist das Zentrum. Religion hat etwas von Spiritualität, aber nur einen Teil davon – eine vage Ausstrahlung, so etwas wie ein Spiegelbild in einem See in einer klaren Sternennacht bei Vollmond. Spiritualität ist das Wahre, Religion ist nur eine Nebenerscheinung davon.
Eines der größten Missgeschicke der Menschheit ist, dass den Menschen beigebracht wird religiös zu sein, nicht spirituell. Also schmücken sie ihre Peripherie, sie kultivieren ihren Charakter. Der Charakter ist deine Peripherie. Doch wenn man seine Peripherie dekoriert, verändert sich dadurch nicht das Zentrum. Wenn man jedoch sein Zentrum ändert, erlebt die Peripherie automatisch eine Transformation.

Ändere das Zentrum – das ist Spiritualität. Spiritualität ist eine innere Transformation. Sie wird zweifellos dein Verhalten beeinflussen, jedoch nur als Nebenerscheinung. Da du wacher und bewusster bist, ist auch dein Handeln anders, bekommt dein Verhalten eine andere Qualität, ein anderes Aroma, eine neue Schönheit; aber nicht umgekehrt...

Spiritualität ist ein Teil deines wahren Wesens, während Religion nur ein Teil des Äußeren ist: des Handelns, des Verhaltens, der Moral. Religion ist eine Formsache. Jeden Sonntag zur Kirche zu gehen ist eine gesellige Veranstaltung. Die Kirche ist nichts anderes als ein Verein, wie der *Rotary Club*, der *Lions Club* – es gibt viele Vereine. Und die Kirche ist auch so ein Club, aber mit religiösen Ansprüchen. Ein spiritueller Mensch gehört keiner Konfession an, er hat kein Dogma. Er kann keiner Kirche angehören, ob hinduistisch, christlich oder muslimisch. Er kann unmöglich einer Kirche angehören. Spiritualität gibt es nur eine, Religionen aber viele.

Mir geht es nur um die innere Transformation. Ich lehre keine Religion, ich lehre Spiritualität. Spiritualität ist Rebellion. Religion ist Orthodoxie. Spiritualität ist Individualität. Religion bedeutet, in der Psychologie der Masse zu bleiben. Religion hält dich wie ein Schaf gefangen. Spiritualität ist das Brüllen des Löwen.

Stille →

Es gibt zwei Arten von Stille: Die eine kultiviert man, die andere stellt sich von selbst ein. Eure kultivierte Stille ist nichts als unterdrückter Lärm. Du kannst still sitzen, und

wenn du lange sitzt und diese Praxis monatelang oder jahrelang fortsetzt, wirst du allmählich in der Lage sein, allen Lärm in dir zu unterdrücken. Aber trotzdem sitzt du wie auf einem Vulkan – er kann jeden Moment ausbrechen, aus dem geringsten Anlass. Das ist keine echte Stille, das ist nur erzwungene Stille.
Und das passiert überall auf der Welt. Die Menschen, die versuchen zu meditieren, die versuchen still zu werden, zwingen sich die Stille nur auf. Man kann sie sich aufzwingen. Du kannst dich mit einer Schicht von Stille umgeben, aber das ist nur Selbstbetrug – sonst nichts. Diese Schicht wird dir nicht weiterhelfen. Echte Stille entsteht im Urgrund deines Seins. Sie wird dem Inneren nicht von außen aufgezwungen, sondern genau anders herum: Sie kommt von selbst, quillt von innen nach außen über; sie steigt von der Mitte zur Peripherie auf. Das ist etwas ganz anderes.

Stimmen, innere →

Es gibt viele Leute, die innere Stimmen hören. Diese inneren Stimmen sind nur Schrott. Sie sind Bruchstücke eures Denkens, sie sind völlig wertlos. Und manchmal glaubt ihr, dass ihr einen inneren Führer hört oder einen Meister aus dem Jenseits – Meister KH oder irgend so einen Geist, einen tibetischen Geist... Man kann sich alles einbilden. Und man täuscht sich nur selbst. Es sind alles nur Fragmente im Kopf. Und wenn man sich danach richtet, kann man verrückt werden, denn ein Teil zerrt einen nach Norden und ein anderer Teil nach Süden. Man fällt allmählich auseinander. Es ist eine

Neurose. Man muss lernen, all diese Stimmen zu beobachten. Man sollte keiner Stimme trauen. Vertraut nur der Stille. Traue keiner Stimme, weil alle Stimmen aus dem Kopf kommen. Und ihr habt nicht nur einen Kopf, ihr habt viele. Dieser Irrtum ist immer noch verbreitet: Wir glauben, wir hätten nur einen Kopf. Das stimmt nicht. Ihr habt viele Köpfe. Am Morgen hat ein Kopf die Oberhand, bis zum Mittag dann ein anderer Kopf. Und abends ein dritter Kopf – und ihr habt so viele davon! Gurdjieff sagte oft, dass man mehr als ein Selbst hat; Mahavira sagte, dass der Mensch mehrere Seelen hat. Man ist eine ganze Menschenmenge! Wenn ihr weiterhin auf diese Stimmen hört und ihnen Folge leistet, verderbt ihr euch nur euer ganzes Leben damit.

Stress →

Der kanadische Psychoanalytiker Doktor Hans Selye hat sich sein ganzes Leben nur mit einem Problem auseinandergesetzt: mit dem Stress. Und er ist zu einigen sehr tiefgründigen Schlussfolgerungen gekommen. Eine ist, dass Stress nicht immer fehl am Platz ist; er kann auf positive Weise genutzt werden. Er muss nicht unbedingt negativ sein, aber wenn wir ihn für etwas Negatives halten, ist es nicht gut. Dann machen wir ein Problem daraus. Stress an sich kann als Sprungbrett dienen, er kann zu einer kreativen Kraft werden. Doch normalerweise hat man uns immer beigebracht, dass Stress etwas Schlechtes ist, dass man, wenn man in irgendeiner Weise Stress hat, auch ängstlich wird. Und deine Angst macht es dann noch stressiger – das hilft in der Situation gar nicht.

Du hast zum Beispiel ein Geschäft und bist in einer Situation, die dir Stress macht. Sobald du spürst, dass eine Anspannung da ist, dass Stress da ist, bekommst du Angst, dass es nicht so sein sollte: „Ich muss mich entspannen!“ Wenn du jetzt versuchst dich zu entspannen, wird es dir nicht helfen, weil du dich nicht entspannen kannst. Im Gegenteil: Der Versuch dich zu entspannen wird eine neue Form von Stress hervorrufen. Der Stress ist da, und du versuchst dich zu entspannen, kannst es aber nicht, also machst du das Problem nur noch komplizierter.

Wenn Stress da ist, verwende ihn als kreative Energie. Akzeptiere ihn zuerst einmal. Es ist nicht nötig dagegen anzukämpfen. Akzeptiere ihn, er ist völlig in Ordnung. Er sagt nur aus: Das Geschäft läuft nicht gut, irgendetwas läuft schief. Oder: Du könntest Verluste machen, oder etwas Ähnliches. Stress ist einfach nur ein Zeichen dafür, dass sich der Körper bereit macht dagegen anzukämpfen. Wenn du jetzt versuchst, dich zu entspannen oder Schmerztabletten oder Beruhigungsmittel nimmst, dann gehst du gegen den Körper vor. Der Körper macht sich bereit, gegen eine bestimmte Situation anzukämpfen, eine bestimmte Herausforderung anzunehmen, die gegeben ist: Genieße sie! Selbst wenn du manchmal in der Nacht nicht schlafen kannst, ist das kein Grund, dir Sorgen zu machen. Nimm die Sache in Angriff, nutze die Energie, die hochkommt: Geh auf und ab, gehe joggen, mach einen langen Spaziergang, mach Pläne, was du tun willst, was dein Verstand tun will. Anstatt einschlafen zu wollen, was ohnehin nicht möglich ist, nutze die Situation kreativ. Es bedeutet nur, dass der Körper bereit

ist, gegen das Problem anzukämpfen. Es ist nicht die Zeit für Entspannung. Entspannen kannst du dich später.
Du wirst dich ohnehin automatisch entspannen, wenn du deinen Stress total gelebt hast. Du kannst nur bis zu einer bestimmten Grenze gehen; dann entspannt sich der Körper automatisch. Wenn du dich mittendrin entspannen willst, schaffst du dir nur Probleme. Der Körper kann sich nicht mittendrin entspannen. Es ist beinahe so, als würde sich ein Läufer bei den Olympischen Spielen bereit machen – er wartet nur auf den Startschuss, auf das Startzeichen, dann wird er lossprinten, schnell wie der Wind. Er ist im totalen Stress – jetzt ist keine Zeit zum Entspannen. Wenn er jetzt ein Beruhigungsmittel nähme, wäre er sofort aus dem Rennen. Oder wenn er sich an Ort und Stelle entspannen würde und TM praktizieren würde, hätte er schon verloren. Er muss seinen Stress nutzen: Der Stress kocht, er sammelt Energie. Der Läufer wird immer lebendiger und kraftvoller. Er muss jetzt auf seinen Stress setzen und ihn als Energie, als Treibstoff einsetzen.
Selye hat dieser Art von Stress einen neuen Namen gegeben: Er nennt es *„Eustress“* – so wie Euphorie. Es ist positiver Stress. Wenn der Läufer dann gelaufen ist, wird er tief schlafen. Das Problem ist gelöst. Nun gibt es kein Problem mehr, der Stress verflüchtigt sich von selbst. Versuche es auch auf diese Weise: Wenn du in einer Stresssituation bist, flippe nicht aus. Fürchte dich nicht davor. Geh in den Stress hinein, benutze ihn, um dich der Situation zu stellen. Der Mensch hat Unmengen von Energie, und je mehr du sie nutzt, desto mehr davon hast du… Wenn also wieder eine solche Situation kommt,

kämpfe, tu alles, was du kannst, geh wirklich wie verrückt in die Sache rein. Lasse sie zu, akzeptiere sie, heiße sie willkommen. Es ist gut, es macht dich kampfbereit. Und wenn du die Sache geregelt hast, wirst du staunen: Eine große Entspannung kommt, und diese Entspannung ist nicht von dir herbeigeführt worden. Vielleicht konntest du zwei, drei Tage nicht schlafen, aber dann kannst du achtundvierzig Stunden nicht wieder aufwachen, und das ist in Ordnung so.

Suche ⇢

Jedes Kind wird mit dem Drang zur Suche nach der Wahrheit geboren. Es ist nichts Angelerntes oder etwas, das es später im Leben annimmt. Die Wahrheit bedeutet einfach: „Ich bin, aber ich weiß nicht, wer ich bin." Und die Frage ist ganz natürlich: „Ich muss die Wirklichkeit meines Seins erkennen." Es ist keine Neugier. Die Suche nach der Wahrheit ist in Wirklichkeit die Suche nach der Wirklichkeit deines Seins.

Sucht ⇢

Sucht bedeutet einfach, dass du zu viel Aufmerksamkeit und Energie einer Sache gibst, die gar nicht so wichtig ist. Du bist unverhältnismäßig stark auf etwas fixiert, von etwas hypnotisiert. Sucht ist eine Art Hypnose, die du selbst in dir erzeugt hast. Dann wird alles andere aus deinem Leben ausgeblendet und nur eines bleibt übrig, das zu deinem Brennpunkt wird. Dein Leben wird eindimensional – das ist Sucht, Besessenheit. Das Leben muss viele Dimensionen haben. Es gibt Menschen, die nur an Sex denken – vierundzwanzig Stunden am Tag nur an Sex. Er lauert ständig in der Tiefe ihrer Gedanken. Auch wenn sie etwas ganz anderes tun, denken sie dennoch an Sex. Dann ist es eine Sucht. Sex an sich ist keine Sucht. Vergesst nicht: Ich bin nicht gegen Sex! Ich bin gegen gar nichts. Sucht bedeutet, dass der Sex alles andere verdrängt hat. Es gibt Leute, die sind süchtig nach Essen – sie denken immer nur ans Essen… Sucht bedeutet, dass etwas dein ganzes Leben bestimmt. Nichts sollte dein ganzes Leben vereinnahmen – alles hat seinen Platz. Das Leben sollte ein Orchester sein.

Sutra ⇢

Im Osten werden große Aussprüche der Meister als Sutra bezeichnet. Sutra heißt Faden, und zwar aus einem bestimmten Grund. Bei der Geburt ist der Mensch wie ein Haufen loser Blumen, einfach ein Haufen. Wenn man keinen Faden nimmt und mit dem Faden die Blumen nicht zusammenhält, wird der Haufen ein Haufen bleiben und niemals zu einer Girlande werden. Und du kannst dich Gott nur dann darbieten, wenn du eine Girlande geworden bist. Ein Haufen ist ein Chaos, eine Girlande ist ein Kosmos – obwohl man in einer Girlande auch nur die Blumen sieht, der Faden bleibt unsichtbar. Die Aussprüche der Meister werden Sutren, Fäden genannt, weil sie eine Girlande aus dir machen können. Und erst wenn du eine Girlande bist, kannst du Gott zum Geschenk dargeboten werden, erst wenn du ein Kosmos, eine Harmonie, ein Lied geworden bist.

Im Augenblick bist du nur sinnloses Geplapper. Du kannst es aufschreiben... Setz dich in ein Zimmer, mach die Tür zu und schreibe alles auf ein Blatt Papier, was dir gerade einfällt. Verbessere nichts, streiche nichts durch, füge nichts hinzu, denn du wirst es niemandem zeigen. Und lege eine Streichholzschachtel neben dich, damit du es sofort verbrennen kannst, wenn du es fertig geschrieben hast, damit du ganz authentisch bleibst. Schreib einfach alles auf, was dir in den Sinn kommt, und du wirst staunen: Eine Übung von zehn Minuten, und du wirst verstehen, was ich damit meine, wenn ich sage, dass du nur sinnloses Geplapper bist.
Es ist wirklich eine große Offenbarung, wenn man sieht, wie der Verstand von hier nach da springt, von einer Sache zur anderen, rein zufällig, völlig grundlos; welche unsinnigen Gedanken in dir ablaufen, völlig irrelevant, zusammenhanglos. Die reinste Vergeudung, die reinste Energieverschwendung! Die Aussprüche Buddhas werden als Sutren bezeichnet.

T

Tantra →

Zur Erinnerung: Sex ist nichts Verkehrtes, aber das Mechanische daran ist verkehrt. Wenn du mit Intelligenz etwas Licht in deine Sexualität bringen kannst, wird sie durch das Licht transformiert. Dann wird nicht mehr nur Sexualität sein, es wird etwas ganz anderes sein, so anders, dass es gar kein Wort dafür gibt. Im Osten haben wir ein Wort dafür gefunden: Tantra. Im Westen habt ihr gar kein Wort dafür. Wenn Sex mit Intelligenz gepaart wird, entsteht eine völlig neue Energie – diese Energie wird Tantra genannt. Tantra bedeutet die Fähigkeit zu expandieren, das, was sich ständig erweitert. Sex lässt dich schrumpfen, Tantra lässt dich expandieren.

Es ist dieselbe Energie, doch sie macht eine Kehrtwendung. Sie ist nicht länger selbstsüchtig, sie ist nicht länger ichbezogen. Sie breitet sich aus – sie breitet sich auf die gesamte Existenz aus. Beim Sex kannst du für einen Augenblick zum Orgasmus kommen, noch dazu zu einem hohen Preis. Mit Tantra kannst du vierundzwanzig Stunden am Tag im Orgasmus leben, weil deine

Energie selbst orgastisch wird. Und du begegnest nicht mehr nur einer einzelnen Person, du begegnest dem Universum selbst. Du siehst einen Baum, du siehst eine Blume, du siehst einen Stern, und es geschieht so etwas wie ein Orgasmus. Jemand, der absolut intelligent, wachsam, bewusst geworden ist, lebt orgastisch. Jede seiner Bewegungen ist voller orgastischer Höhepunkte, ein Höhepunkt nach dem anderen. Und wenn sich Tantra einmal ereignet hat, löst sich der Sex auf. Sex ist der Keim, Tantra ist der Baum.

Tanzen →

Tanzen ist ein Experiment – das Experiment, deinen Körper mit deinem Geist und deiner Seele in Einklang zu bringen. Tanz ist eine sehr rhythmische Angelegenheit. Wenn du wirklich tanzen kannst, gibt es keine andere Aktivität, die eine solche Einheit erzeugt. Wenn du sitzt, nutzt du deinen Körper nicht. Dann benutzt du nur deinen Geist. Wenn du rennst, schnell rennst –, um dein Leben rennst – dann benutzt du deinen Körper, aber nicht deinen Geist. Beim Tanzen sitzt du weder noch rennst du um dein Leben.

Tanzen ist eine freudige Bewegung. Der Körper bewegt sich, die Energie ist im Fluss, der Geist bewegt sich und ist auch im Fluss. Und wenn diese beiden im Fluss sind, verschmelzen sie miteinander. Du wirst „psycho-somatisch" – eine bestimmte Alchemie beginnt in dir zu wirken.

Taufe →

Ebenso wie die Kinderheirat hat man auch die Kinderbekehrung erfunden; es ist dasselbe. Wenn man ein Kind taufen lässt, was tut man da? Ein Kind ist hilflos und weiß von nichts. Ihr versucht, es zum Christen zu machen, ihr zwingt ihm einen Meister auf. Oder ihr lasst einen Jungen beschneiden, um ihn zum Juden zu machen und übergebt ihn einem Rabbi. Die Hindus tun dasselbe, die Moslems tun dasselbe, die Jains tun dasselbe, die Buddhisten tun dasselbe. Jede Religion versucht, die Kinder zur Religion der Familie, der Eltern, der Großeltern zu bekehren, bevor sie anfangen zu suchen, bevor sie anfangen Fragen zu stellen. Wenn ein Kind einmal fragt: „Was ist Wahrheit? Was ist Gott? Wer bin ich?", dann ist es nicht mehr so einfach, es zu taufen. Es wird sagen: „Beantwortet erst einmal meine Fragen, dann bin ich bereit euch zu folgen." Wenn ein Junge anfängt zu fragen, meint ihr, man könnte ihn dann noch beschneiden? Er wird euch alle beschneiden! „Was soll der Unsinn! Seid ihr verrückt geworden?" Man tut es also, bevor er Schwierigkeiten machen kann. Wenn er dann Schwierigkeiten machen könnte, ist er bereits geprägt – voller Mist! Er meint, er sei Jude; er meint, er sei Hindu; er meint, er sei Christ. Er glaubt daran und geht zum Rabbi, wenn er ein Problem hat; geht zum Priester, zum Pfarrer – und in die Kirche, um seine Sünden zu beichten.

Tee →

Vielleicht habt ihr von Bodhidharma gehört, einem der größten Meditationsmeister in der Geschichte der

Menschheit. Es wird eine wunderschöne Geschichte über ihn erzählt: Er konzentrierte sich auf etwas, auf einen äußeren Punkt. Als er blinzeln musste, verlor er seine Konzentration. Also riss er sich die Augenlider aus. Dies ist eine schöne Geschichte: Er riss sich die Augenlider aus, warf sie fort und konzentrierte sich weiter. Nach ein paar Wochen sah er, dass an der Stelle, wohin er die Augenlider geworfen hatte, einige Pflanzen wuchsen. Diese Anekdote trug sich auf einem Berg in China zu, dessen Name *Tah* oder *Ta* ist. Daher auch der Name „Tee". Aus den Pflanzen, die dort wuchsen, wurde Tee gemacht, und deshalb hilft uns Tee dabei, wach zu bleiben. Wenn du blinzeln musst und dir schon die Augen zufallen, trink eine Tasse Tee. Es sind Bodhidharmas Augenlider. Deshalb ist Tee für Zenmönche etwas Heiliges, nichts Gewöhnliches, er ist heilig – Bodhidharmas Augenlider. In Japan gibt es Teezeremonien und in jedem Haus befindet sich ein Teeraum. Der Tee wird in einer religiösen Zeremonie serviert. Tee muss man mit einer ganz meditativen Einstellung trinken. Japan hat wunderbare Zeremonien aus dem Teetrinken gemacht. Man betritt den Teeraum so, wie man einen Tempel betritt. Dann wird der Tee zubereitet, und jeder sitzt still und hört dem Brodeln des Samowars zu. Der Dampf und das Geräusch sind zu hören, und alle sitzen still da und hören zu. Es ist kein gewöhnlicher Vorgang … Bodhidharmas Augenlider. Da Bodhidharma versuchte, mit offenen Augen wach zu bleiben, ist Tee hilfreich. Ob sie wahr ist oder nicht – es ist eine schöne Geschichte.

Teufel →

Jesus war in der westlichen Welt der Erste, der sagte: „Das Reich Gottes ist in euch!" Das steht nicht im Alten Testament. Niemand hatte jemals gehört, dass das Reich Gottes in einem selbst sei. Es war einfach eine geschickte Art auszudrücken, dass man selbst Gott ist. „Das Reich Gottes ist in dir" heißt: Nach außen zu schauen ist nicht der Weg des wahren Suchers. Man muss nach innen gehen. Damit brachte er sich in Schwierigkeiten. Die Juden konnten sehen, dass er Worte aus ihrer Tradition benutzte, ihnen aber eine seltsame Bedeutung gab. Es war ganz klar: Der jüdische Gott sagt: „Ich bin ein eifersüchtiger Gott, ein zorniger Gott. Wenn ihr Sünden begeht, vergebe ich euch nicht." Das zeigt sich schon an der Vertreibung Evas und Adams, nur weil sie die Sünde begingen, die Früchte vom Baum der Erkenntnis zu essen. Sie waren nicht schnell genug, um auch noch von dem anderen Baum, dem Baum des Lebens zu essen. Sie wurden schon beim ersten Baum erwischt. Das ist das einzig Traurige daran.

Manchmal kann man, wenn man unvoreingenommen ist, Dinge sehen, die das voreingenommene Denken unmöglich erkennen kann: Eva wird vom Teufel überredet, vom Baum der Erkenntnis zu essen. Eva hat natürlich Angst – Gott hat es verboten, aber die Argumente, mit denen er Eva überzeugt, sind sehr bedeutungsvoll. Der Teufel sagt: „Ihr versteht nicht, warum er euch daran hindert, die beiden wichtigsten Erfahrungen zu machen. Er hat euch Weisheit verboten, und er hat euch Unsterblichkeit verboten, weil er sehr eifersüchtig ist. Wenn auch ihr erleuchtet seid und auch ihr unsterblich seid, dann werdet ihr selbst Götter werden. Und das macht ihn eifersüchtig. Er will der einzige Gott bleiben und will nicht, dass irgendjemand anderes diese Stellung einnimmt."

Es wundert mich, dass noch nie jemand den Teufel dafür gewürdigt hat, denn was er sagt, ist doch viel sinnvoller im Vergleich zu Gottes Befehlen, die eher faschistisch sind. Gott wirkt eher wie ein Adolf Hitler. Ich möchte euch auch darauf hinweisen, dass die englischen Wörter *devil* (Teufel) und *divine* (göttlich) von derselben Sanskrit-Wurzel abstammen. Beide bedeuten dasselbe. Vielleicht war der Teufel der erste große Revolutionär. Sein eigenes Verbrechen bestand darin, dass er gegen Gott revoltiert hatte. Vorher war er Engel gewesen, aber er hatte einen revolutionären Geist und wurde deshalb aus der Gesellschaft Gottes verstoßen und als der Böse verdammt. Aber seine Art, wie er Eva überredete, gibt mir großen Respekt vor dem Mann. Er lehrt genau das, was alle Erleuchteten auf der Welt immer gelehrt haben, nämlich dass du selbst Gott werden kannst. In deiner Essenz bist du Gott und hast es nur vergessen. Vielleicht schläfst du nur so tief, dass du nicht weißt, wer du bist. Du brauchst nur aufzuwachen.

Theologie →

Ich muss an Moses auf dem Berg Sinai denken. Er war dorthin gekommen auf der Suche nach Gott und er sah etwas sehr Seltsames, das sich die jüdischen Gelehrten nicht erklären können, weil es aussieht, als wäre es erfunden. Er sah ein Feuer und in dem Feuer war ein grüner

Busch – der nicht brannte. Er traute seinen Augen nicht. Die Flammen schlugen hoch und der Busch in den Flammen war grün, und seine Blüten blühten, als würde eine kühle Brise, nicht ein Feuer, über ihn hinweg streichen. Von diesem majestätischen Schauspiel angezogen, tritt er näher an den Busch heran und hört plötzlich eine Stimme: „Moses, zieh deine Schuhe aus! Du stehst auf heiligem Boden." Die Stimme kommt aus dem Busch. Als er näherkommt, nachdem er seine Schuhe abgelegt hat, spürt er keine Hitze. Im Gegenteil: Er fühlt etwas sehr Kühles. Und der Dialog, der dann stattfand und in den Zehn Geboten seinen Höhepunkt fand, war nicht mit einer Person, sondern mit einer unsichtbaren Stimme, die aus diesem grünen Busch kam.

Die Theologen haben sich darangemacht, dieses Rätsel zu lösen. Ich selbst bin ja kein Theologe, aber ich verstehe ein wenig von Poesie, und ich glaube, dass es ein poetisches Bild ist, keine theologische Aussage. Wenn man es als poetisches Bild sieht, ist alle Verwirrung beseitigt. Was damit gesagt wird, ist, dass das Leben, oder Gott, eine kühle Energie ist, die so kreativ und überhaupt nicht destruktiv ist, dass sie selbst mitten im Feuer eines Busches grün bleibt und wächst und blüht.

Akzeptiere diese Lebensenergie. Ein großer Philosoph namens Bergson hat sie als *Elan vital* bezeichnet. Diese Lebenskraft ist nichts, wovor man Angst haben müsste. Man muss sich mit dieser Lebensenergie verbinden, einen Dialog mit ihr führen, und du wirst davon ungemein bereichert sein, anstatt verbrannt zu werden. Zum ersten Mal wird für dich der Frühling kommen, und es werden Blumen für dich blühen.

Viele alte Parabeln und Geschichten sind in Wirklichkeit poetische Bilder, doch die Theologen haben ihre Schönheit und Poesie zerstört, indem sie sie auf die Ebene von Fakten herunterzogen und zu beweisen versuchten, dass sie historische Begebenheiten gewesen seien. Sie sind nicht faktisch, sie sind den Fakten weit überlegen: Sie sind poetische Erkenntnisse, poetischer Ausdruck.

Tod ⇢

Stell dir ein Leben ohne den Tod vor: Es wäre eine unerträgliche Qual, eine unerträgliche Existenz. Ohne den Tod zu leben wäre unmöglich. Der Tod definiert das Leben, gibt ihm eine gewisse Intensität. Weil das Leben vergänglich ist, wird jeder Augenblick kostbar. Wenn das Leben ewig wäre – wen kümmert es dann noch? Man kann ewig auf morgen warten! Wer lebt dann noch jetzt und hier? Doch weil morgen der Tod da ist, zwingt er dich jetzt und hier zu leben. Du musst in den jetzigen Augenblick hineinspringen; du musst ihn in seiner ganzen Tiefe erleben, denn wer weiß? Der nächste Augenblick mag kommen oder auch nicht. Erkennt man diesen Rhythmus, dann ist man entspannt – mit allem entspannt. Wenn Leiden kommt, heißt man es willkommen, wenn Glück kommt, heißt man es willkommen, denn man weiß: Sie sind Partner im selben Spiel. Das ist etwas, woran man sich ständig erinnern sollte. Wenn du dir diese grundsätzliche Er-kenntnis konstant vergegenwärtigst, kommt ein völlig neues Aroma in dein Leben – das Aroma der Freiheit, das Aroma des Nicht-Festhaltens, das Aroma der Ungebundenheit. Was immer geschieht – du bleibst ruhig, still und akzeptierst es.

Totalität →

Schau dir ein dreijähriges Kind an, dann siehst du, was Lebendigkeit sein sollte: Wie fröhlich es ist, wie sensibel für alles, was in seiner Umgebung geschieht, so wachsam und aufmerksam; nichts entgeht seinem Auge. Und wie intensiv es in allem ist: Wenn es wütend ist, ist es reine Wut, purer Zorn. Es ist herrlich, ein Kind in seinem Zorn zu sehen, denn ältere Menschen sind immer halbherzig. Selbst wenn sie wütend sind, sind sie es nicht total, sie halten etwas zurück. Sie lieben nicht total, sie sind nicht total wütend, sie sind in nichts mit ihrer ganzen Totalität, sie sind immer berechnend. Ihr Leben ist lauwarm geworden. Es erreicht niemals diese Intensität von hundert Grad, wo alles verdampft, wo wirklich etwas geschieht, wo eine Revolution möglich wird.
Doch ein Kind lebt immer auf hundert Grad, egal was passiert. Wenn es dich hasst, hasst es dich total, und wenn es dich liebt, liebt es dich total. Und in einem einzigen Moment kann es sich ändern. Es ist so schnell, es braucht keine Zeit, es muss nicht erst darüber nachdenken. Noch vor einem Augenblick ist es auf deinem Schoß gesessen und hat dir erzählt, wie sehr es dich liebt. Und dann passiert plötzlich etwas – du sagst etwas und zwischen dir und ihm läuft irgendetwas schief – und schon springt es auf und sagt: „Ich will dich nie wieder sehen!" Und in seinen Augen siehst du seine Totalität. Und weil es total ist, hinterlässt es auch keine Spuren. Das ist das Schöne

an Totalität: Sie häuft kein psychologisches Gedächtnis an. Ein psychologisches Gedächtnis entsteht nur aus einem unvollständig gelebten Leben. Dann bleibt alles, was du nur zum Teil gelebt hast, um dich herum hängen wie ein Katzenjammer, und dieser Katzenjammer dauert dein ganzes Leben an. Und es sind Tausende von Dingen, die noch unerledigt in der Luft hängen.
Das ist die ganze Theorie des Karma: unerledigte Aufgaben, unerledigte Handlungen, die immer noch darauf warten, erledigt zu werden, abgeschlossen zu werden; und sie treiben dich ständig an: „Schließe mich ab", weil jede Handlung vollkommen abgeschlossen sein will. Wenn du aber das Leben total und intensiv lebst, bist du frei davon, dann hast du den Moment gelebt, und er ist abgeschlossen. Du blickst nicht zurück, und du schaust nicht voraus. Du bleibst einfach hier jetzt. Dann gibt es keine Vergangenheit, keine Zukunft.

Tradition →

Was willst du erreichen, wenn du einer religiösen Tradition folgst? Du wirst zum Imitator. Tradition bedeutet etwas Vergangenes, und Erleuchtung muss genau jetzt passieren! Eine Tradition mag uralt sein, aber je älter sie ist, desto lebloser ist sie. Eine Tradition ist nichts als Spuren im Sand der Zeit, zwar Spuren von Erleuchteten, aber die Spuren sind nicht erleuchtet! Du kannst diesen Spuren sehr fromm folgen, und sie werden dich trotzdem nirgendwohin führen, weil jeder Mensch einzigartig ist. Wenn du dich daran erinnerst, wie einzigartig ein Mensch ist, erkennst du, dass es dir nicht helfen wird, ihm zu folgen, weil es kein vorgegebenes Programm geben kann. Das ist der Unterschied zwischen Wissenschaft und Religion: Die Wissenschaft ist von der Tradition abhängig. Ohne einen Newton, ohne einen Edison hätte Albert Einstein überhaupt nicht existieren können. Er braucht eine bestimmte Tradition. Nur auf dieser Tradition, nur auf den Schultern früherer Giganten aus der Welt der Wissenschaft kann er stehen. Wenn du natürlich auf den Schultern eines anderen stehst, kannst du ein bisschen weiter sehen als die Person, auf deren Schultern du stehst, doch du brauchst diese Person dazu.

Wissenschaft ist eine Tradition, aber Religion ist keine Tradition: Sie ist eine individuelle Erfahrung, eine höchst individuelle. Wenn in der Welt der Wissenschaft einmal etwas bekannt ist, muss es nicht noch einmal entdeckt werden. Es wäre unsinnig, es noch einmal zu entdecken. Du musst nicht die Theorie der Schwerkraft entdecken – das hat Newton schon getan. Du musst dich nicht im Garten hinsetzen und beobachten, wie ein Apfel vom Baum fällt und dann daraus schließen, dass es in der Erde irgendeine Kraft geben muss, die ihn nach unten zieht. Das wäre einfach unsinnig. Das hat Newton erledigt; nun ist es Teil der Tradition der Menschheit.

Die Theorie kann jedem beigebracht werden, der ein wenig intelligent ist; sogar Schulkinder kennen sie. Doch in der Religion musst du alles immer wieder neu entdecken. In der Religion wird keine Entdeckung zum kulturellen Erbe. Buddha hat etwas entdeckt, aber das bedeutet nicht, dass du dem Buddha einfach nachfolgen kannst. Buddha war einzigartig, und du bist auf deine Art einzigartig, also wird es dir nicht helfen, wie Buddha zur Wahrheit gelangt ist. Dein Haus ist anders gebaut; deine Türen führen vielleicht in ganz andere Richtungen. Wenn du Buddha einfach nur blind nachfolgst, wird dich dieses Nachfolgen selbst in die Irre führen. Man kann keinen Traditionen nachfolgen. Man kann sie verstehen, und dieses Verstehen kann eine große Hilfe sein, aber Nachfolgen und Verstehen sind zwei völlig unterschiedliche Dinge.

Tränen ⇢

Die Dimension der Tränen ist den Menschen beinahe völlig verloren gegangen. Sie lassen Tränen nur dann zu, wenn sie tiefen Schmerz oder tiefes Leid erfahren. Sie haben vergessen, dass es auch Tränen der Freude, des höchsten Entzückens, des Feierns gibt. Tränen haben nichts mit Leid oder Freude zu tun. Tränen haben mit all dem zu tun, was innerlich zu viel wird und nach außen überfließen möchte. Das kann Freude sein, es kann Leid sein; alles, was dort innen zu intensiv da ist, was unerträglich ist, fließt über – das Maß ist übervoll. Die Tränen kommen aus einem Überfluss – wenn etwas zu viel wird. Genieße sie also!

Transformation ⇢

Das größte Verlangen auf der Welt ist das nach innerer Transformation. Das Verlangen nach Geld ist im Vergleich dazu nichts, das Verlangen nach mehr Macht, mehr Ansehen ist nichts dagegen. Das größte Verlangen ist das sogenannte spirituelle Verlangen. Und wenn dich dieses Verlangen einmal gepackt hat, wirst du für immer bedrückt sein. Transformation ist möglich, aber nicht, indem du danach verlangst. Transformation ist nur dann möglich, wenn du dich entspannst mit dem was ist – ganz gleich, was es ist. Sich selbst bedingungslos zu akzeptieren, bringt Transformation mit sich.

Transzendentale Meditation →

Die transzendentale Meditation und andere, ähnliche Techniken haben im Westen allein deshalb mehr Bedeutung bekommen, weil der Westen die Kunst des Einschlafens verlernt hat. Die Menschen leiden immer mehr unter Schlaflosigkeit, sie sind von Beruhigungsmitteln abhängig. Transzendentale Meditation ist ein nichtmedizinisches Beruhigungsmittel. Und es ist nichts verkehrt daran, wenn du weißt, dass du es als Beruhigungsmittel verwendest. Aber wenn du meinst, dass du damit etwas Religiöses tust, bist du einfältig. Wenn du glaubst, dass es dir Meditation bringt, bist du ein Narr, ein großer Narr, ein Einfaltspinsel. Das wird dich nie zu Meditation bringen, weil Meditation Bewusstheit bedeutet. Es führt dich zum Gegenteil von Bewusstheit: Es führt dich zum Schlaf. Ich habe nichts gegen Schlaf – ein guter Schlaf ist etwas sehr Gesundes. Und ich verschreibe TM allen, die unter Schlaflosigkeit leiden. Dafür ist sie wunderbar, aber vergesst nicht, dass ein guter Schlaf nichts Spirituelles an sich hat. Er ist gut für den Körper, er ist auch gut für den Verstand, aber er hat nichts mit der spirituellen Ebene zu tun. Die spirituelle Ebene öffnet sich erst dann, wenn du wach bist, wenn du ganz erwacht bist. Und wach ist man nur dann, wenn man alles Schlafen und alles Träumen aufgibt.

Transzendenz →

Transzendenz ist eine genaue Definition von Meditation. Man muss drei Dinge transzendieren, dann wird das Vierte erlangt. Das Vierte ist unsere wahre Natur. Gurdjieff nannte seinen Weg „den vierten Weg", und im Osten haben wir den höchsten Seinszustand *Turiya* – das Vierte – genannt. Wir müssen den Körper transzendieren, er ist unsere äußerste Peripherie. Wir müssen uns bewusst werden, dass wir im Körper sind, jedoch nicht der Körper sind. Der Körper ist etwas Schönes, man muss ihn pflegen, man muss sehr liebevoll mit dem Körper umgehen. Er leistet uns große Dienste. Man darf nicht negativ zu ihm eingestellt sein.

Die Religionen haben den Menschen beigebracht, eine negative Einstellung zu ihrem Körper zu haben, ihn zu quälen – sie nennen das Askese. Das ist blanker Unsinn! Und sie glauben, man sei in der Lage, den Körper zu transzendieren, indem man ihn quält. Da liegen sie völlig falsch. Der einzige Weg, ihn zu transzendieren, ist Bewusstheit, nicht Quälerei. Ihn zu quälen kommt überhaupt nicht in Frage! Du quälst ja dein Haus auch nicht: Du weißt, dass du es nicht bist – es ist dein Haus. Nur Bewusstheit ist nötig. Es ist nicht nötig, dass du fastest; es ist nicht nötig, dass du einen Kopfstand machst; es ist nicht nötig, deinen Körper in tausenderlei Positionen zu verrenken. Beobachte ihn einfach. Bewusst zu werden ist genug. Und genau dasselbe gilt auch für die anderen beiden Bereiche, die zu transzendieren sind.

Als Zweites musst du das Denken transzendieren – das ist der zweite konzentrische Kreis, deinem Wesen näher als der Körper. Der Körper ist grobstofflich, das Denken ist subtiler, und dann gibt es noch ein Drittes, das Subtilste – dein Herz: die Welt deiner Gefühle, Emotionen, Stimmungen. Doch der Schlüssel ist derselbe. Fange mit dem Körper an, denn der Körper ist am leichtesten zu beobachten. Er ist ein Objekt. Gedanken sind auch Objekte, aber sie sind unsichtbarer.

Wenn dir dein Körper bewusst geworden ist, wirst du auch deine Gedanken beobachten können. Und wenn du Bewusstheit deiner Gedanken erlangt hast, wirst du auch deine Stimmungen beobachten können, doch sie sind am subtilsten. Bewusstheit muss also nur bis zum dritten Zustand eingesetzt werden. Wenn dir alle drei konzentrischen Kreise um deine Mitte herum bewusst werden, geschieht das Vierte von alleine. Plötzlich weißt du, wer du bist – nicht verbal, du bekommst keine Antwort, und du kannst es niemandem erzählen, aber du weißt es. Du weißt es genauso, wie du weißt, dass du Kopfweh hast. Du weißt es genauso, wie du weißt, dass du Hunger oder Durst hast. Du weißt es genauso, wie du weißt, dass du dich verliebt hast. Du kannst es nicht beweisen. Man kann es nicht beweisen, aber man weiß es. Und dieses Wissen ist sich selbst Beweis genug. Man kann es nicht anzweifeln; es ist über jeden Zweifel erhaben. Wenn man das Vierte erlangt hat, hat man die Welt transzendiert. Ich lehre keine Weltentsagung. Ich lehre die Transzendenz der Welt – und das ist der Weg.

Träume →

Seine Träume zu analysieren kann einem nicht helfen erleuchtet zu werden, aber Zeuge seiner Träume zu werden ist auf jeden Fall hilfreich. Das ist der Unterschied zwischen Psychologie und Religion: Psychologie analysiert die Träume. Religion beobachtet sie, hilft einem, sich ihrer bewusst zu werden. Und sobald dir deine Träume bewusst werden, verschwinden sie. Sie können keinen Moment länger existieren. Sie können nur existieren, solange sie dir ganz unbewusst sind; das ist schließlich die Grundvoraussetzung dafür, dass es sie überhaupt gibt. Ein Buddha träumt nie; er kann gar nicht träumen. Selbst wenn er träumen wollte, könnte er es nicht. Die Träume verschwinden einfach aus seinem Dasein, denn selbst nachts im Schlaf ist er tief in seinem innersten Kern wach. Es gibt Nachtträume und es gibt Tagträume. Man wechselt nur ständig hin und her zwischen dem einen Traum und dem anderen, von einer Art Traum zu einer anderen Art Traum. Erinnere dich immer an denjenigen, der die Träume sieht. Werde wach für diesen Zeugen und gib den Träumen selbst nicht zu viel Aufmerksamkeit.

Tugend →

Wahre Tugend hat nichts mit sogenannter Moral zu tun. Es gibt einen sehr tiefgründigen und bedeutungsvollen Ausspruch von Sokrates. Er sagt: „Wissen ist Tugend." Mit Wissen meint er Weisheit, Erkenntnis, denn er betonte immer wieder: „Erkenne dich selbst." Das meine ich mit bewusst sein, denn nur Bewusstsein versetzt dich in die Lage, dich selbst zu erkennen. Und von dem Moment an, in dem du dich selbst erkannt hast, kannst du niemandem mehr etwas zuleide tun. Es ist einfach unmöglich. Du kannst nicht destruktiv sein.

Es ist wie mit jemandem, der Augen zum Sehen hat – wie soll man da annehmen, dass er versucht durch die Wand zu gehen? Er hat Augen im Kopf, also weiß er, wo die Tür ist – er wird durch die Tür gehen. Aber ein Blinder kann es versuchen. Er wird überall gegen die Wand laufen und vielleicht sogar versuchen, durch die Wand oder durchs Fenster hinauszugehen. Er weiß nicht, wo die Tür ist. Er wird andere fragen, wo die Tür ist. Was das Leben anbelangt, ist man jedoch jeden Moment in einem anderen Haus, und das Haus verändert sich auch noch jeden Moment. Manchmal ist die Tür rechts und manchmal links; manchmal ist sie hinten und manchmal vorne. Und Anweisungen von anderen können dir auch nicht viel helfen, weil sich die Tür ständig verändert. Du brauchst deine eigenen Augen. Dann brauchst du niemanden zu fragen, dann brauchst du nicht an die Tür zu denken, wenn du hinaus willst. Du schaust einfach nur und weißt, wo die Tür ist.

Genauso ist es mit dem Bewusstsein: Es gibt dir eine Einsicht, eine neue Sichtweise, eine neue Betrachtungsweise, ein neues Auge – im Osten nennen wir es das *Dritte Auge.* Das ist nur eine Metapher, aber es gibt ein paar Idioten, die Leichen auseinandernehmen um herauszufinden, wo das *Dritte Auge* ist. Sie können noch so große Experten oder Wissenschaftler sein, es macht keinen Unterschied. Sie haben die Metapher nicht verstanden, haben die Poesie des Wortes nicht verstanden. Es ist nur ein Ausdruck. Das *Dritte Auge* existiert nicht im physischen Körper; es ist nur ein Ausdruck dafür, dass man herausgefunden hat, wie man direkt in die Realität hineinschauen kann, dafür, dass man bewusst geworden ist. Und aus dieser Bewusstheit heraus entsteht Tugend. Wohlgemerkt: Wenn Tugend von außen aufgezwungen wird, ist es eine Bevormundung. Wenn sie von innen kommt, ist sie etwas Individuelles. Dann ist sie nicht wie Konfektionskleidung, sondern maßgeschneidert, dann ist sie von deinem Bewusstsein gefertigt. Dann ist sie in Harmonie mit deinem ganzen Wesen.

Moses schrieb die Zehn Gebote vor dreitausend Jahren, und es gibt immer noch Dummköpfe, die sich daran halten. Für Moses waren sie ideal, aber zu jemand anderem passen sie nicht. Sie entstanden aus seinem Bewusstsein heraus. Es ist ein Gleichnis, dass sie aus der Begegnung mit Gott heraus entstanden sind. Früher hat man damit zum Ausdruck gebracht, dass jemand so bewusst geworden ist, dass er weiß, was Wahrheit ist, was Gott ist. Seiner Erfahrung der höchsten Wahrheit entsprangen die Zehn Gebote. Sie ließen sich nur auf ihn anwenden, auf niemanden sonst. In Indien halten sich die Hindus an die Vorschriften und die Disziplin von Manu, der sogar noch viel früher gelebt hatte als Moses – vor fünftausend Jahren. Für Manu waren sie wohl optimal, aber für andere sind sie völlig unangemessen.

Darauf weise ich immer wieder hin: Jeder muss seine eigene Religion, seine eigene Moral, seine eigene Tugend finden. Dann trägt deine Tugend deine eigene Handschrift. Dann lebt sie, dann atmet sie. Dann tust du etwas einzig und allein aus dem Grund, weil es für dich richtig ist, so zu handeln. Du willst es aus tiefstem Herzen. Dann verlangst du nicht, im Himmel dafür belohnt zu werden. Du handelst weder aus Gier noch aus Angst vor der Hölle, vor irgendeiner Bestrafung. Du hältst dich genau an das, was dir deine Einsicht sagt – ganz gleich welche Folgen, welche Konsequenzen es letztendlich hat. Jemand, der tiefe Bewusstheit erlangt hat, kümmert sich nicht im Geringsten um die Folgen. Er handelt sofort, er antwortet direkt auf die Realität – sonst nichts. Und er genießt den Augenblick, in dem er mit seinem ganzen Sein auf die Realität eingeht. Er genießt diese Harmonie, diese Begegnung, dieses Verschmelzen, diese Vereinigung.

U

Übermensch →

Der Mensch ist in Wirklichkeit nur eine Brücke – er hat kein Sein. Der Mensch ist ein Werden, ein Prozess. Er muss erst ankommen, er ist immer noch unterwegs. Der Mensch muss über sich selbst hinaus wachsen. Er muss zum Übermenschen werden... Wenn du zu deiner tiefsten Tiefe vorgedrungen bist, wenn es nirgendwohin weiter geht, wenn du zum Kern, zur wahren Mitte gelangt bist, bist du kein Mensch mehr. Buddha ist kein Mensch, er ist ein Übermensch. Genauso wie Jesus, wie Krishna und all die Erleuchteten auf der Erde. Auch du musst dich dieser Reihe von Erwachten anschließen. Auch du musst Teil der Herrlichkeit werden, die einem Erleuchteten eigen ist. Jeder Mensch muss zum Übermenschen werden.

Und ein Übermensch hat nichts mit Rasse, mit Abstammung zu tun. Ich verwende das Wort nicht in dem Sinne, in dem es Adolf Hitler verwendet hat. Ich verwende es in einem völlig anderen Sinne, nämlich als höchste Stufe des Erwachens. Wie kann man dich dann noch einfach als Mensch bezeichnen? Du hast dich selbst übertroffen. Du bist über dich hinaus gegangen. Du hast das jenseitige Ufer erreicht.

Unbewusstheit →

Die Menschen bewegen sich unbewusst, mechanisch, unachtsam. Sie wissen nicht, was sie tun. Wie können sie auch wissen, was sie tun? Sie wissen ja nicht, wer sie sind. Wenn du dein Wesen nicht kennst, kannst du nicht bewusst in deinem Tun sein – das ist unmöglich. Zuerst muss man sich seines Wesens bewusst sein – das ist Wachstum. Inneres Wachsen ist Wachstum, nach innen gehen ist Wachstum.

Unergründliche, das →

Diese drei Begriffe müsst ihr euch merken: das Bekannte, das Unbekannte und das Unergründliche.

Das Bekannte war gestern unbekannt. Das was heute unbekannt ist, kann aber schon morgen erkennbar, bekannt sein. Die Wissenschaft glaubt nur an zwei Kategorien: das Bekannte und das Unbekannte. Doch das Unbekannte bedeutet das, was erkannt werden kann: Bis jetzt haben wir es nicht ergründen können, doch früher oder später werden wir es kennen. Deshalb glaubt die Wissenschaft auch, dass in der Geschichte ein Moment kommen wird, wo alles Unbekannte bekannt sein wird. Die Religion hat noch eine dritte Kategorie: das Unergründliche, das immer unergründlich bleiben wird. Es war gestern unergründlich, es ist heute unergründlich und wird auch morgen unergründlich bleiben. Die Wissenschaft denkt, dass man die Existenz entmystifizieren kann. Die Religion weiß, dass sie nicht entmystifiziert werden kann, weil das Unergründliche immer ein Mysterium bleiben wird. Und dieses Unergründliche wird Gott, Wahrheit, Nirvana genannt; man hat ihm so viele Namen gegeben: *Tao, Dhamma, Logos.* Doch eine Eigenschaft ist eindeutig in all diesen Worten zu finden: Es ist unergründlich, es ist ein absolutes Mysterium. Du kannst es betreten, du kannst ein Teil davon werden, aber du kannst es nicht ergründen.

Du kannst es leben, aber du kannst es nicht ergründen. Du kannst es schmecken, aber du kannst nichts darüber sagen. Du kannst es in deinem Bauch spüren, aber du bist sprachlos. Und das ist die kostbarste Erfahrung. Man kann es erfahren, aber nicht in Worte fassen. Deshalb kann es nicht ein Teil des Bekannten werden.

Viele Menschen haben es erfahren: Buddha hat es erfahren, Laotse hat es erfahren, Patanjali hat es erfahren, Kabir hat es erfahren, aber niemand war je in der Lage, etwas darüber zu sagen. Sie sagen alle nur, wie man es finden kann, aber sie sprechen das, was man finden wird, niemals aus. Laotse beginnt sein Buch *Tao Te King* so: Wahrheit ist das, was nicht in Worte gefasst werden kann. „Merkt euch das", sagt er, „dann könnt ihr mein Buch lesen. Vergesst es nicht, denn in den Worten werdet ihr die Wahrheit nicht finden." Vielleicht findet man sie in den Lücken zwischen den Worten oder zwischen den Zeilen, aber nicht *in* den Worten, nicht *in* den Zeilen. Das ist es, wonach wir suchen – das Unergründliche.

Ungehorsam ⇢

Ungehorsam ist keine Sünde, sondern gehört zum Wachstum. Früher oder später muss jedes Kind seinen Eltern gegenüber ungehorsam sein – je früher, desto besser, denn das Leben ist kurz. Man sollte keine Zeit verlieren. Man muss lernen, klar und deutlich Nein zu sagen, denn erst dann kann man an den Punkt kommen, wo man auch Ja sagen kann. Wer nicht in der Lage ist Nein zu sagen, kann auch nicht wirklich Ja sagen. Ungehorsam ist der Hintergrund, vor dem wahrer Gehorsam erblühen kann.

Unglücklich ⇢

Glücklich bist du, wenn du dich auflöst. Unglücklich bist du, wenn du zu viel bist. Du bist der Missklang, deine Abwesenheit ist der Einklang. Manchmal erhaschst du einen kurzen Blick auf das Glück – wenn du zufällig einmal nicht da bist. Wenn du die Natur betrachtest oder die Sterne anschaust oder die Hand deiner oder deines Geliebten hältst, oder beim Liebesakt. In manchen Augenblicken bist du nicht da. Wenn du da bist, wird sich auch kein Glücksgefühl einstellen. Wenn du mit deiner oder deinem Geliebten „Liebe machst", und es wirklich ein Machen ist, dann wird sich kein Glücksgefühl einstellen. Liebe kann nicht gemacht werden. Du kannst in ihr aufgehen oder nicht, aber du kannst sie nicht machen. „Liebe zu machen" ist absurd. Wie kannst du sie machen? Wenn der Macher da ist, wenn der Tuende da ist, dann ist ein Techniker am Werk. Und wenn du Techniken von Masters und Johnson oder von

Vatasyayana oder irgendeiner anderen Quelle ausübst und dich nicht darin verlierst, wird sich kein Glücksgefühl einstellen. Wenn du dich darin verlierst, wenn du nicht weißt, wohin du gehst, wenn du nicht weißt, was du tust, wenn du von dem Ganzen besessen bist und der Teil nicht getrennt vom Ganzen existiert… dann ist es eine orgastische Erfahrung. Das ist Glück.

Unrecht ⇢

Freiheit bedeutet im Grunde, bedeutet in Wirklichkeit, dass du imstande bist, dich für Recht oder Unrecht zu entscheiden. Und die Gefahr dabei ist – und deshalb auch die Angst –, dass das Unrechte immer einfacher ist. Das Unrechte führt bergab und das Rechte bergauf. Bergauf zu gehen ist schwierig, mühsam; und je höher du hinaufsteigst, desto mühsamer wird es. Bergab zu gehen ist ganz einfach: Du musst gar nichts tun, die Schwerkraft nimmt dir alle Arbeit ab. Du kannst dich wie ein Stein von der Bergspitze hinunterrollen lassen, und der Stein wird bis ganz unten rollen. Du brauchst nichts zu tun. Wenn du aber dein Bewusstsein wachsen lassen willst, wenn du in die Welt der Schönheit, der Wahrheit, der Seligkeit emporschwingen willst, sehnst du dich nach den höchstmöglichen Gipfeln und das ist zweifellos schwierig… Freiheit gibt dir die Möglichkeit, tiefer als die Tiere zu fallen oder dich über die Engel zu erheben. Freiheit ist wie eine Leiter: Eine Seite der Leiter reicht bis zur Hölle, und die andere Seite berührt den Himmel. Es ist dieselbe Leiter. Du hast die Wahl, du musst nur die Richtung wählen.

Unsterblichkeit ⇢

Das Geheimnis der Unsterblichkeit ist kein so ein großes Geheimnis, das man nicht aufdecken könnte. Eigentlich ist es ein offenes Geheimnis: Du brauchst nur ein wenig in dir selbst zu graben, dann kannst du es entdecken. Nur ein paar Schichten Müll müssen beseitigt werden. Diesen Müll nennen wir *Mind* – das, was wir im Kopf haben. Gedanken und Wünsche und Erinnerungen häufen sich in uns an, und wegen dieser Haufen können wir unsere eigene Wahrheit nicht sehen. Wenn wir in der Lage sind, eine kleine Lücke zu machen, ein bisschen Raum zu schaffen, entdecken wir die Wahrheit: Dass wir unsterblich sind. Die Wahrheit ist, dass wir nie geboren werden und niemals sterben werden, dass Geburt und Tod Episoden unseres ewigen Lebens sind. Tausende von Malen sind wir geboren worden und Tausende von Malen haben wir den Körper verlassen. Es liegt an diesem *Mind*, dass wir immer wieder zurückkommen. Es liegt am *Mind*, dass sich das Rad von Geburt und Tod immer weiter dreht. Sobald wir aus dem *Mind* aussteigen, hält das Rad an. Und das ist alles, was die Kunst der Meditation ausmacht: aus diesem *Mind* auszusteigen und in einen Zustand zu kommen, den ich *No-Mind* – Nicht-Denken – nenne.

Untreue ⇢

Dieses Wort bedeutet normalerweise, dass man mit einer Frau ins Bett geht, mit der man nicht verheiratet ist. Aber die wahre Bedeutung von Untreue ist es, mit jemandem ins Bett zu gehen, den man nicht liebt. Es mag deine eigene Frau sein, aber wenn du sie nicht liebst, ist es Untreue, mit ihr zu schlafen. Und der Mensch ist ein komplexes Wesen – heute bist du vielleicht in deine Frau verliebt, ja, sogar in deine eigene Frau! Ich weiß, es ist schwierig, es ist hart und kommt selten vor, aber es kommt vor. Heute liebst du deine Frau und dann ist der Liebesakt mit ihr ein Gebet, ein Gottesdienst, die Vereinigung mit Gott.

Diese Vereinigung kann aber auch mit einer anderen Frau geschehen, mit der du nicht verheiratet bist – wenn Liebe da ist, dann ist es keine Untreue. Und wenn keine Liebe da ist, dann ist sogar das, was du mit deiner Frau tust, Untreue.

Unvollkommenheit ⇢

Perfektionismus ist die Hauptursache für alle Neurosen. Niemand kann perfekt sein, und niemand braucht perfekt, vollkommen zu sein. Das Leben ist schön, weil alles unvollkommen ist.

Vollkommenheit ist der Tod; Unvollkommenheit ist das Leben. Nur auf Grund von Unvollkommenheit ist Wachstum möglich. Wenn du vollkommen bist, gibt es kein Wachstum mehr, keine Bewegung. Dann kann nichts mehr mit dir geschehen; es ist schon alles geschehen. Du wärest vollkommen tot.

Unvorhersehbar ⇢

Voraussagen kann man nur über Dinge machen, nicht über das Bewusstsein. Bewusstsein ist unvorhersehbar.

Was in dir zur Blüte kommen wird, ist erst dann zu erkennen, wenn es blüht.

Ursprüngliches Gesicht →

Im Zen heißt es: Finde dein ursprüngliches Gesicht – das Gesicht, das du vor deiner Geburt hattest. Finde das Gesicht, das du wieder haben wirst, wenn du tot bist. Zwischen Geburt und Tod ist alles, was du für dein Gesicht hältst, nur zufällig. Du hast es im Spiegel gesehen. Du hast es nicht von innen gespürt, sondern hast draußen danach gesucht.

Kennst du dein ursprüngliches Gesicht? Du kennst nur das Gesicht, das dir dein Spiegel zeigt. Und alle deine Beziehungen sind nur Spiegel. Dein eigenes ursprüngliches Gesicht siehst du nur in tiefer Stille.

V

Vaterland →

Ich würde am liebsten ganz Deutschland mit guten Witzen füllen. Eine so starke Nation braucht eine Dimension von Kreativität, in die sie ihre ganze Kraft und Intelligenz stecken kann. Sie verdient keinen Adolf Hitler. Damit Deutschland nicht wieder in dieselbe Grube fällt… Es ist im ersten Weltkrieg in die Grube gefallen und im zweiten Weltkrieg wieder. Und es gibt in Deutschland immer noch amerikanische Soldaten und amerikanische Waffen; man kann es dazu zwingen, wieder in eine Grube zu fallen, und das wäre das Ende der ganzen Menschheit. Werft alle Bibeln hinaus und lest Witzbücher! Sagt den Amerikanern, sie sollen gehen und ihre Waffen mitnehmen. Sagt ihnen: „Wir brauchen sie nicht mehr, und wir opfern uns nicht noch einmal für so einen Unsinn, für irgendein Vaterland." Deutschland ist das einzige Land, das sich „Vaterland" nennt. Was für ein männliches chauvinistisches Denken! Alle anderen Länder heißen „Mutterland", aber die Deutschen konnten ihr Land nicht „Mutterland" nennen, weil es so aussieht, als würde man sein Land nach dem schwachen Geschlecht benennen. „Vaterland" wirkt besser. Bitte fangt an, die Vorstellung vom „Vaterland" aufzugeben. Macht Deutschland zu einem Mutterland. Gebt ihm mehr weibliche Ideen und nehmt ihm die männlichen chauvinistischen Ideen weg.

Veränderung ⇢

Wir machen uns unglücklich, weil wir keine Veränderung zulassen wollen. Wir klammern uns fest; wir wollen den Status quo erhalten. Wenn du heute eine Frau liebst, willst du sie auch morgen haben – und zwar genauso, wie sie dir heute gehört. So machen wir uns unglücklich. Niemand kann sicher sein, was der nächste Moment bringt – geschweige denn, was morgen sein wird! Ein Mensch, der bewusst ist, weiß, dass sich das Leben ununterbrochen verändert. Das Leben ist Veränderung. Es gibt nur eine Sache, die sich nicht ändert, und das ist die Veränderung. Alles andere ändert sich – außer der Veränderung. Diese Natur des Lebens zu akzeptieren, diese sich ständig verändernde Existenz mit all ihren Phasen und Stimmungen zu akzeptieren, diesen konstanten Fluss, der niemals auch nur für einen Augenblick anhält – das ist Seligkeit.

Verantwortung ⇢

Verantwortung ist die Fähigkeit zu antworten. Es bedeutet nicht Pflichtgefühl. Verantwortung – geh zur ursprünglichen Bedeutung des Wortes zurück: Es bedeutet

Antworten. Liebe ist eine Antwort. Wenn der andere ruft, bist du bereit. Wenn dich der andere einlädt, gehst du auf ihn zu. Wenn dich der andere nicht einlädt, mischst du dich nicht ein, du überschreitest seine Grenze nicht. Wenn der andere singt, singst du als Antwort. Wenn dir der andere die Hand reicht, nimm sie an – mit tiefer Verantwortlichkeit. Verantwortung heißt offen zu sein, bereit zu sein, zu antworten.

Verdrängung →

Verdrängung, Unterdrückung bedeutet, dass du ein Leben führst, für das du nicht bestimmt bist. Verdrängung bedeutet Dinge zu tun, die du niemals tun wolltest. Verdrängung bedeutet, eine Person zu sein, die du nicht bist: es ist eine Art, sich selbst zu zerstören. Verdrängung ist Selbstmord – natürlich ein sehr langsamer, aber eine todsichere langsame Vergiftung. Sich ausdrücken ist Leben. Unterdrücken ist Selbstmord.

Führe kein unterdrücktes Leben, sonst lebst du gar nicht. Führe ein Leben des Selbstausdrucks, der Kreativität, der Freude. Lebe so, wie es die Existenz von dir wollte, lebe natürlich. Höre auf deinen Instinkt, höre auf deinen Körper, höre auf dein Herz, höre auf deine Intelligenz. Sei autonom, lass dich von deiner Spontaneität leiten, und du wirst niemals verloren sein. Und wenn du dich spontan von deinem natürlichen Leben leiten lässt, wirst du zwangsläufig eines Tages vor den Toren des Göttlichen stehen.

Vergangenheit →

Der Verstand lebt in der Vergangenheit, weil er im Wissen lebt. Wissen ist das, was du kennst, was du verstanden und gelernt hast. Doch die Existenz ist jetzt, während der Verstand damals ist: Die Existenz ist hier, während der Verstand immer dort ist. Der Verstand schaut zurück, er ist wie ein Rückspiegel. Wenn du mit dem Auto rückwärts fährst, brauchst du den Rückspiegel, aber wenn du vorwärts fährst, ist es gefährlich, immer nur in den Rückspiegel zu schauen. Und wenn du auf den Rückspiegel fixiert bist, wirst du mit Sicherheit einen Unfall verursachen. Du bist in großer Gefahr, du bist selbstmörderisch. Das Leben geht immer vorwärts – es kann unmöglich zurückgehen.

Verhaltenspsychologie →

Es ist kein Zufall, dass die Psychologen immer wieder Ratten untersuchen, um den Menschen zu verstehen. Seltsam: Wir versuchen Ratten zu verstehen, um uns selber zu verstehen? Aber es ist nicht wirklich so seltsam, wie es aussieht, denn die Mehrheit der Menschen lebt wie die Ratten. Die Psychologie von Pawlow basiert auf dem Studium von Hunden, und die Psychologie von Skinner basiert auf dem Studium von Ratten. Beide haben durchaus recht, soweit es die Mehrheit der Menschheit betrifft. Nur ab und zu haben sie vielleicht unrecht. Wenn sie versuchen, ihre Psychologie auf einen Buddha anzuwenden, sind die Folgerungen vielleicht nicht richtig, aber soweit es gewöhnliche Menschen betrifft, treffen sie vollkommen zu. Was ist mit dem

Menschen geschehen? Er hat jeden Sinn und jede Bedeutung im Leben verloren, einfach weil er ein richtiger Feigling geworden ist. Er lebt so feige und hat so viel Angst vor allem Neuen.

Verletzlichkeit →

Glücksseligkeit ist wie ein Regenschauer. Wenn sie sich wirklich einstellt, wenn sie einen überkommt, ist man ganz davon durchtränkt, darin gebadet. Und damit sie einen überkommen kann, muss man total verletzlich sein – sonst braucht es nichts. Man sollte sich nicht davor schützen, das ist alles.

Verrat →

Es gibt nur einen Verrat, und zwar den Verrat an deinem eigenen Leben. Es gibt keinen anderen Verrat. Wenn du mit einer Frau weiter zusammenlebst, die ständig nörgelt und besitzergreifend ist, ohne dass noch Liebe da ist, dann zerstörst du deine eigenen Chancen. Im Talmud gibt es einen Spruch, in dem Gott sagt: „Ich habe dir so viele Chancen gegeben glücklich zu sein. Warum hast du sie verpasst?" Er fragt dich nicht, welche Sünden du begangen hast, sondern welche Gelegenheiten du verpasst hast, umglücklich zu sein. Dafür bist du verantwortlich. Das ist wirklich schön: Du bist nur für die Gelegenheiten verantwortlich, die sich dir geboten haben und die du verpasst hast. Bleibe dir selbst treu. Das ist die einzige Treue, die man halten sollte. Dann ist alles gut.

Verstehen →

Verstehen ist etwas anderes als Wissen. Wissen ist geliehen, Verstehen kommt aus dir selbst. Wissen kommt von außen, Verstehen entspringt dem Inneren. Wissen ist stumpf, weil es aus zweiter Hand kommt. Wissen kann niemals ein Teil deines Wesens werden. Es wird immer ein Fremdkörper sein, es wird dir immer fremd sein, es kann keine Wurzeln in dir schlagen. Verstehen wächst aus dir heraus, es ist dein eigenes Erblühen. Es ist nur dir selbst zuzuschreiben – deshalb ist es so schön, und es ist befreiend.

Vertikalität →

Die Zeit besteht aus zwei Stufen, nicht aus drei. Die Gegenwart gehört nicht der Zeit an. Die Vergangenheit ist Zeit, die Zukunft ist Zeit. Die Gegenwart ist das Eindringen des Jenseitigen in die Welt der Zeit. Stellt euch Zeit als eine horizontale Linie vor: A gefolgt von B, B gefolgt von C, C gefolgt von D, und so weiter – es ist ein linearer Verlauf. Die Existenz ist nicht horizontal, die Existenz ist vertikal. Die Existenz bewegt sich nicht auf einer Linie – von A nach B, von B nach C. Die Existenz geht mit Intensität: von A zu einem tieferen A, und von dem tieferen A zu einem noch tieferen A. Sie taucht in den Moment ein. Zeit als Konzept von Vergangenheit und Zukunft ist die Sprache des Kopfes, und der Kopf kann nur Probleme schaffen, aber keine Lösungen. Alle Probleme, die die Menschheit belasten, sind vom Kopf erfunden. Die Existenz ist ein Mysterium, nicht ein Problem. Sie muss nicht gelöst werden, sie will gelebt werden.

Vertrauen ⇢

Vertrauen ist etwas Mysteriöses. Das ist das Erste, was man darüber verstehen sollte. Deshalb lässt es sich auch nicht erklären. Ich kann euch ein paar Hinweise dazu geben – Finger, die zum Mond zeigen, ein paar Andeutungen, aber beschreiben oder definieren kann man es nicht.

Es ist die höchste Form der Liebe, es ist das tiefste Wesen der Liebe. Liebe selbst ist ein Mysterium, undefinierbar, aber Liebe ist wie die Peripherie, und Vertrauen ist ihr tiefstes Zentrum, ihre Seele. Liebe ist wie ein Tempel, und Vertrauen ist sein innerster Schrein. Gewöhnlich meint man, Vertrauen sei gleichbedeutend mit Glauben. Das stimmt nicht. Vertrauen bedeutet nicht Glauben. Glauben ist emotional, sentimental. Glauben bringt Fanatiker hervor. Hindus, Moslems, Christen – das sind Leute, die gläubig sind. Vertrauen erzeugt nur tiefe Religiosität. Vertrauen macht niemals jemanden zum Hindu, zum Moslem oder zum Christen. Glauben ist geliehen – von den Eltern, von der Gesellschaft, in der du aufgewachsen bist. Glauben ist zufällig. Die Leute hängen aus Angst oder aus Gier einem Glauben an, nicht aber aus Liebe. Vertrauen kommt aus Liebe. Glauben ist egoistisch, deshalb ist er fanatisch. Glauben ist von anderen übernommen, deshalb ist er hässlich.

Der Glaube ist eine Fessel, weil er einem durch subtile Taktiken aufgezwungen wird. Das ist kein Vertrauen. Vertrauen ist etwas ganz anderes, es hat ein ganz anderes Aroma. Es ist dein eigenes Wachstum, das dir Vertrauen bringt. Es ist deine eigene Erfahrung. Es ist dein eigenes Wissen. Glauben entsteht durch Prägung; Vertrauen ist jenseits aller Prägung. Bevor man Vertrauen haben kann, muss man den Glauben aufgeben.

Und das Zweite, was man bedenken sollte: Vertrauen ist auch nicht Überzeugung. Überzeugung ist ein Trick des Verstandes, Zweifel zu unterdrücken. Der Mensch wurde mit vielen Zweifeln, mit Millionen von Zweifeln, geboren, und das ist ganz natürlich, es ist ein Geschenk der Natur. Zweifel ist ein Geschenk der Natur, aber er bringt dich in Schwierigkeiten. Zweifel ist ein Schwert. Es durchschneidet alle Überzeugungen. Es ist ein gefährlicher Weg.

Der Weg zur Wahrheit muss jedoch gefährlich sein, weil Wahrheit der höchste Gipfel ist. Je höher du auf den Everest steigst, desto gefährlicher wird das Gelände. Ein einziger falscher Schritt, und du bist für immer verloren. Wenn du zweifelst und immer weiter alles anzweifelst, kommt irgendwann ein Moment, wo sich alles, woran du je geglaubt hast, auflöst, in Luft auflöst. Es ist beinahe ein Zustand von Verrücktheit. Man kann jeden Augenblick in den Abgrund stürzen, der einen umgibt. Und wenn man abstürzt, ist es ein Zusammenbruch. Wenn man aber wachsam, bewusst, aufmerksam, vorsichtig bleibt, ist es ein Durchbruch. Vertrauen ist der allerhöchste Durchbruch. Es hilft dir, die Wahrheit auf deinem eigenen Weg zu erfahren. Und Wahrheit kann dich nur dann befreien, wenn es deine eigene ist. Die Wahrheit von jemand anderem kann niemanden befreien. Sie hält dich nur gefangen, sonst nichts.

Vorwürfe →

Der Mensch ist in einem so unbewussten Zustand, dass er mit allem, was er tut, sich selbst und andere immer unglücklicher macht. Er macht dem Schicksal Vorwürfe, macht der Natur Vorwürfe, macht der Gesellschaft Vorwürfe – er macht immer anderen Vorwürfe, aber niemals sich selbst. Sobald du den Mut aufbringst dir selbst Vorwürfe zu machen, sobald du die Verantwortung dafür übernimmst, was immer du bist, kommt der erste Lichtstrahl in dein Sein. Du bist auf dem Weg zur inneren Transformation.

W

Wachheit ⇢

Wenn du wach bist, wenn deine Handlungen immer bewusster werden, dann wird alles, was du tust, nicht mehr wie im Schlaf geschehen. Der Gesellschaft geht es nur darum, dass du immer automatischer funktionierst. Sie will dich zum Automaten machen, will dich zu einem perfekt funktionierenden Mechanismus machen. Wenn du anfängst Autofahren zu lernen, bist du wach, aber noch nicht effizient, denn Wachheit braucht Energie, und du musst auf viele Dinge achten: die Gänge, das Steuerrad, die Bremse, das Gaspedal, die Kupplung. Es sind so viele Dinge, die du dir bewusst machen musst, dass du nicht effizient sein kannst; du kannst noch nicht schnell fahren. Aber im Laufe der Zeit beginnst du zu funktionieren und brauchst nicht mehr bewusst zu sein. Du kannst ein Lied summen oder über etwas nachdenken oder ein Rätsel lösen – das Auto fährt von selbst. Der Körper macht es automatisch. Je mehr du etwas automatisch tust, desto effizienter bist du. Die Gesellschaft braucht Effizienz. Deshalb sorgt sie dafür, dass du immer automatischer wirst. Man verlangt von dir, dass du effizienter bist, produktiver bist. Maschinen sind produktiver als du. Die Gesellschaft will nicht, dass du dich wie ein Mensch verhältst, sondern sie verlangt, dass du dich wie ein mechanisches Gerät verhältst. Sie sorgt dafür, dass du besser funktionierst und weniger bewusst bist. Du wirst effizient, aber deine Seele geht dabei verloren. Bei allen meditativen Techniken geht es darum, dich wieder zu entautomatisieren, dich wieder wach zu machen, damit du wieder Mensch wirst und keine Maschine.

Wachstum →

Wachstum ist nicht sanft. Wachstum tut weh. Wachstum geht immer zum Unbekannten hin, zur Weichheit, Zerbrechlichkeit, zum Undefinierbaren. Wachstum geschieht als Nebenerscheinung der Suche nach der Wahrheit. Das höchste Wachstum ist es, wenn man Ja sagt – mit genau solcher Freude, wie ein Kind Nein sagt. Das ist eine zweite Kindheit. Und ein Mensch, der vollkommen frei und freudig Ja sagen kann, ohne zu zögern und ohne es an Bedingungen zu knüpfen, völlig bedingungslos, aus purer und einfacher Freude ein pures und einfaches Ja – ein solcher Mensch ist zum Weisen geworden. Ein solcher Mensch lebt wieder in Harmonie. Und seine Harmonie hat eine ganz andere Dimension als die Harmonie der Bäume, Tiere und Vögel. Sie leben in Harmonie, weil sie nicht Nein sagen können. Der Weise lebt in Harmonie, weil er nicht Nein sagt.

Zwischen beiden – zwischen den Vögeln und den

Buddhas – stehen alle Menschen: unerwachsen, unreif, irgendwo stecken geblieben, da sie immer noch versuchen Nein zu sagen, um ein gewisses Gefühl von Freiheit zu haben. Lerne deshalb, dann Nein zu sagen, wenn es Zeit ist Nein zu sagen, aber bleibe nicht dort stehen. Erkenne allmählich immer mehr, dass es eine höhere Freiheit gibt, die mit dem Ja kommt – und mit ihr eine viel größere Harmonie.

Wahlfreiheit →

Ein Mensch von reinem Verständnis ist offen für alle Widersprüche, ohne zu wählen. Er bleibt frei von jeder Wahl, ist still und bewusst, wohl wissend, dass Gegensätze da sind, dass sie sich jedoch letztendlich irgendwo treffen werden. Das Leben trifft den Tod, der Tag trifft die Nacht, Liebe trifft Hass, Ja trifft Nein. Für einen Menschen, der jenseits aller Meinungen steht, ist ein Ja nur ein Teil des Ganzen, ebenso wie ein Nein. Erst wenn sie sich treffen und miteinander verschmelzen, wenn Ja nicht mehr Ja ist und Nein nicht mehr Nein ist, wenn es völlig undefinierbar ist, weil der Punkt, wo sich Ja und Nein treffen, über alles Vorstellbare hinausgeht – dann ist Transzendenz da, dann geht man über den denkenden Verstand hinaus.

Wahrheit →

Wahrheit ist über jede Struktur erhaben. Sie stellt sich nur ein, wenn du in einem strukturlosen Bewusstseinszustand bist. Sie stellt sich nur dann ein, wenn sie nicht erwartet wird, wenn man sich nicht einmal darauf vorbereitet, denn alle Vorbereitung ist Erwartung. Die Wahrheit kommt unerwartet, überraschend. Du kannst sie nicht lenken, nicht erzeugen – sie kommt, wenn sie kommt. Es gibt keinen Weg zur Wahrheit. Das ist eines der grundlegendsten Dinge, die man verstehen muss, dass es keine Wege zur Wahrheit gibt. Alle Wege sind irreführend, denn einen Weg zu haben bedeutet, dass du bereits beschlossen hast, was Wahrheit ist. Du hast dich für die Richtung, für die Dimension entschieden; du hast beschlossen, wie du an die Sache herangehen willst, welche Disziplin du einhalten willst, welcher Doktrin du dich verschreiben willst. Wo immer du hingelangst – es wird nur eine Projektion deines eigenen Verstandes sein. Nicht, dass du nirgendwo ankommst – irgendwo kommst du an, aber das wird nur dein eigener Kopf sein, der ein Spiel mit sich selbst treibt.

Es gibt keinen Weg zur Wahrheit, weil der Kopf eine Barriere dazwischen bildet und es der Kopf ist, der sich die Wege ausdenkt. Der Kopf muss gehen. Der Verstand muss aufhören, damit die Wahrheit sein kann. Der Verstand ist Struktur.

Wahrheit ist auch keine Disziplin, denn Wahrheit ist Freiheit. Wahrheit ist ein freier Vogel, nicht ein Vogel im Käfig. Selbst, wenn der Käfig aus Gold ist und mit Diamanten besetzt ist... Doch ein Käfig ist ein Käfig – er kann keine Freiheit enthalten. Wahrheit kann niemals gefangen sein – ihre wahre Natur ist Freiheit. Nur die, die frei sein können, erlangen sie.

Warten →

Dein Warten muss aufrichtig sein. Genieße das Warten an sich, um seiner selbst willen. Siehst du nicht die Schönheit des Wartens – wie rein es ist, wie segensreich, wie unschuldig? Einfach nur zu warten und dabei nicht einmal die Antwort zu wissen, worauf man wartet! Verstehe, worum es geht: reines Warten, ohne zu wissen, was passieren wird. Wenn du weißt, was passieren wird, ist das von deiner Vergangenheit vorgegeben. Dann ist es eine Fortsetzung der Vergangenheit – es ist nichts Neues. Vielleicht in veränderter Form, aber es wird wieder dasselbe sein. Es wird eine Wiederholung sein. Wie kannst du wissen, was passieren wird? Du hast es vorher auch nicht gewusst, wie kannst du es dir auch nur vorstellen? Wenn man entdeckt hat, dass es nicht möglich ist, sich die Zukunft vorzustellen, dass es nicht möglich ist, sich das Unbekannte vorzustellen, dann hört das Bekannte auf, dann lösen sich alle Vorstellungen im Kopf auf: Vorstellungen von Gott, Vorstellungen von Samadhi, von Erleuchtung – alles löst sich auf. Und in diesem Auflösen ist die Erleuchtung.

Denke nicht einmal für einen Augenblick, dass sich deine Vorstellung von Erleuchtung erfüllen wird. Wie kannst du überhaupt eine Vorstellung von Erleuchtung haben? Ganz gleich welche Vorstellung du davon hast – sie muss falsch sein. Wenn Erleuchtung passiert, wirst du staunen. Du hast sämtliche Schriften darüber gelesen, aber das war nirgends erwähnt. Es kann gar nicht erwähnt werden. Du wirst staunen. Wenn du zu ihrer Realität vordringst, wenn sie in dir explodiert, wirst du erkennen, dass kein Buddha sie je benennen konnte.

Und dann wirst du auch erkennen, dass sie niemand jemals benennen können wird. Sie bleibt immer unaussprechlich.

Und es ist gut so, dass sie unaussprechlich bleibt, sonst könnte sie nie für jeden neu sein. Es hat Millionen von Buddhas gegeben, und sie haben in einem fort darüber gesprochen – du kennst es schon. Und dann geschieht es: Es ist absolut neu und überaus radikal. Doch eines ist gewiss: Das Warten ist unendlich schön, das Warten ist unendlich beglückend. Warum?

„Warum?" ist die falsche Frage. Die Dinge *sind* einfach nur. Da gibt es kein Warum. Sobald man die Frage „Warum?" zulässt, führt sie einen immer weiter in die Philosophie, und Philosophie ist eine Einöde. Du wirst dort keine Oase finden, es ist eine Wüste. Stellst du die Frage „Warum?" gehst du in die verkehrte Richtung; wirst du nie nach Hause kommen.

Die Existenz *ist* einfach nur – dafür gibt es kein Warum. Das meinen wir, wenn wir sagen, dass sie ein Mysterium ist, weil es kein Warum gibt. Eigentlich sollte sie gar nicht da sein, und dennoch gibt es sie. Es scheint gar nicht notwendig, dass es sie gibt; es scheint gar keinen Grund dafür zu geben, dass es sie gibt, und dennoch ist sie da. „Warum" ist eine Frage des Verstandes. Die Frage kommt vom Verstand, die Antworten darauf kommen dann auch vom Verstand – und der Verstand ist imstande, jede Antwort in eine neue Frage umzudrehen. Dann bewegst du dich in einem Teufelskreis. Die Frage „Warum?" zu stellen, bedeutet, dem Verstand in die Falle zu gehen.

Wasser ⇢

Bei allen Naturvölkern symbolisiert Wasser Leben. Wasser ist die Grundlage des Lebens: Der menschliche Körper besteht zu fünfundachtzig Prozent aus Wasser. Und das Leben der Tiere und der Bäume, der Menschen und der Vögel, alles Leben ist vom Wasser abhängig. Wasser war also immer eines der Grundelemente, das verehrt wurde. Genauso wie die Sonne von allen Naturvölkern angebetet wurde, wurde auch das Wasser angebetet – beide wurden wie Götter verehrt. Es ist auch als Metapher von Bedeutung.

Wasser repräsentiert mehrere Dinge: Zum einen hat es keine Form, aber es kann jede Form annehmen, es kann sich an jede beliebige Form anpassen. Wenn man es in einen Topf gießt, nimmt es die Form des Topfes an; wenn man es in ein Glas gießt, nimmt es die Form des Glases an. Es ist unendlich anpassungsfähig. Das ist das Schöne daran: Es kennt keine Starrheit. Genauso beweglich, nicht erstarrt sollte auch der Mensch sein – wie Wasser, nicht wie Eis.

Das Wasser bewegt sich immer in Richtung Meer. Wo immer es ist – seine Bewegung geht immer auf das Meer, auf das Unendliche zu. Der Mensch sollte wie das Wasser sein, immer in Bewegung auf das Göttliche zu. Wasser bleibt rein, wenn es sich bewegt und fließt; es wird unrein und abgestanden, wenn es still steht. Genauso sollte der Mensch und sein Bewusstsein sein: immer fließend, in Bewegung, ohne irgendwo stehen zu bleiben. Nur wenn der Mensch stehen bleibt, wird er schmutzig, unrein. Wenn man im Fluss bleibt und bereit ist, von einem Augenblick zum nächsten zu gehen, ohne stehen zu bleiben, ohne die Last der Vergangenheit mitzuschleppen, bewahrt man seine Unschuld, seine Reinheit.

Weg →

Von zwei Wegen zur Wahrheit ist einer der Weg der Kultivierung des Selbst – ein Weg, der an Zeit gebunden ist. Deshalb scheint es nur ein Weg zur Wahrheit zu sein, ist es aber nicht. Er hat nichts mit der Ewigkeit zu tun. Und die Wahrheit ist die Ewigkeit. Den zweiten Weg, den Weg der Erleuchtung, haben Zenmeister immer „den weglosen Weg" genannt, weil er gar kein Weg zu sein scheint. Er kann gar nicht wie ein Weg wirken, doch zur besseren Verständigung wollen wir ihn eigenmächtig „den zweiten Weg" nennen. Der zweite Weg ist nicht Teil der Zeit, er ist Teil der Ewigkeit. Deshalb vollzieht er sich augenblicklich, er vollzieht sich in der Gegenwart. Man kann ihn nicht herbeiwünschen, man kann ihn nicht anstreben. Man sagt: Der Weg der Erleuchtung ist wie ein Vogel, der im Himmel fliegt. Er hinterlässt keine Spuren, niemand kann den Spuren eines Vogels folgen. Jeder Vogel muss seine eigenen Spuren machen, doch sie verschwinden sofort, wenn der Vogel weiterfliegt.

Weiblich →

Würdige das Weibliche. Es ist höher, auf jeden Fall höher als die männlichen Qualitäten. Doch das männliche chauvinistische Denken ist nicht in der Lage, dies zu akzeptieren. Aus einem *Mind*erwertigkeitskomplex heraus versucht das männliche Denken seit jeher, das

Weibliche zu unterdrücken. Und da der männliche Teil aggressiv, gewalttätig und destruktiv ist, kann er es unterdrücken. Das Weibliche ist empfänglich und hingebungsvoll. Es versteht loszulassen, versteht sich anzupassen, und so hat es sich selbst an die männliche chauvinistische Haltung angepasst. Die ganze Vergangenheit der Menschheit ist so scheußlich, weil wir es nicht zugelassen haben, die weiblichen Qualitäten zum Aufblühen zu bringen. Werde also empfänglicher und sensibler, öffne dich mehr für Kreativität, Liebe, Tanz und Gesang. Auf diese Weise wirst du immer meditativer. Und je meditativer du bist, desto mehr merkst du, wie deine weiblichen Qualitäten in dir erblühen.

Weisheit →

Wissen kann man sich aneignen, aber nicht Weisheit. Du kannst so viel Wissen ansammeln, wie du willst. Es ist ganz einfach, du musst deinen Verstand nur ein wenig anstrengen, ihn ein bisschen strapazieren. Du kannst dein Gedächtnis mit immer neuer Nahrung versorgen. Es ist ein Computer – du kannst ganze Bibliotheken darin speichern. Doch Weisheit ist nicht etwas, das du speichern kannst, weil sie gar nicht durch den Verstand kommt. Sie kommt durch das Herz, sie kommt durch die Liebe, nicht durch Logik. Wenn sich das Herz in Liebe, in Vertrauen öffnet, wenn sich das Herz dem Ganzen hingibt, öffnet sich in dir eine ganz neue Art von Einsicht, eine Klarheit, ein ungeheuer tiefes Verstehen, worum es im Leben wirklich geht, wer du bist und warum diese ganze Existenz überhaupt existiert.

Alle Geheimnisse offenbaren sich nur durch die Liebe, nicht durch Logik; nur durch das Herz, nicht durch den Kopf. Die Existenz hat eine direkte Verbindung zum Herzen und überhaupt keine Verbindung zum Kopf. Wenn man also einen Zugang zur Realität sucht, geht der Weg über das Herz. Wenn man einmal Weisheit vom Herzen her erfahren hat, kann einem der Verstand gute Dienste leisten, dann kann man sich selbst das Wissen zunutze machen, das sich der Verstand im Dienste der Weisheit angeeignet hat – doch erst, wenn man es vom Herzen her erfahren hat. Anstatt also seine Zeit damit zu verschwenden, unnötige Informationen anzusammeln… und die Leute häufen so viel unsinnige Informationen an, dass es absolut lächerlich ist. Wenn man sich die Geschichtsbücher ansieht… Die Kinder werden gezwungen, sich die Namen irgendwelcher idiotischen Könige und Königinnen zu merken, ihren Geburtstag und ihren Todestag – und was haben die mit dem armen Kind zu tun? Einmal fragte ein Lehrer ein Kind: „Was wäre passiert, wenn Adam nie den Garten Eden verlassen hätte?“ Das Kind sagte: „Eines ist sicher: Dann hätte es keine Geschichte gegeben und keinen Geschichtsunterricht! Alles fing damit an, dass Adam aus dem Garten Eden verstoßen wurde.“ Wissen bringt Information, Weisheit bringt Transformation.

Welt →

Ich sage euch, dass diese Welt die einzige ist, die es gibt, und dass dieses Leben das einzige ist, das es gibt. Ihr braucht euch kein anderes Leben vorzustellen – irgendwo nach dem Tod, jenseits des siebten Himmels im Paradies. Das sind alles nur vom Verstand fabrizierte Träume und Irrfahrten, eine neue Art einzuschlafen. Deshalb betone ich immer wieder, dass ein Suchender niemals die Welt hinter sich lassen sollte, denn die Welt hinter sich zu lassen ist nur ein Teil eines Projekts, Teil eines Traumes, um zur Welt des Jenseits zu gelangen. Und weil es sie gar nicht gibt, sind deine ganzen Anstrengungen umsonst. Du musst weder ins Kloster noch in den Himalaja gehen; du musst nicht von hier weglaufen. Du musst hier erleuchtet werden.

Werbung ⇢

Wer Werbung macht, glaubt an die Wissenschaft der Wiederholung: Man wiederholt einfach ständig, dass diese Zigarettenmarke die beste ist. Wenn du es zum ersten Mal liest, glaubst du wahrscheinlich nicht daran. Aber beim nächsten Mal, und dann immer wieder... Wie lange kannst du ungläubig bleiben? Im Laufe der Zeit wird der Glaube schon kommen. Und der Glaube ist so, dass er dir vielleicht nicht einmal bewusst wird. Er ist unterschwellig, im Unterbewusstsein. Eines Tages wirst du, wenn du im Laden stehst und dich der Verkäufer fragt, welche Zigarettenmarke du brauchst, plötzlich sagen, dass du diese Marke willst. Die Wiederholung hat gewirkt. Sie hat dich hypnotisiert.
So haben die Religionen auf der ganzen Welt schon immer funktioniert, und auch die ganze Politik verlässt sich darauf. Mache Werbung für etwas, wiederhole es ständig vor der Öffentlichkeit und kümmere dich nicht

darum, ob es jemand glaubt oder nicht – darum geht es nicht. Hitler sagt, dass es nur einen Unterschied zwischen einer Wahrheit und einer Lüge gibt: Die Wahrheit ist eine Lüge, die sehr oft wiederholt worden ist. Und der Mensch kann jede Lüge glauben. Die Leichtgläubigkeit des Menschen ist unbegrenzt. Der Mensch kann an die Hölle glauben und an den Himmel, der Mensch kann an Engel glauben und an Teufel, der Mensch kann an alles glauben! Man braucht es nur oft genug zu wiederholen.

Wiedergeburt →

In dem Augenblick, in dem du erwachst, wird das Ganze zum Mysterium. Plötzlich zerfließt alles Wissen wie Tautropfen in der Morgensonne. Zum ersten Mal sind deine Augen voller Staunen – wie die eines Kindes. Es ist eine zweite Geburt. In Indien nennt man einen Menschen, dem sich das Mysterium der Existenz offenbart, *Dwij* – zwei Mal geboren. Jesus sagte zu Nikodemus: „Wenn du nicht wiedergeboren wirst, wirst du nicht in das Reich Gottes eintreten." Was meint er damit? Er meint damit, dass eine Wiedergeburt nötig ist.

Wirklichkeitsflucht →

Das Leben muss genutzt werden als eine Situation, als Gelegenheit, um bewusster zu werden, um sich zu kristallisieren, in seine Mitte zu kommen und sich dort zu verwurzeln. Wenn du davor fliehst, bist du wie ein Same, der vor der Erde flieht und sich in einer Höhle versteckt, wo keine Erde ist, sondern nur Steine. Der Same wird

gerettet. In der Erde muss der Same sterben, muss verschwinden. Erst wenn der Same fort ist, kann die Pflanze sprießen. Dann beginnt es gefährlich zu werden. Für den Samen gab es keine Gefahren – kein Tier hätte ihn gefressen, kein Kind hätte ihn abgerissen. Nun ist dieser schöne grüne Sprössling da, und die ganze Welt scheint sich gegen ihn verschworen zu haben. Es kommen Stürme, die versuchen ihn zu entwurzeln, es kommen Wolken, es kommen Gewitter, und der kleine Same kämpft allein gegen die ganze Welt. Es sind Kinder da und es sind Tiere da und es sind Gärtner da und Millionen von Problemen, denen man sich stellen muss. Der Same hatte ein bequemes Leben, es gab keine Probleme – kein Wind, keine Erde, keine Tiere – nichts war ein Problem. Er war völlig in sich selbst verschlossen; der Same war geschützt und sicher.
Du kannst dich in eine Höhle im Himalaja zurückziehen und wie ein Same sein. Aber da wirst du nicht wachsen. Diese Stürme sind nicht gegen dich; sie geben dir eine Gelegenheit, sie stellen dich vor eine Herausforderung, sie geben dir die Chance, tiefe Wurzeln zu schlagen. Sie zeigen dir, wie du auf dem Boden bleiben und dich richtig zur Wehr setzen kannst. Das gibt dir Kraft.

Wissen →

Wissen hat seine nützlichen Seiten; es ist nicht vollkommen nutzlos. Wenn du aber nach innen gehst, erweist es sich immer mehr als nutzlos. Je tiefer du gehst, desto nutzloser wird es. Wenn du nach außen gehst, je weiter du in die Welt gehst, desto nützlicher wird es. Die Welt respektiert denjenigen, der viel weiß. Sie braucht Experten; sie braucht alle möglichen Leute, die Informationen, Wissen und Fachkenntnisse weitergeben. Doch in der inneren Welt geht es darum überhaupt nicht. In der inneren Welt wird dasselbe Wissen zum Hindernis. Was in der äußeren Welt nützlich ist, wird für die innere Welt zum Hindernis. Es ist eine Brücke zur Welt und eine Blockade auf der Reise nach innen. Mit Wissen versucht man, die Kontrolle zu behalten. Wissen gibt dir Macht. Nichtwissen macht dich demütig. Achte deshalb darauf, dass du nicht zu gescheit wirst. Umgib dich nicht mit zu viel angehäuftem Wissen. Jeden Tag sammelt sich durch Erfahrung Wissen an, und jeden Tag sollte man es wieder abwerfen. Es ist wie Staub, der sich auf dem Spiegel des Bewusstseins ansammelt.

Wohltätigkeit →

Alle Religionen haben seit Tausenden von Jahren den Armen geholfen. Aber die Armut wird immer größer. Ist das wirklich echte Hilfe? Dann hätte die Armut im Laufe der Jahrtausende verschwinden müssen. In Wirklichkeit wird die Armut dadurch unterstützt. Wirklich helfen würde man den Armen dann, wenn man ihnen sagen würde: „Ihr werdet ausgebeutet; ihr müsst euch gegen das Establishment wehren." Solange die Armen nicht verstehen, dass ihre Armut von wenigen Leuten verursacht wird, die sie ausbeuten, die ihnen das Blut aussaugen… Es hat nichts mit früheren Leben und schlechten Taten zu tun, sondern es hat etwas mit dem Gesellschaftssystem zu tun, das von der Ausbeutung abhängig ist.

Die Religionen sollten darauf aufmerksam gemacht werden, dass sie seit Jahrhunderten Wohltätigkeit praktizieren – und was ist dabei herausgekommen? Einen Baum erkennt man an seinen Früchten. Wenn die Früchte am Baum verfaulen, ist der Baum nicht viel wert. Wohltätigkeit ist offenbar nur ein schönes Wort, um ein ausbeuterisches Gesellschaftssystem zu tarnen. Es sieht so gut aus: Man hilft den Armen – scheinbar eine großartige Tugend!

Worte →

Tausende Menschen wurden von den Christen verbrannt. Genau die Leute, die von Liebe sprechen, die Leute, die von Frieden sprechen, die Leute, die glauben, dass Jesus auf die Welt gekommen ist, um die Botschaft von Liebe und Brüderlichkeit zu bringen, haben mehr Menschen umgebracht als irgendjemand sonst. Und bei dem ganzen Blutvergießen ging es nur um Worte – nur Worte waren ihnen so wichtig.

So etwas geschieht immer aufgrund von Dummheit: Die Realität wird ausgeblendet, und Worte treten an ihre Stelle. Das Wort „Gott" hat mehr Gewicht als die Realität Gottes. Das Wort „Liebe" hat mehr Gewicht als die Liebe selbst. Dann können sie sich wegen des Wortes gegenseitig umbringen.

Es ist unglaublich, dass die Menschen jahrtausendelang so großen Wert auf Worte legten, als wäre das Wort „Feuer" echtes Feuer, als wäre das Wort „Wasser" wirklich Wasser! Wenn du Durst hast, wird dir das Wort „Wasser" nicht helfen.

Wunden ⇢

Der Verstand hortet Bitterkeit. Er sammelt Klänge, Verletzungen, Beleidigungen und schmollt dann jahrelang darüber. Den Psychologen ist völlig klar, dass etwas, was man dir im Alter von vier Jahren gesagt hat, so verletzend gewesen sein kann, dass davon immer noch eine eiternde Wunde geblieben ist. Und du lässt sie nicht verheilen. Du stocherst immer noch in der Wunde herum; deshalb tut sie immer noch weh. Du lässt sie immer wieder aufleben und gibst ihr nie die Gelegenheit, von selbst zu heilen.

Wenn wir uns unseren Verstand ansehen, ist er nichts als lauter Wunden. Deshalb wird das Leben zur Hölle – wir sammeln nur die Dornen. Jemand hat dich vielleicht jahrelang geliebt, war einfühlsam, freundlich und hat alles für dich getan, und dann sagt er einmal etwas, was dich verletzt. Plötzlich sind Jahre der Liebe und Freundschaft wie ausgelöscht. Diese eine Sache bekommt solche Bedeutung, bekommt mehr Gewicht als alles, was er je getan hat. Du vergisst seine ganze Liebe, seine Freundschaft und alles, worauf er für dich verzichtet hat. Du erinnerst dich nur an diese eine Sache und sinnst auf Rache.

So arbeitet der Verstand. Der Verstand funktioniert auf eine sehr hässliche Art. Er ist gnadenlos. Gehst du über den Verstand hinaus, lässt du auch alle Bitterkeit hinter dir. Und je weiter du dich über ihn hinwegsetzt, desto süßer wird dein Leben, so süß wie Honig.

Meditation ist süß, der Verstand ist bitter. Geh aus dem Kopf hinaus und zur Meditation hin. Setze dich über deinen Kopf hinweg. Lass dich nicht von ihm kontrollieren und dominieren. Sei selbst der Meister. Dann ist der Kopf etwas Großartiges, dann kannst du ihn nutzen. Wenn du einmal weißt, was Meditation ist, wenn du einmal weißt, wie du ohne den Kopf zurechtkommst, kannst du den Kopf benutzen und er benutzt dich nicht mehr. An dem Punkt verändert sich deine innere Gestalt. Es findet eine innere Rebellion statt, und dein Duft kann sich voll entfalten.

Wunder ⇢

Die Wunder, von denen die Christen glauben, Christus hätte sie vollbracht, und die Wunder, von denen die Jainas glauben, sie hätten sich in Mahaviras Leben zugetragen, und die Wunder, die Buddha von den Buddhisten zugeschrieben werden, sind alle erfunden. Und sie wurden nur erfunden, um zu verhindern, dass ein wirkliches Wunder mit euch geschieht. Ich sage es noch einmal: All diese unsinnigen Wunder wurden überall auf der Welt nur deshalb erfunden und weitererzählt, damit sie euch von dem wahren Wunder ablenken, das mit euch geschehen kann… Moses hat das Meer geteilt… Ich habe versucht, das Wasser in meiner Badewanne zu teilen, aber bisher habe ich es nicht geschafft. Das ist alles Unsinn. Aber wir alle sind mit diesen Albernheiten aufgewachsen… Man kann an Einbildungen glauben und darüber vergessen, wie man der Wirklichkeit vertraut.

Beobachte, was in Wirklichkeit geschieht; respektiere sie, vertraue ihr, dann wird sich die Wirklichkeit vertiefen. Sie wird weiter werden, sie wird reicher werden und wird viel größere Dimensionen annehmen. Wehre dich nicht dagegen, die wirklichen Wunder anzunehmen, wenn sie dir widerfahren. Denn wenn du sie nicht annehmen willst, bist du nicht mehr empfänglich dafür, dann wirst du verschlossen. Bleibe offen und verletzlich für den Wind und den Regen und die Sonne. Bleibt empfänglich für die Existenz als solche.

Für mich ist die Existenz Gott, es gibt keinen anderen Gott. Und die Existenz ist jeden Augenblick ein Wunder, wir sind nur blind geworden. Es gibt viele Arten von Blindheit: christliche Blindheit, hinduistische Blindheit, kommunistische Blindheit, buddhistische Blindheit und so weiter und so fort. Gib all diese Blindheiten auf, und werde einfach und gewöhnlich.

Wurzeln ⇢

Wenn du sehen willst, wie man wächst, schau einen Baum an. Während der Baum in die Höhe wächst, wachsen seine Wurzeln immer tiefer nach unten. Es ist ein Gleichgewicht: Je höher der Baum wird, desto tiefer reichen seine Wurzeln. Es gibt keinen fünfzig Meter hohen Baum mit kleinen Wurzeln – sie könnten einen so riesigen Baum niemals tragen. Im Leben bedeutet Wachstum, tief nach innen, in dich hinein zu wachsen, denn dort sind deine Wurzeln.

Wut ⇢

Wut ist einfach psychisches Erbrechen. Du hast etwas Falsches zu dir genommen, und deine ganze Psyche will es hinauswerfen. Aber es ist nicht nötig, jemand anderen damit zu bewerfen. Weil sich die Leute gegenseitig mit ihrer Wut bewerfen, schreibt ihnen die Gesellschaft vor, sie zu kontrollieren. Aber man braucht sie ja gar nicht an anderen auszulassen – man kann sich auch im Bad einschließen oder einen langen Spaziergang machen. Wut bedeutet, dass etwas in dir ist, was schnelle Aktivität erfordert, damit du es wieder loswirst. Geh ein wenig joggen!

Und schon spürst du, dass sich die Wut auflöst. Oder nimm ein Kissen und schlage darauf ein; kämpfe mit dem Kissen, beiß das Kissen, bis deine Hände und Zähne entspannt sind. Schon nach fünf Minuten Katharsis fühlst du dich erleichtert, und wenn du das einmal begriffen hast, wirst du deine Wut nie mehr an anderen auslassen, denn das ist völlig idiotisch.

Für die Transformation ist es als Erstes wichtig, seine Wut auszudrücken, allerdings nicht gegenüber anderen. Denn wenn man sie gegenüber anderen ausdrückt, kann man sie nie total ausdrücken. Vielleicht willst du den anderen ja umbringen, das geht nicht; vielleicht möchtest du ihn beißen, das geht nicht. Aber mit einem Kissen kann man es machen. Ein Kissen ist erleuchtet, ist ein Buddha! Das Kissen reagiert nicht darauf und bringt dich vor kein Gericht. Das Kissen hat keine feindseligen Gefühle dir gegenüber und es tut dir nichts. Das Kissen wird glücklich sein; das Kissen wird dich auslachen.

X-Y

XYZ →

Jede Kunst muss irgendwann an einen Punkt kommen, wo man alle Techniken aufgibt. Jede Meditation muss an den Punkt kommen, wo man alle Methoden aufgibt. Sie sind gut für Anfänger, für ABC-Schüler, aber wenn du einmal bei XYZ angelangt bist, sind sie nutzlos. In deiner Stille bist du voller Musik. Ohne dich zu bewegen, tanzt du. Ohne einen Gedanken, ohne ein Gefühl, kommt reine Anmut und Dankbarkeit aus dir, wie der Duft, der aus einer Lotusblüte dringt. Man muss an diesen Punkt gelangen. Nur dann ist man erfüllt. Nur dann hat man seine Bestimmung erreicht.

Yin-Yang →

Hast du dir das chinesische Yin-Yang-Symbol einmal angesehen? Zwei Fische in einem Kreis – der eine Fisch in einem Halbkreis und der andere Fisch im anderen Halbkreis. Aber beide Fische passen zusammen, bilden ein Ganzes. Yin bedeutet das Weibliche, Yang das

Männliche. Es lässt sich auf alle Polaritäten anwenden – positiv und negativ. Sie sind wie zwei Fische, die sich auf eine Art bewegen, einander so nah sind, dass sie einen Kreis bilden. Dann siehst du die Existenz mit den Augen eines religiösen Menschen. Dann gibt es weder Heilige noch Sünder – sie ergänzen einander vollkommen. Beide sind auf ihre Art notwendig. Man könnte allerdings noch bessere Möglichkeiten finden, damit sie einander noch strahlender, noch anmutiger, noch schöner ergänzen.

Yoga ⇢

Zunächst einmal ist Yoga keine Religion – vergesst das nicht. Yoga ist weder Hindu, noch Moslem. Yoga ist eine reine Wissenschaft, wie Mathematik, Physik oder Chemie. Physik ist ja auch nicht christlich oder buddhistisch. Selbst wenn die Christen die Gesetze der Physik entdeckt hätten, wäre die Physik nichts Christliches. Es ist nur ein Zufall, dass die Christen die Gesetze der Physik entdeckten. Aber die Physik bleibt immer noch eine Wissenschaft. Yoga ist auch eine Wissenschaft – es ist reiner Zufall, dass die Hindus sie entdeckt haben. Sie ist nicht hinduistisch. Sie ist die reine Mathematik das Inneren…

Yoga ist pure Wissenschaft, und der bekannteste Name in der Welt des Yoga ist Patanjali. Dieser Mann ist rar. Kein anderer Name kommt an Patanjali heran. Zum ersten Mal in der Geschichte der Menschheit hat dieser Mann der Religion die Stellung einer Wissenschaft gegeben, sie zur Wissenschaft gemacht – bloße Gesetze; kein

Glaube ist nötig. Beim Yoga geht es um dein ganzes Wesen, mitsamt deinen Wurzeln. Es ist nicht philosophisch. Mit Patanjali denken wir nicht, spekulieren wir nicht. Mit Patanjali versuchen wir, die höchsten Gesetze des Seins zu erkennen: die Gesetze der Transformation, die Gesetze des Sterbens und der Wiedergeburt, die Gesetze einer neuen Ordnung des Seins. Deshalb bezeichne ich es als Wissenschaft.

So einer wie Patanjali ist rar. Er ist ein Erleuchteter – so wie Buddha, wie Krishna, wie Christus, wie Mahavira, Mohammed und Zarathustra, aber in einem unterscheidet er sich von ihnen. Buddha, Krishna, Mahavira, Zarathustra und Mohammed haben alle keine wissenschaftliche Einstellung. Sie sind große Begründer von Religionen. Sie haben das Grundmuster, die Struktur des menschlichen Geistes verändert, aber ihre Einstellung ist nicht wissenschaftlich.

Patanjali ist der Einstein in der Welt der Buddhas. Er ist ein Phänomen. Er hätte ohne Weiteres Nobelpreisträger sein können, wie Einstein oder Bohr oder Max Planck oder Heisenberg. Er hat dieselbe Einstellung, denselben Ansatz exakten wissenschaftlichen Denkens. Er ist kein Dichter – Krishna ist ein Dichter. Er ist kein Moralist – Mahavir ist ein Moralist. Er ist im Grunde ein Wissenschaftler, der in Gesetzmäßigkeiten denkt. Und er hat es sich zur Aufgabe gemacht, absolute Gesetzmäßigkeiten des menschlichen Daseins herzuleiten, die höchste Funktionsweise des menschlichen Denkens, der menschlichen Realität.

Z

Zeit →

Im Sanskrit haben wir für Zeit und für Tod dasselbe Wort. Wir nennen den Tod *Kal*, und die Zeit nennen wir auch *Kal*. Sanskrit ist wohl die einzige Sprache auf der ganzen Welt, die für Zeit und Tod dieselbe Bezeichnung hat. Deshalb kann man wahrhaftig behaupten, dass Sanskrit die einzige Sprache ist, die von den Einsichten der alten Seher geprägt worden ist. Alle anderen Sprachen sind gewöhnlich geblieben. Seit zehntausend Jahren sind Tausende von Menschen im Osten erleuchtet worden, und sie haben die ganze Sprachstruktur des Sanskrit verändert. Ihre Erleuchtung hat ihm Farbe verliehen, sie haben den Worten Glanz verliehen. Sie haben diesen Wörtern eine neue Bedeutung gegeben, die Unerleuchtete nicht geben können. Der Zeit und dem Tod denselben Namen zu geben, entstammt einer tiefen Erkenntnis. Es ist keine Frage von Sprachwissen, es ist eine Frage der Erfahrung von etwas ungemein Wertvollem. Zeit und Tod sind dasselbe; in der Zeit zu leben, heißt im Tod zu leben. Und in dem Moment, in dem die Zeit aufhört, gibt es auch keinen Tod.

Wenn du vollkommen still bist, wenn keine Gedanken durch deinen Kopf gehen, hört die Zeit auf. Du kannst gar keine Vorstellung davon haben, was Zeit ist. Und sobald die Zeit verschwindet, sobald die Uhr deines Verstandes stillsteht, betrittst du plötzlich die Welt des Zeitlosen, die Welt des Ewigen, die Welt des Absoluten.
Jesus wird von einem Suchenden gefragt... Das kommt nicht vom Neuen Testament, sondern aus der Sufi-Tradition. Ein Suchender fragt Jesus: „Was wird das Bedeutendste in deinem Reich Gottes sein?“ Die Antwort ist erstaunlich, Jesus sagt: „Es wird keine Zeit mehr geben.“ Das wird das Bedeutendste im Reich Gottes sein: Es wird keine Zeit mehr geben. Es wird keine Vergangenheit und keine Zukunft geben, es wird nur die Gegenwart geben.
Und lasst mich eines klar sagen: Die Gegenwart gehört nicht der Zeit an. In den Schulen, in den Hochschulen und Universitäten wird natürlich ständig gesagt und gelehrt, und in den Wörterbüchern steht es auch, dass die Zeit drei Formen hat: Vergangenheit, Gegenwart und Zukunft. Das ist in den Augen derer, die es wirklich erfahren haben, allerdings absolut falsch. Vergangenheit und Zukunft gehören der Zeit an, aber die Gegenwart gehört nicht der Zeit an. Die Gegenwart gehört der Ewigkeit an. Vergangenheit und Zukunft gehören zu dieser Welt des Relativen, zu dieser Welt des Veränderlichen. Und zwischen den beiden dringt das Jenseitige, das Transzendentale ein, und das ist die Gegenwart. Das Jetzt gehört der Ewigkeit an.
Wenn du in der Zeit lebst, wird der Tod gewiss eintreten. Eigentlich stimmt es nicht, wenn man sagt: „Er wird ein-

treten" – er tritt ja bereits ein. In dem Augenblick, in dem ein Kind geboren wird, beginnt es schon zu sterben. Das Sterben dauert dann siebzig, achtzig Jahre – das ist eine andere Sache. Man stirbt langsam, geizig, Stück für Stück, jeden Tag, jede Stunde ein bisschen. Man stirbt und stirbt und stirbt... Und nach siebzig oder achtzig Jahren ist der Vorgang abgeschlossen. Wenn du sagst, heute sei jemand gestorben, lass dich von deiner Aussage nicht irreführen. Er war bereits seit achtzig Jahren gestorben, und heute ist der Vorgang abgeschlossen. Wenn du Meditationstechniken anwendest, lässt du den Verstand hinter dir. Und der Verstand ist der Ursprung von beidem – von Zeit und Tod. Verstand ist Zeit, Verstand ist Tod. Ein Aspekt des Verstandes ist Zeit, der andere Aspekt des Verstandes ist Tod. Durch Meditation, durch das Beobachten des Verstandes kannst du den Tod hinter dir lassen. Doch das ist nur ein negatives Verfahren. In den Upanishaden wird es *Neti Neti* – weder dies noch das – genannt: ein Ausscheidungsverfahren. „Das bin ich nicht: weder Körper noch Verstand. Aber wer bin ich dann?" Schließe zuerst das Unwesentliche aus, räume es zur Seite und fahre fort, alles zu eliminieren, was unwesentlich ist, bis nur noch das Wesentliche übrig ist. Und was ist wesentlich? Wie willst du wissen, dass nur noch das Wesentliche übrig ist? Wenn es nichts mehr gibt, was sich abweisen lässt, was sich entfernen lässt. Räume dein Haus völlig leer: Wirf alle Möbel hinaus. Wenn es nichts mehr wegzuwerfen gibt, offenbart sich etwas Großartiges: Du erlangst Unsterblichkeit. Das Absolute offenbart sich dir in seiner ganzen Schönheit, mit seinem Glanz und seiner ganzen Ekstase.

Zen →

Zen ist einfach Zen. Nichts lässt sich damit vergleichen. Es ist einzigartig – einzigartig in dem Sinne, dass es das Gewöhnlichste und dennoch das Außergewöhnlichste ist, das dem menschlichen Bewusstsein widerfahren ist. Es ist das Gewöhnlichste, weil es nicht an Wissen glaubt, weil es nicht an den Verstand glaubt. Es ist auch keine Philosophie oder Religion. Es ist das Akzeptieren des gewöhnlichen Seins mit dem ganzen Herzen, mit dem ganzen Wesen – kein Sehnen nach einer Welt im Jenseits, nach etwas Überirdischem, nach etwas Hochgeistigem. Es ist überhaupt nicht an irgendwelchem esoterischen Nonsens interessiert, es ist überhaupt nicht an Metaphysik interessiert. Es lechzt nicht nach dem jenseitigen Ufer – das diesseitige Ufer ist mehr als genug. Sein Akzeptieren dieses Ufers ist so ungemein tief, dass es allein durch dieses Akzeptieren transformiert wird – und dieses Ufer zum jenseitigen Ufer wird.

Genau dieser Körper ist der Buddha. Genau diese Erde das Lotusparadies.

Zeugesein →

Wenn du Zeuge bist, ist der Verstand nur noch ein Biocomputer, ein Mechanismus, aber von dir getrennt. Du bist nicht mehr mit ihm identifiziert. Wenn du dich an etwas erinnern willst, kannst du den Verstand dazu einschalten, so wie du einen Kassettenrekorder einschaltest. Der Verstand ist eigentlich nichts anderes als ein Kassettenrekorder. Aber er ist nicht immer eingeschaltet er ist nicht vierundzwanzig Stunden lang eingeschaltet

Wenn es notwendig ist, kann der Zeuge – der Meditierende, der Mensch, der bewusst ist – den Verstand ein- und ausschalten. Wenn er ihn braucht, schaltet er ihn ein. Wenn ich zu euch spreche, muss ich den Verstand einschalten – sonst wäre das Sprechen nicht möglich. *No-Mind* – Nicht-Denken ist Stillsein, da gibt es keine Sprache. Nur der Verstand kann die Sprache liefern. Ich muss den Verstand benutzen, um mich auf euren Verstand zu beziehen; nur so kann ich mit eurem Verstand eine Verbindung herstellen, also schalte ich ihn ein. Wenn ich dann wieder zurück in mein Zimmer gehe und mich hinsetze, schalte ich ihn aus. In meinem Zimmer brauche ich meinen Verstand nicht. Wenn meine Sekretärin mit Briefen oder einer anderen Arbeit kommt, sage ich „Hallo!" zu ihr, und innerlich sage ich: „Hallo, Verstand. Meine Sekretärin ist gekommen!" Ansonsten ist der Verstand nicht nötig.

Wenn du Zeuge bist, bleibt der Verstand bestehen, aber er arbeitet nicht ständig. Deine Identität damit ist durchbrochen. Du bist Beobachter, und der Verstand ist das Beobachtete. Er ist ein großartiger Mechanismus, den dir die Natur geschenkt hat. Du kannst ihn also einsetzen, um dich an Fakten zu erinnern – an Telefonnummern, Adressen, Namen, Gesichter... Er ist ein nützliches Werkzeug, aber weiter nichts.

Zivilisation →

Die Vorstellung, wir seien bereits zivilisiert, ist sehr gefährlich. Sie hindert uns daran, wirklich zivilisierte Menschen zu werden, denn wenn man einmal glaubt zivilisiert zu sein, braucht man nicht mehr daran zu arbeiten, zivilisiert zu werden. Wenn du glaubst, dass du gesund bist, dann braucht keine Krankheit kuriert zu werden, an der du vielleicht leidest. Du musst zuerst einmal erkennen, dass du krank bist. Erst dann kann man etwas für deine Gesundheit tun. Wenn du es aber leugnest krank zu sein – was die Politiker seit Jahrhunderten gemacht haben... Sie leugnen, dass wir noch unzivilisierte Menschen sind; sie behaupten, wir seien zivilisiert. Und diese Täuschung hindert uns daran, zivilisierte Menschen zu werden. Wir haben diese Idee einfach akzeptiert und vergessen zu überprüfen, ob sie stimmt oder nicht. Sie entspricht überhaupt nicht der Wahrheit.

Zukunft →

Wir denken immer nur in Bezug auf die Zukunft. Höre auf, in Bezug auf die Zukunft zu denken, denn damit verlängerst du nur das Leben des ewig denkenden Verstandes, damit nährst du ihn. Die Zukunft ist Futter für den Verstand. In dem Augenblick, in dem du dich für die Gegenwart entscheidest, beginnt der Verstand zu sterben. Das ist der Anfang vom Ende, vom Ende des denkenden Verstands. Und das Ende des Verstandes ist der Anfang deiner eigentlichen Existenz, deines wirklichen Lebens.

Zweifel →

Durch Zweifeln wird deine Intelligenz geschärft. Es ist eine Herausforderung. Du sagst weder Ja, noch sagst du

Nein. Du sagst nur eins: „Ich bin unwissend, und ich werde so lange einer Sache nicht trauen, bis ich selber die Erfahrung mache, was immer es ist; bis ich etwas erfahre, was außerhalb jeden Zweifels steht, woran mein Zweifel scheitert, auch wenn ich mich noch so anstrenge es anzuzweifeln."

Zweifeln ist etwas ungeheuer Wichtiges. Nur diejenigen, die bis ganz zum Schluss gezweifelt haben, haben herausgefunden, was Wahrheit ist, was Liebe ist, was Stille ist, was Schönheit ist. Mit Skeptizismus findet man allerdings gar nichts. Er ist ganz und gar leer, macht aber viel Lärm. Leere Trommeln machen viel Lärm. Und mit einem Skeptiker kann man nicht reden – er wird zu allem und jedem Nein sagen, zu jedem Wert, den man ihm nicht als Objekt vorsetzen kann.

Aber der Zweifel schließt alles aus, was nicht wahr ist – natürlich ist es ein langer und harter Weg. Letztendlich bleibt nur das übrig, was wahr ist. Und niemand kann die Wahrheit leugnen, wenn man sie direkt vor Augen hat, wenn man sie selber erfährt. Sie ist kein Glauben. Du hast danach gesucht, hast große Ängste durchgestanden, bist durch Schmerzen und Verzweiflung gegangen. Es gab viele Momente, in denen du aufhören wolltest, weil es so aussah, als ob die Reise endlos sei. Sie ist es nicht. Es gibt ein Ende; man muss nur am Ball bleiben und weitergehen. Zweifeln ist chirurgisch. Man schneidet alles Sinnlose weg. Doch schließlich bleibt die klare Wirklichkeit übrig – ohne eine Wolke. Mit Zweifeln vertreibt man die Wolken.

Über Osho

OSHOS LEHREN widerstehen jeglicher Kategorisierung, sie reichen von der persönlichen Sinnsuche bis hin zu den dringendsten sozialen und politischen Fragen, mit denen die Welt heute konfrontiert ist. Seine Bücher wurden aus zahllosen Tonband- und Videoaufnahmen transkribiert. Er hat über einen Zeitraum von 35 Jahren vor einer internationalen Zuhörerschaft stets aus dem Stegreif gesprochen. Er sagte: „Denkt daran, was immer ich sage, ist nicht nur für euch … ich spreche auch für die kommenden Generationen."

DER LONDONER *Sunday Times* zufolge zählt Osho zu den „1000 Machern des 20. Jahrhunderts"; der amerikanische Romanautor Tom Robbins hat ihn einmal „den gefährlichsten Mann seit Jesus Christus" genannt. *Sunday Mid-Day* (Indien) hat Osho als einen der zehn Menschen bestimmt, die das Schicksal Indiens verändert haben – wie Gandhi, Nehru und Buddha.

OSHO SELBST BESCHREIBT sein Werk als „Beitrag, die Voraussetzungen für die Entstehung einer neuen menschlichen Lebensweise zu schaffen". Diesen neuen Menschentypus hat er immer wieder als „Sorbas der Buddha" umschrieben – also einen Menschen, der nicht nur wie Sorbas der Grieche die irdischen Freuden zu schätzen weiß, sondern ebenso sehr die stille Heiterkeit eines Gautam Buddha.

WIE EIN ROTER FADEN zieht sich durch alle Aspekte von Oshos Arbeit die Vision einer Verschmelzung der zeitlosen Weisheit des Ostens mit den höchsten Potenzialen westlicher Wissenschaft und Technik. Vor allem seine revolutionären Ansätze zur Wissenschaft der inneren Transformation haben Osho berühmt gemacht. Seine innovativen „aktiven Meditationen“ basieren auf dem Gedanken, dass erst der in Körper und Geist angesammelte Stress abgebaut werden muss, um, frei von Gedanken und entspannt, einen meditativen Zustand zu erfahren.

www.osho.com

Das Osho International Meditation Resort

LAGE: Etwa 120 Kilometer südöstlich von Mumbai, in der prosperierenden Stadt Pune gelegen, ist das Osho International Meditation Resort ein Urlaubsort der besonderen Art. Das Meditationsgelände erstreckt sich über ca. 15 Hektar inmitten eines von alten Baumalleen gesäumten Villenviertels.

BESONDERHEIT: Jedes Jahr empfängt das Ressort Tausende Menschen aus über 100 Ländern. Auf dem Campus gibt es die Möglichkeit, direkt Erfahrungen mit einem anderen Lebensstil zu machen – durch mehr Bewusstheit, Entspannung, Festivitäten und Kreativität. Es gibt eine Vielzahl an Programmen die rund um die Uhr und über das ganze Jahr hin angeboten werden. Nichts zu tun und zu entspannen, ist eine davon. Alle Programme gründen auf Oshos Vision von „Sorbas, dem Buddha" – einer qualitativ neuen Art von Mensch, der nicht nur sein Alltagsleben schöpferisch zu gestalten vermag, sondern auch Zugang zu entspannter Stille und Meditation findet.

MEDITATIONEN: Es werden täglich und regelmäßig Meditationen unterschiedlichster Art angeboten – aktive und passive Methoden, traditionelle und revolutionäre, und ganz besonders natürlich, die von Osho entwickelten Aktiven Oho Meditationen. Sie alle finden in der wahrscheinlich weltgrößten Meditationshalle, dem Osho Auditorium, statt.

MULTIVERSITY: Hier kann man Einzelsitzungen, Kurse und Trainings zu unterschiedlichen Themen buchen – von den bildenden Künsten bis hin zu ganzheitlichen Heilmethoden, von persönlicher Transformation bis hin zu Therapie, esoterischer Wissenschaft, Sport- und Fitnessprogrammen mit Zen-Akzent. Das Geheimnis des Erfolgs der Multiversity, liegt darin, dass alle Programme immer mit Meditation verknüpft sind, um das Verständnis zu fördern, dass wir menschlichen Wesen mehr sind als die Summe aller Teile.

BASHO SPA: Das luxuriöse Spa hat einen großzügigen Pool unter freiem Himmel umsäumt von Bäumen und tropischem Grün. Das weitläufige Jacuzzi, Sauna, Gym, Tennisplatz … all diese Plätze liegen in einer ausgesprochen ästhetisch gestalteten Anlage.

KÜCHE: Es gibt stets eine Auswahl köstlicher vegetarischer Gerichte in westlicher, asiatischer und indischer Ausrichtung. Das Meiste davon wird für das Ressort organisch angebaut. Brot und Kuchen werden in der hauseigenen Bäckerei gebacken.

NACHTLEBEN: Die Nummer 1 der Abendveranstaltungen ist das Tanzen, neben Vollmond-Meditationen unterm Sternenhimmel, Varietétheater, Musikveranstaltungen und Meditationen. Man kann auch Leute am Plaza Café treffen oder einen Spaziergang durch die

Gärten in dieser märchenhaften Umgebung machen.

INFRASTRUKTUR: Alle wesentlichen Dinge kann man in der Galeria einkaufen. In der Multimedia Gallery bekommt man alle Osho Media Produkte. Es gibt eine Bank, ein Reisebüro und ein Internetcafé auf dem Campus. Für alle die gerne auf Shoppingtour gehen: Man findet in der Stadt sowohl gute traditionelle Produkte, wie auch weltbekannte Markenläden.

UNTERBRINGUNG: Man kann sich im eleganten Osho Guesthouse einmieten oder sich für längere Aufenthalte zum Living-In Programm anmelden. Zusätzlich gibt es noch zahlreiche Hotels und Appartements in der direkten Umgebung.

www.osho.com/resort

OSHO

TANTRA – DIE HÖCHSTE EINSICHT

Kommentare zum Tantra des tibetischen Buddhismus

352 S., Broschur

ISBN 978-3-936360-73-8

Kommentare zu einem großen Text Tibets. Vor tausend Jahren entstand aus der tiefen Kommunion zwischen dem erleuchteten Meister Tilopa und seinem Schüler Naropa der „Gesang vom Mahamudra". Das ungewöhnliche Dokument führt zum innersten Kern des tibetischen Tantra, das Osho kommentiert.

www.innenwelt-verlag.de